ROLF SCHWIER

Wechselkursunsicherheit und Außenhandel

Studien zu Finanzen, Geld und Kapital

Band 3

Wechselkursunsicherheit und Außenhandel

Eine empirische Analyse unter besonderer Berücksichtigung bilateraler und sektoral disaggregierter Handelsströme

Von

Dr. Rolf Schwier

Duncker & Humblot · Berlin

Die Deutsche Bibliothek – CIP-Einheitsaufnahme

Schwier, Rolf:
Wechselkursunsicherheiten und Aussenhandel : eine empirische Analyse unter besonderer Berücksichtigung bilateraler und sektoral disaggregierter Handelsströme / von Rolf Schwier. – Berlin: Duncker und Humblot, 1993
(Studien zu Finanzen, Geld und Kapital ; Bd. 3)
Zugl.: Osnabrück, Univ., Diss., 1992
ISBN 3-428-07830-6
NE: GT

Fotoprint: Color-Druck Dorfi GmbH, Berlin
Printed in Germany

ISSN 0939-5113
ISBN 3-428-07830-6

Meinen Eltern

Inhaltsverzeichnis

Tabellenverzeichnis

Abbildungsverzeichnis

A. Einleitung

Nachdem seit nunmehr fast zwanzig Jahren Erfahrungen mit flexiblen Wechselkursen gesammelt werden konnten, ist die Euphorie, mit der der Übergang vom System fester Wechselkurse zu marktbestimmten Währungsrelationen in Wissenschaft und Politik mehrheitlich begrüßt wurde, weitgehend verflogen. Die in dem zu beobachtenden Ausmaß wohl von niemandem erwarteten Veränderungen der nominalen und realen Wechselkurse - anfangs noch als eine vorübergehende Friktionserscheinung bezeichnet (Mussa 1977, S. 139) - haben dazu geführt, daß die währungspolitische Diskussion mehr und mehr von der Frage beherrscht wird, wie man am besten zu stabilen Wechselkursen zurückkehren kann.

Die Liste der Vorschläge für eine Reform des internationalen Währungssystems ist dementsprechend umfangreich,[1] und in zunehmenden Maße werden dabei staatliche Eingriffe in das Devisenmarktgeschehen für unumgänglich gehalten. Tobin (1978, S. 154) schlägt zum Beispiel vor, sämtliche Transaktionen auf dem Devisenkassamarkt, unabhängig davon, ob es sich um Zinsarbitrage-, Spekulations- oder Außenhandelsgeschäfte handelt, mit einem international einheitlichen und zum Umsatzvolumen proportionalen Steuersatz zu belegen, in der Absicht, "to throw some sand in the wheels of our excessively efficient international money markets". Dornbusch (1987, S. 17) hält das für noch nicht ausreichend ("But why stop there and not use rocks?") und fordert die Einführung eines Systems gespaltener Wechselkurse, bei dem die Außenhandelstransaktionen zu festen Wechselkursen und der Kapitalverkehr zu flexiblen Kursen abgewickelt wird. Weitere Reformvorschläge umfassen die Festlegung von Wechselkurszielzonen - die gegebenenfalls durch Devisenmarktinterventionen der Zentralbanken zu ver-

[1] Eine kritische Übersicht über mögliche Reformvorschläge geben Dornbusch/Frankel (1988).

teidigen sind (Williamson 1985) -, eine international abgestimmte Koordinierung der Wirtschaftspolitik auf der Grundlage von Indikatoren, die Verfolgung einer global ausgerichteten wechselkursorientierten Geldpolitik (McKinnon 1984) und so exotische Forderungen, wie die Rückkehr zu einem Goldstandardsystem (Laffer 1982; Reynolds 1983).[2]

Die Protagonisten dieser Vorschläge begründen ihre negative Einstellung gegenüber einem System flexibler Wechselkurse übereinstimmend mit der Furcht vor einer exzessiven Variabilität der Wechselkurse und destabilisierenden Spekulationswellen, die - hervorgerufen durch die "animal spirits of speculators" (Krugman 1989a, S. 62) - auch die Gütermärkte in Mitleidenschaft ziehen.

Wenngleich sich Kindlebergers (1970, S. 224) Prognose nicht erfüllt hat, wonach flexible Wechselkurse den grenzüberschreitenden Warenhandel einen Schritt zurück in Richtung Naturaltauschwirtschaft bringen würden, wird dennoch vielfach befürchtet, daß von den Risiken, die mit frei schwankenden Währungsrelationen einhergehen, ein handelshemmender Einfluß ausgeht. Die Frage, ob die Unsicherheit in bezug auf die zukünftige Entwicklung der Wechselkurse zu einer Verminderung des internationalen Handels führt, ist deshalb schon mehrfach Gegenstand empirischer Untersuchungen gewesen. Ein abschließendes Urteil darüber steht aber noch aus. Obwohl ein eindeutig handelshemmender Einfluß bislang nicht zu belegen ist, kommen neuere Studien vermehrt zu dem Schluß, daß weniger die globalen Handelsströme durch Wechselkursunsicherheit beeinflußt werden als vielmehr der bilaterale Handel. Die Wechselkursunsicherheit verursacht somit vermutlich eher eine Verlagerung des internationalen Handels auf wechselkursstabilere Regionen, etwa auf die Mitgliedsländer des West-Europäischen Währungssystems, ohne das Gesamthandelsniveau eines Landes negativ

---

[2] Das Hauptmotiv für die Einführung eines Goldwährungssystems wird in der Wiedererlangung bzw. Aufrechterhaltung der internen Geldwertstabilität gesehen (Cooper 1985, S. 252). Weitere Motive diskutiert Aliber (1987). Eine Übersicht über mögliche Ausgestaltungsformen eines Goldstandards findet sich in Rockwell (1985).

zu beeinflussen. Die vorliegende Untersuchung greift diese Überlegung auf, indem im Rahmen einer empirischen Analyse gefragt wird, inwieweit die bilateralen Handelsströme zwischen 10 Industrieländern, die auf der tiefsten Stufe zusätzlich nach 28 Gütergruppen disaggregiert sind, von der Wechselkursunsicherheit beeinflußt werden.

Dabei soll versucht werden, drei Fragen zu beantworten: (1) Wie wirkt Wechselkursunsicherheit aus theoretischer Sicht auf den internationalen Handel und welche Absicherungsstrategien stehen außenhandeltreibenden Unternehmen zur Verfügung? (2) Wie läßt sich Wechselkursunsicherheit messen? (3) Inwieweit ist ein handelshemmender Effekt empirisch nachweisbar und welche quantitative Bedeutung ist ihm gegebenenfalls beizumessen?[3]

Das zweite Kapitel widmet sich schwerpunktmäßig der Beantwortung der ersten Frage. Dabei zeigt sich, daß aufgrund theoretischer Überlegungen - und entgegen mancher a priori-Vermutung - ein negativer Einfluß der Wechselkursunsicherheit auf den internationalen Handel nicht unmittelbar abzuleiten ist. Berücksichtigt man die Erkenntnisse der neueren mikroökonomischen Theorie des Verhaltens bei Unsicherheit, kann ein gestiegenes Wechselkursrisiko auch ein höheres Handelsvolumen bewirken. Das Fazit lautet daher, daß es allein eine empirisch zu beantwortende Frage ist, ob die mit flexiblen Wechselkursen einhergehenden Risiken einen hemmenden Einfluß auf den internationalen Warenhandel ausüben.

Im dritten Kapitel wird das Problem der Messung der Wechselkursunsicherheit diskutiert. Sofern das Zeitreihenverhalten der Wechselkurse einem Random Walk-Prozeß entspricht, stellt die Standardabweichung ex post beobachteter Wechselkursveränderungen eine geeignete Kennziffer zur Erfassung der Wechselkursunsicherheit dar. Denn der beste Prediktor des zukünftigen Wechselkurses ist in diesem Fall der gegenwärtige Wechselkurs, und die pro-

---

[3] Die vorgelagerte Frage nach den Ursachen der Wechselkursunsicherheit wird im dritten Kapitel nur kurz erörtert, da die Bestimmungsgründe der Wechselkursentwicklung in der Literatur bereits ausführlich diskutiert worden sind.

gnostizierte Veränderungsrate nimmt dementsprechend immer den Wert Null an. Aus theoretischer Sicht läßt sich ein derartiges Zeitreihenverhalten der Wechselkurse jedoch nicht eindeutig begründen. Aus diesem Grund werden die bilateralen Wechselkurse zwischen den Währungen von zehn Industrieländern einer systematischen Testprozedur unterzogen. Die Zielsetzung liegt hier in der Überprüfung der Hypothese, daß die nominale und reale Wechselkursentwicklung durch ein Random Walk-Modell beschreibbar ist. Dabei werden auch - entgegen der sonst üblichen Vorgehensweise - die Verteilungseigenschaften der Wechselkursveränderungsraten einer detaillierten Analyse unterzogen. Als Ergebnis stellt sich heraus, daß die Random Walk-Hypothese weder für die nominalen noch für die realen Wechselkurse abgelehnt werden kann. Damit ist der Grundstein für die sich anschließende empirische Analyse bezüglich der Wirkungen der Wechselkursunsicherheit auf den internationalen Handel gelegt.

Im vierten Kapitel wird ein Überblick über die bislang vorliegenden empirischen Untersuchungen gegeben. Hier stehen insbesondere methodische Fragen im Mittelpunkt, und es wird argumentiert, daß eine nicht unerhebliche Zahl der bisherigen Studien unter diesem Aspekt mit Mängeln behaftet ist, die ihre Aussagefähigkeit stark in Frage stellen. Ergänzend werden deshalb schon in diesem Abschnitt einige Ergebnisse vorgestellt, denen die (aggregierten) bilateralen Importwerte für fünf große Industrieländer zugrunde liegen.

Den inhaltlichen Schwerpunkt bildet jedoch das fünfte Kapitel, in dem über die empirische Analyse bilateraler und sektoral disaggregierter Handelsströme berichtet wird. Als methodische Vorgehensweise wird die Querschnittsanalyse gewählt, weil das vorhandene Datenmaterial für eine Zeitreihenuntersuchung nicht ausreicht. Dies ist jedoch keineswegs als Nachteil anzusehen, denn auch im Rahmen einer Querschnittsuntersuchung kann - wie noch zu zeigen sein wird - der (eventuelle) Einfluß der Wechselkursunsicherheit auf den bilateralen Handel ausfindig gemacht werden. Eines der Ziele ist dabei die Überprüfung der häufig geäußerten These, daß vornehmlich bilaterale und (oder) sektoral disaggregierte Handelsströme einer Beeinflussung durch unerwartete Wechselkursveränderungen ausgesetzt sind, die bei der Verwendung aggregierter Daten nicht mehr sichtbar wird. Das vorliegende Datenmaterial ermöglicht eine unmittelbare Prüfung dieser Vermutung, indem den Ergebnissen, die auf den am weitesten disaggregierten Daten beruhen, diejenigen gegenübergestellt werden, die auf einem höheren Aggregationsniveau erzielt wurden.

Daß den sektoralen Wirkungen unerwarteter Wechselkursveränderungen bislang wenig Beachtung geschenkt wurde, dürfte vor allem auf die erheblichen Probleme zurückzuführen sein, die beim Aufbau einer kompatiblen und mehrere Länder umfassenden Datenbasis zu lösen sind. Auch im Zusammenhang mit der vorliegenden Untersuchung galt es, diesbezügliche Schwierigkeiten auszuräumen. Der Beschreibung und Erläuterung des verwendeten Datenmaterials ist deshalb ein eigener Unterabschnitt gewidmet, bevor der Schätzansatz, welcher der empirischen Analyse zugrunde liegt, ausführlicher diskutiert wird.

In dem verwendeten Regressionsmodell gelangen erstmals Unsicherheitsvariablen zur Anwendung, die auf sektorspezifischen realen Wechselkursen basieren. Insgesamt werden sechs verschiedene Kennziffern für die Unsicherheit in bezug auf die reale Wechselkursentwicklung berechnet. Ihre Konstruktion und ihre ökonomischen Implikationen werden in diesem Abschnitt relativ ausführlich diskutiert.

Aus der Gesamtzahl der durchgeführten Schätzungen wird anschließend aus Platzgründen nur eine repräsentative Auswahl kommentierend präsentiert. Um eine Vorstellung von der quantitativen Bedeutung statistisch signifikanter Unsicherheitseffekte zu gewinnen, werden zusätzlich einige Berechnungen vorgestellt, die von der (hypothetischen) Frage ausgehen, wie die bilaterale Handelsentwicklung zwischen den einbezogenen Industrieländern aussehen würde, wenn die Wechselkursunsicherheit geringer ausgefallen wäre. Als Referenzmaßstab dient dabei die von relativ geringen Wechselkursschwankungen geprägte Entwicklung im Bretton Woods-System der sechziger Jahre.

Im abschließenden sechsten Kapitel werden die wichtigsten Ergebnisse noch einmal zusammengefaßt und einige weiterführende Aspekte diskutiert.

B. Wirkungen der Wechselkursunsicherheit

Mit dem Übergang zu flexiblen Wechselkursen Anfang der siebziger Jahre sind Wechselkursrisiken,[1] hervorgerufen durch die nunmehr bestehende Ungewißheit über die zukünftige Entwicklung der Wechselkurse, zu einem vordringlichen Problem grenzüberschreitender wirtschaftlicher Transaktionen geworden. Unter Wechselkursrisiken werden üblicherweise die aus unerwarteten Wechselkursänderungen resultierenden Verlustgefahren bei derartigen Transaktionen verstanden (Vonalt 1985, S. 45). Ziel der folgenden Überlegungen ist es, die durch Wechselkursunsicherheit verursachten Effekte auf den internationalen Handel aus der theoretischen Perspektive zu untersuchen. Zunächst werden die in der mittlerweile schon klassisch zu nennenden Debatte um das Für und Wider flexibler Wechselkurse angeführten Argumente aufgegriffen, bevor anschließend die neueren, vornehmlich in den siebziger und achtziger Jahren erschienenen modelltheoretischen Beiträge diskutiert werden. Dazu zählen insbesondere die Arbeiten, die einen indirekten Einfluß der Wechselkursunsicherheit auf den internationalen Handel untersuchen. Effekte dieser Art werden heute gewöhnlich unter den Stichworten Hysterese und Neuer Protektionismus behandelt.

---

[1] Im folgenden werden die Begriffe Wechselkursrisiko und Wechselkursunsicherheit synonym verwendet, obwohl der Ausdruck Wechselkursrisiko eigentlich unangebracht ist, wenn man der auf Knight (1921) zurückgehenden Begriffsabgrenzung zwischen Risiko und Unsicherheit folgt. Danach sind Risikosituationen als Informationszustände anzusehen, in denen objektive (mathematische oder statistische) Eintrittswahrscheinlichkeiten über die erwarteten Umweltzustände vorliegen. Demgegenüber sind Unsicherheitssituationen dadurch gekennzeichnet, daß die Berechnung von Eintrittswahrscheinlichkeiten objektiv unmöglich ist und auf subjektive Art vorgenommen wird. In der betriebswirtschaftlichen Literatur schließt der Begriff Risiko allerdings auch alle Situationen ein, in denen Eintrittswahrscheinlichkeiten, seien sie subjektiver oder objektiver Art, vorhanden sind (vgl. z.B. Bamberg/Coenenberg 1989, S. 17).

Zuvor gilt es jedoch, die bei frei schwankenden Währungen auftretenden Risiken zu identifizieren und mögliche Absicherungsstrategien zu erörtern. Denn nur wenn eine kostenlose Absicherung gegen unvorhergesehene Wechselkursveränderungen nicht möglich ist, sind auch realwirtschaftliche Effekte zu erwarten.

B. I. Wechselkursrisiken im Außenhandel

Die folgenden Ausführungen beschäftigen sich mit den wechselkursspezifischen Risiken, denen außenhandeltreibende Unternehmen ausgesetzt sind, und mit möglichen Absicherungsstrategien, um derartigen Risiken auszuweichen. Eine alle Aspekte umfassende Diskussion dieser Problematik ist allerdings nicht beabsichtigt, da hierzu bereits eine Vielzahl von Veröffentlichungen vorliegt.[2]

Zur Abgrenzung der verschiedenen Risiken wird in der Literatur gemeinhin zwischen dem Translationsrisiko und dem ökonomischen Risiko unterschieden. Das Translationsrisiko stellt ein bilanzielles Risiko dar, das den Buchwert von Fremdwährungsanlagen eines Unternehmens betrifft, wenn sich der Wechselkurs von einem Bilanzstichtag zu einem anderen ändert. Die Meinungen gehen allerdings darüber auseinander, ob dieses Risiko überhaupt ökonomisch relevant ist, da bei einer ungünstigen Wechselkursentwicklung lediglich buchhalterische Verluste zu verzeichnen sind.[3]

Das Konzept des ökonomischen Risikos umfaßt demgegenüber die allgemeinen wirtschaftlichen Risiken, die mit Wechselkursveränderungen einhergehen und die den Kapitalwert eines Unternehmens als den auf den gegenwärtigen Zeitpunkt abdiskontierten Wert des Saldos der erwarteten zukünftigen Einnahmen und Ausgaben beeinflussen (Kersch 1987, S. 20). Es ist damit umfassender ausgerichtet als das Translationsrisiko. Als Unterform dieser Risiko-

---

2 Vgl. u.a. Büschgen (1986), Casal (1989), Scharrer et. al (1978), Vonalt (1985).

3 Vgl. Wallner (1989, S. 119) und die dort zitierte Literatur.

kategorie werden das Wettbewerbs-, das Angebots- und das Kredit- oder Zahlungsrisiko genannt (Scharrer et al. 1978, S. 53ff.).

Ein Wettbewerbsrisiko besteht darin, daß ein Unternehmen aufgrund einer unerwarteten temporären Wechselkursentwicklung seine Wettbewerbsfähigkeit auf allen oder auf einzelnen Absatzmärkten verliert. Die damit verbundene Verlustgefahr ist um so größer, je leichter das angebotene Gut auf der Nachfrageseite substituiert werden kann.

Das Angebotsrisiko betrifft vornehmlich exportorientierte Unternehmen und drückt die mit einer unerwarteten Wechselkursveränderung zwischen dem Zeitpunkt der Angebotsabgabe und dem Zeitpunkt eines Geschäftsabschlusses verbundene Verlustgefahr aus. Demgegenüber bezieht sich das Kredit- oder Zahlungsrisiko auf die Phase zwischen Vertragsabschluß und Zahlungseingang. Es betrifft Exporteure und Importeure gleichermaßen. Das Angebotsrisiko und das Kredit- oder Zahlungsrisiko werden gelegentlich auch unter dem Begriff Transaktionsrisiko subsumiert.

Die vielfältigen Möglichkeiten, die außenhandelsorientierten Unternehmen zur Absicherung gegen unerwartete Wechselkursveränderungen zur Verfügung stehen, lassen sich in die vier Kategorien Risikovermeidung, Risikoverringerung, Risikokompensierung und Risikovorbeugung unterteilen (Büschgen 1986, S. 175ff.). Die Gesamtheit der Maßnahmen, die ein Unternehmen ergreift, um das Wechselkursrisiko auszuschalten oder dessen Auswirkungen einzuschränken, werden in der Regel unter dem Oberbegriff Risikopolitik zusammengefaßt (Vonalt 1985, S. 148).

Zu den wichtigsten Risikovermeidungsstrategien zählen die Wahl der Fakturierungswährung und die Festlegung von Kurssicherungsklauseln. Für das jeweils betrachtete importierende oder exportierende Unternehmen bieten diese Instrumente zwar einen wirksamen Schutz. Zu berücksichtigen ist aber, daß in Abhängigkeit von der jeweiligen Verhandlungsposition lediglich eine Verlagerung des Währungsrisikos auf den anderen Handelspartner stattfindet. Für mindestens einen Vertragspartner ist das Risiko demnach weiterhin existent, so daß eine handelsmindernde Wirkung nicht auszuschließen ist. Ähnliches gilt auch für die risikoverringernden Strategien, zu denen unter anderem die Voraus-, An- oder Teilzahlung, die Einräumung von Währungsoptionsrechten und die Fakturierung in einer Drittwährung zählen.

Anders stellt sich hingegen die Situation bei den risikokompensierenden Maßnahmen dar. Hierzu zählen die Devisenterminmarktabsicherung, das Finanzhedging (die Deckung einer offenen Fremdwährungsposition durch die Vergabe oder die Aufnahme eines Kredites in der entsprechenden Auslandswährung) und die interne Aufrechnung von Valutapositionen - um nur die drei wichtigsten Absicherungsinstrumente zu nennen.[4] Aber auch diese Strategien erlauben keine vollständige und (oder) kostenlose Eliminierung sämtlicher Risiken (vgl. Vonalt 1985, S. 148ff.). So sind beispielsweise Terminkontrakte zumeist nicht oder nur unter Inkaufnahme erheblicher finanzieller Aufwendungen für alle Währungen und Laufzeiten in der jeweils benötigten Stückelung verfügbar.

Die risikovorbeugenden Strategien zielen darauf ab, das Wechselkursrisiko zu vermindern, indem sie es entweder überhaupt nicht oder nur in beschränktem Maße entstehen lassen. Dazu zählen alle Maßnahmen, die eine Ausgleichsposition für die mit den Außenhandelstransaktionen verbundenen Risiken schaffen sollen, worunter vor allem die Bildung von Rückstellungen zu verstehen ist. Allerdings sind auch hier die Möglichkeiten äußerst begrenzt und hängen zudem entscheidend von den jeweils geltenden Bilanzierungsvorschriften ab.

---

4 Weitere Absicherungsstrategien, die zumindest für bundesdeutsche Unternehmen nur von untergeordneter Bedeutung sind, werden von Büschgen (1986), Scharrer et al. (1978) und Vonalt (1985) diskutiert.

B. II. Wechselkursunsicherheit und Außenhandel aus theoretischer Sicht

Die übliche Argumentation bezüglich des Einflusses der Wechselkursunsicherheit auf den internationalen Handel bedient sich folgender Überlegungen (vgl. Bailey/Tavlas/Ulan 1987): Ein Unternehmen im Land A verkauft Sachgüter oder Dienstleistungen an ein Unternehmen im Land B. Sofern keine Terminmärkte oder sonstige Möglichkeiten zur Absicherung des Wechselkursrisikos existieren, trägt in Abhängigkeit von den Fakturierungsgewohnheiten entweder das Unternehmen im Land A oder das im Land B das Wechselkursrisiko. Sind die Außenhändler risikoavers, werden sie nur gegen Zahlung einer Prämie zur Übernahme des Wechselkursrisikos bereit sein. Trägt der Exporteur das Kursrisiko, und verlangt er dafür einen Preisaufschlag, wird er eine vorgegebene Menge nur zu einem höheren Preis anbieten. Die Angebotskurve verschiebt sich somit im Preis-Mengen-Diagramm unter sonst gleichen Bedingungen nach oben. Trägt dagegen der Importeur das Risiko, und kann er einen Preisnachlaß durchsetzen, verschiebt sich in dieser Situation die Nachfragekurve nach unten. In beiden Fällen stellt sich somit ein im Vergleich zu einer Welt ohne Wechselkursrisiken geringeres Handelsvolumen ein. Die Existenz von Terminmärkten kann zwar den handelshemmenden Effekt in seiner Wirkung vermindern, sie wird ihn aber wegen der anfallenden Kurssicherungskosten nicht vollständig eliminieren.

B. II. 1. Traditionelle Argumente

Schon in einer 1944 im Auftrag des Völkerbundes, im wesentlichen von Ragnar Nurkse verfaßten Untersuchung, die die währungspolitischen Ereignisse der zwanziger und dreißiger Jahre im Hinblick auf die damals bevorstehende Neuordnung des internationalen Währungssystems analysiert, wird das oben geschilderte Argument als ein Hauptnachteil eines Systems flexibler Wechselkurse genannt: "exchange fluctuations create a risk element which, even if covered, at a price, by forward operations, inevitably tends to discourage international trade" (League of Nations 1944, S. 138). Als Beleg verweist Nurkse auf den Tatbestand, daß die Mitglieder des sogenannten Sterlingblocks, die untereinander feste Wechselkurse vereinbart hatten, ihren Anteil am Welthandel in den dreißiger Jahren steigern konnten. Außerdem führt er das Beispiel Frankreichs an, das sich in den zwanziger Jahren als Folge frei beweglicher Wechselkurse destabilisierenden Spekulationswellen ausgesetzt sah, die wiederum die Import- und Exportmärkte in negativer Weise beeinflußten (ebenda, S. 120).

Friedman (1953) hat dem entgegengehalten, daß eine destabilisierende Spekulation im großen Umfang nicht stattfinden könne, weil sie für die Spekulanten zwangsläufig mit Verlusten verbunden sei.[5] Bezüglich der Wechselkursunsicherheit verweist er auf die Existenz von Terminmärkten, die eine Übertragung des Wechselkursrisikos auf die Spekulanten ermöglichen. Selbst wenn das Wechselkursrisiko dadurch nicht vollständig ausgeschaltet werden kann, ist es seiner Auffassung nach keinesfalls sicher, daß dieser negative Effekt auf den Handel größer ist als der Nachteil, der in einem System fester Wechselkurse auftritt. Denn auch dort sind die Außenhändler Unsicherheiten ausgesetzt, wenn die Währung eines Mitgliedslandes unter Auf- oder Abwertungsdruck gerät und wirtschaftspolitische Maßnahmen zur Verteidigung der Parität ergriffen werden müssen: "This in turn will produce either internal adjustments of uncertain character or administrative allocation of exchange. Traders will then be certain about the rate but uncertain about either internal conditions or the availability of exchange" (Friedman 1953, S. 174).

Auch Johnson (1969) hält die vermeintlich schlechten Erfahrungen, die mit flexiblen Währungsrelationen in Europa nach dem 1.Weltkrieg gemacht wurden, für gänzlich irrelevant, indem er auf

---

[5] Demgegenüber konnte Baumol (1957) zeigen, daß eine destabilisierende Spekulation unter bestimmten Bedingungen auch gewinnbringend sein kann. Neuerdings werden in diesem Zusammenhang auch sogenannte "rationale" spekulative Seifenblasen diskutiert. Für eine Literaturübersicht vgl. Heri (1986) und Gaab (1990).

die durchweg positiven Erfahrungen mit flexiblen Wechselkursen in den USA (1862-1879) und Kanada (1950-1962) hinweist.[6] Darüber hinaus vertritt er die Auffassung, der internationale Handel unterliege schon deshalb keiner negativen Beeinflussung, weil sich durch die Aktivitäten der Spekulanten die Wechselkurse an verändernde Gleichgewichtsrelationen in stetiger und sanfter Form anpassen werden (ebenda, S. 18). Langfristige Handels- und Kapitaltransaktionen, die nicht über Termingeschäfte abgesichert werden können, sind, wie er glaubt, zum Teil automatisch abgesichert. Denn die Veränderungen der Gleichgewichtswechselkurse werden in der Weise erfolgen, daß sie die internationalen Differenzen in den Inflationsraten genau ausgleichen, was gegebenenfalls eine automatische Kompensation der Wechselkursveränderung durch Veränderungen der Auslandspreise und der Nominalzinssätze gewährleistet.

Ein weiteres Argument, das gegen eine Beeinträchtigung des internationalen Handels spricht, ist die Bildung von Währungsblöcken. Johnson (1969, S. 16) glaubt, daß auch in einem System prinzipiell flexibler Wechselkurse ein Großteil des internationalen Handels zu festen Kursen abgewickelt wird, weil sich zwei oder drei Währungsblöcke herausbilden werden und Wechselkursunsicherheit damit nur die Austauschverhältnisse zwischen den Währungsblöcken betrifft. Diese Prognose muß aber zwischenzeitlich als eindeutig widerlegt angesehen werden, da sich einer Studie des Internationalen Währungsfonds entnehmen läßt, daß Anfang der achtziger Jahre etwa 3/4 bis 4/5 des Welthandels zu flexiblen Wechselkursen abgewickelt wurde (IMF 1984b, S. 3f.).

Lanyi (1969) teilt dagegen im Grundsatz den Standpunkt, wonach zusätzliche Wechselkursrisiken unter Umständen über höhere Importpreise und eine geringere Profitabilität der Exporte das internationale Handelsvolumen insgesamt vermindern. Aber er gibt gleichzeitig zu bedenken, daß bei festen Wechselkursen die staatlichen Stellen das Wechselkursrisiko übernehmen, indem sie die

---

[6] Zu einer gegensätzlichen Beurteilung der Periode flexibler Wechselkurse in Kanada vgl. Kindleberger (1969).

Paritäten garantieren, was einer Subventionierung der Außenhandelstransaktionen gleichkommt. Da Subventionen im allgemeinen wohlfahrtsmindernde Verzerrungen verursachen, kann eine Verminderung des internationalen Handelsvolumens durchaus wohlfahrtssteigernd sein. Allerdings schränkt Lanyi die Bedeutung seines Arguments insofern ein, als er die Wohlfahrtsverluste aufgrund einer Fehlallokation der Ressourcen für vernachlässigbar gering hält. Dennoch befürwortet er flexible Wechselkurse, weil sie die Möglichkeit bieten, Handelsbeschränkungen, die zum Zahlungsbilanzausgleich eingeführt worden sind, aufzuheben. Denn protektionistische Eingriffe in den internationalen Handel können, sofern sie - wie im Bretton Woods-System - als temporäre Maßnahmen deklariert werden, ein mindestens ebenso großes Risiko für außenhandeltreibende Unternehmen darstellen wie die Risiken bei flexiblen Wechselkursen (Lanyi 1969, S. 5).

Kindleberger (1969) setzt sich in einer Diskussion der Argumente von Johnson vor allem mit der Frage auseinander, welche Möglichkeiten zur Absicherung der Wechselkursrisiken Terminmärkte bieten, und er nennt vier Gründe, die allzu großen Hoffnungen in dieser Beziehung entgegenstehen: (1) Terminmärkte bieten beim Vorhandensein perfekter Kapitalmärkte keine Absicherungsmöglichkeiten, die über die bereits in Form der Kreditvergabe beziehungsweise -aufnahme in Auslandswährung bestehenden hinausgehen. (2) Finanzhedging kann nicht sämtliche Risiken ausschalten. Das im vorangegangenen Abschnitt angesprochene Transaktionsrisiko läßt sich zwar mit den genannten Einschränkungen auf dem Terminmarkt absichern. Aber das Risiko, daß Konkurrenten auf dem Terminmarkt günstigere Konditionen durchsetzen oder ganz auf eine Absicherung verzichten und dadurch einen Preisvorteil für sich erzielen, bleibt bestehen (vgl. auch Jarchow/Rühmann 1984, S. 206). (3) Eine Terminmarktabsicherung ist immer nur für bestimmte einzelne Transaktionen möglich, nicht aber für alle ökonomischen Aktivitäten schlechthin (vgl. auch Lanyi 1969, S. 5). Ein Unternehmen wird nicht allein schon deshalb in einen ausländischen Markt eintreten, weil eine Absicherung der Erlöse in heimischer

Währung grundsätzlich möglich ist.[7] (4) Selbst gut entwickelte Terminmärkte bieten den Außenhändlern keine sichere Kalkulationsgrundlage, weil die Gefahr besteht, daß sich der Terminkurs möglicherweise allein aufgrund des Markteintritts, d.h. der Durchführung des Kurssicherungsgeschäfts verändert. Die Existenz beziehungsweise die von Friedman und Johnson erwartete Entwicklung der Terminmärkte ändert demnach nichts daran, daß einem System flexibler Wechselkurse größere Unsicherheiten immanent sind als einem Festkurssystem (Kindleberger 1969, S. 104f.).

B. II. 2. Neuere mikroökonomische Ansätze

Während die bislang referierten Argumente mehr oder weniger auf Plausibilitätsüberlegungen beruhen, sollen im folgenden die Ergebnisse mikroökonomisch ausgerichteter Modellanalysen diskutiert werden. Den Ausgangspunkt stellt hier ein Beitrag von Sandmo (1971) dar, in dem gezeigt wird, daß die gewinnmaximale Outputhöhe eines risikoscheuen Unternehmens bei vollständiger Konkurrenz und Unsicherheit bezüglich des Marktpreises unter sonst gleichen Bedingungen geringer ist als bei vollkommener Voraussicht.

Aufbauend auf der grundlegenden Analyse von Sandmo sind zahlreiche Beiträge erschienen, die der Frage nachgehen, wie die Höhe des Exportangebots oder der Importnachfrage durch die Unsicherheit über die zukünftige Entwicklung des Wechselkurses beeinflußt wird.[8] Beispielsweise kann Clark (1973) mit Hilfe eines einfachen Modells zeigen, daß die Exportangebotskurve einer unter vollständiger Konkurrenz agierenden risikoaversen Unternehmung aufgrund der Wechselkursunsicherheit eine Linksverschiebung erfährt. Im

[7] "Business will not undertake investment in exporting, importing, producing abroad, foreign-security underwriting, etc., secure only in the knowledge that it can hedge the foreign-exchange risk in individual transactions. It must have a sense where comparative advantage lies over a longer period" (Kindleberger 1969, S. 103).

[8] Aliber (1977), Baron (1976), Clark (1973), Coes (1979), De Grauwe (1988), Ethier (1973), Hooper/Kohlhagen (1978), Kawai/Zilcha (1986).

Gleichgewicht ist die angebotene Gütermenge geringer und der Preis höher als bei Abwesenheit von Unsicherheit. Clarks Ergebnis beruht allerdings auf einigen speziellen Annahmen, die zum Teil in nachfolgenden Beiträgen modifiziert worden sind.[9] Zu diesen Annahmen zählen: (1) Das betrachtete Unternehmen produziert lediglich ein Gut, welches nur exportiert wird, (2) der Preis des Exportgutes in ausländischer Währung ist exogen, (3) die Fakturierung erfolgt in der Währung des Importlandes, d.h., der inländische Exporteur trägt das Währungsrisiko, (4) es existiert zwar ein Terminmarkt, aber die Laufzeiten der dort angebotenen Kontrakte sind kürzer als der Planungszeitraum des Unternehmens und (5) für die Produktion des Exportgutes werden keine importierten Vorleistungen benötigt.

Der gleichgewichtige Preis liegt unter diesen Voraussetzungen über den Grenzkosten der Produktion und ist damit höher als bei Abwesenheit von Unsicherheit. Der negative Outputeffekt bleibt - wie Clark im weiteren demonstrieren kann - auch dann erhalten, wenn eine vollständige Terminmarktabsicherung der Exporterlöse zwar prinzipiell möglich ist, der Preis des Exportgutes in ausländischer Währung zum Zeitpunkt des Vertragsabschlusses jedoch eine Zufallsvariable darstellt, d.h., wenn Umfang und Zeitpunkt der Devisenterminmarkttransaktion im voraus unbekannt sind. Ähnliche Ergebnisse stellen sich ein, wenn der Importeur das Kursrisiko trägt, was in diesem Fall eine verringerte Güternachfrage nach sich zieht (Hooper/Kohlhagen 1978).

Allerdings lassen die bislang vorgelegten theoretischen Beiträge erkennen, daß eindeutige Aussagen bezüglich des Einflusses der Wechselkursunsicherheit auf den internationalen Handel um so weniger möglich werden, je komplexer die jeweiligen Modelle angelegt sind, d.h., je stärker sie sich der Realität annähern. Geht man von den Ergebnissen der modernen mikroökonomischen Theorie bei Unsicherheit aus, ist selbst eine Steigerung des Handeslsvolu-

---

[9] Einen zusammenfassenden Literaturüberblick bieten Farrell et al. (1983).

mens mit einem erhöhten Wechselkursrisiko vereinbar, wie im folgenden kurz dargelegt werden soll.

Erwartungsnutzenfunktion bei Risikoaversion

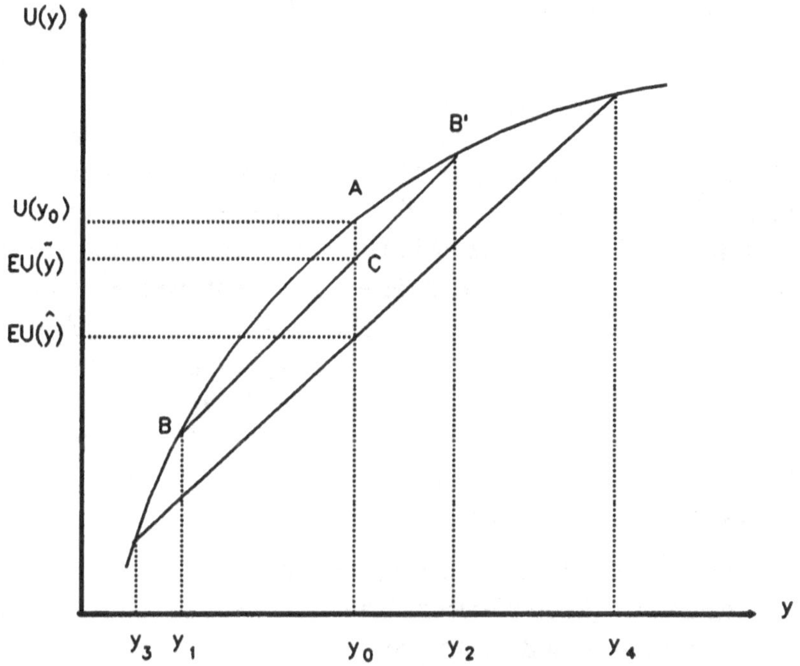

Abbildung 1

y sei das aus einer mit Risiko behafteten Aktivität stammende Einkommen und U(y) die Erwartungsnutzenfunktion, die den einzelnen Einkommensgrößen die zugehörigen Nutzenindizes zuordnet, wobei innerhalb des relevanten Ergebnisbereichs $U'(y) > 0$ gelten soll. In Abhängigkeit von der angenommenen Risikoeinstellung ergeben sich jeweils unterschiedliche Verläufe der Erwartungsnutzenfunktion. Ein konkaver Verlauf, wie in Abbildung 1 dargestellt, impliziert, daß das betrachtete Individuum risikoavers ist. Dies läßt sich leicht zeigen, wenn man dem Nutzen $U(y_0)$ des sicheren Einkommens y_0 das Nutzenniveau einer unsicheren Alternative mit den Einkommensgrößen y_1 und y_2 sowie den Eintrittswahrscheinlichkeiten p und 1 - p gegenüberstellt. Dabei soll die unsicheren Alternative den gleichen Erwartungswert ($\tilde{y}$) wie das sichere Einkommen aufweisen, d.h., es wird

$$py_1 + (1-p)y_2 = \tilde{y} = y_0 \text{ unterstellt.}$$

Der Nutzen der unsicheren Alternative läßt sich graphisch bestimmen, indem die Verbindungslinie zwischen den Kurvenpunkten B und B' im Verhältnis der Eintrittswahrscheinlichkeiten geteilt (vgl. Punkt C in Abb. 1) und der diesem Punkt entsprechende Ordinatenwert [$EU(\tilde{y})$] ermittelt wird. Da die beiden Vergleichskonstellationen annahmegemäß den gleichen Erwartungswert aufweisen, haben die Punkte A und C einen identischen Abszissenwert, so daß der Punkt C bei einer degressiv steigenden Nutzenfunktion zwangsläufig unterhalb von A liegt und einen geringeren Nutzen aufweist als das sichere Einkommen.

Je konkaver die Nutzenfunktion verläuft, desto größer ist die Differenz zwischen den Nutzenzindizes der sicheren und der unsicheren Alternative und desto größer ist die Risikoaversion des betrachteten Individuums. Naheliegend wäre es deshalb, die zweite Ableitung der Funktion U(y) als Kennzahl der Risikoeinstellung zu verwenden. Da ein solches Maß jedoch nicht invariant gegenüber einer monotonen Transformation der Erwartungsnutzenfunktion ist, haben Arrow (1970) und Pratt (1964) zwei Maße definiert, die diesen Nachteil vermeiden:

$$A(y) = -U''(y) / U'(y)$$

als den Koeffizienten der absoluten Risikoaversion und

$$R(y) = -yU''(y) / U'(y)$$

als den Koeffizienten der relativen Risikoaversion. Während die relative Risikoaversion dimensionslos ist, hängt die absolute Risikoaversion von der Einheit ab, in der das Einkommen ausgedrückt ist.[10]

In einer komparativ statischen Analyse haben Newbery/Stiglitz (1981, S. 81f.) in allgemeiner Form gezeigt, daß ein Anstieg des Risikos[11] je nach Höhe der relativen Risikoaversion sowohl zu einer vermehrten als auch zu einer verminderten Aktivität führen kann.[12] Mit einer vermehrten Aktivität ist zu rechnen, wenn

$$R(y) * [1-R(y)] + R'(y)y < 0$$

ist. Gilt dagegen

$$R(y) * [1-R(y)] + R'(y)y > 0,$$

ergibt sich ein vermindertes Aktivitätsniveau.

Unterstellt man, daß die relative Risikoaversion konstant ist [$R'(y) = 0$], vereinfacht sich das obige Ergebnis zu der Aussage, daß das betrachtete Individuum bei einem Anstieg des Risikos mehr (weniger) Ressourcen für die risikobehaftete Aktivität einsetzen wird, wenn R(y) größer (kleiner) als Eins ist. Individuen, die extrem risikoscheu sind, widmen dem schlechtestmöglichen Ereignis besondere Aufmerksamkeit und werden, wenn die Wahrscheinlichkeit für den Eintritt dieses Ereignisses steigt, vermehrt Ressourcen für die

---

10 Die annahmegemäß negativen Vorzeichen der Quotienten verhindern, daß eine höhere Risikoaversion mit einem kleineren Koeffizientenwert einhergeht.

11 Unter einem Anstieg des Risikos wird der Übergang von einer Wahrscheinlichkeitsverteilung zu einer anderen verstanden, bei der Wahrscheinlichkeitsmasse aus dem Zentrum der Verteilung derart auf die Flanken verteilt wird, daß der Erwartungswert konstant bleibt (mean-preserving spread). Vgl. dazu Newbery/Stiglitz (1981, S. 77ff.). In Abbildung 1 ist diese Situation durch den Nutzenindex $EU(\hat{y})$ mit den Einkommensgrößen y_3 und y_4 dargestellt, wobei jetzt gelten soll: $py_3 + (1-p)y_4 = y = \tilde{y} = y_0$.

12 Die wichtigsten Annahmen, die Newbery/Stiglitz (1981) treffen, sind die Konkavität und die Separierbarkeit der Nutzenfunktion, wobei die letztere Annahme nur erforderlich ist, um die abgeleiteten Bedingungen übersichtlich zu halten. Ihre Aufgabe würde an der grundsätzlichen Aussage nichts ändern.

risikobehaftete Aktivität aufwenden, um den Erwartungswert des Einkommens wieder zu erhöhen. Mit anderen Worten: Je größer die relative Risikoaversion ist, desto wahrscheinlicher ist es, daß ein Individuum auf ein höheres Risiko mit einer vermehrten Aktivität reagiert. Für den Fall $R'(y) \neq 0$ sinkt (steigt) die Wahrscheinlichkeit, wenn $R'(y)$ größer (kleiner) als Null ist.[13]

Inhaltlich ist dieses auf den ersten Blick wenig einleuchtende Ergebnis wie folgt zu interpretieren (vgl. De Grauwe 1988, S. 67). Der Gesamteffekt, der aus einer Steigerung des Risikos resultiert, setzt sich aus einem Substitutionseffekt und einem Einkommenseffekt zusammen. Während der Substitutionseffekt bei unterstellter Risikoaversion isoliert betrachtet die Attraktivität der risikobehafteten Aktivität vermindert, wirkt der Einkommenseffekt in die entgegengesetzte Richtung. Der geringere Erwartungswert des Einkommens kann durch einen vermehrten Ressourceneinsatz wieder erhöht werden. Sofern der Einkommenseffekt den Substitutionseffekt überkompensiert, womit bei einem hohen Maß an Risikoaversion zu rechnen ist, kann ein erhöhtes Risiko insgesamt dazu führen, daß vermehrt Ressourcen für die risikobehaftete Aktivität eingesetzt werden. Übertragen auf den Außenwirtschaftsbereich bedeutet dies, daß ein durch nicht antizipierte Wechselkursveränderungen hervorgerufenes erhöhtes Wechselkursrisiko - in Abhängigkeit von der Höhe der relativen Risikoaversion - sowohl zu einem Anstieg als auch zu einer Reduktion des internationalen Handelsvolumens führen kann.

Wenn die eingangs kurz vorgestellten modelltheoretisch ausgerichteten Beiträgen von einem vermeintlich eindeutig negativen Effekt der Wechselkursunsicherheit ausgehen, ist dieses Ergebnis

---

[13] Die Frage, ob die relative Risikoaversion eine steigende oder fallende Funktion des Einkommens ist, wird kontrovers diskutiert. Während Arrow (1970) aufgrund theoretischer Überlegungen und empirischer Ergebnisse eine mit steigendem Einkommen zunehmende relative Risikoaversion für plausibel erachtet, hält es Stiglitz (1969) für realistischer, eine mit steigendem Einkommen abnehmende relative Risikoaversion anzunehmen.

auf spezielle Annahmen zurückzuführen, die den Einkommenseffekt von vornherein ausschalten. So impliziert die häufig getroffene Prämisse einer konstanten absoluten Risikoaversion einen Einkommenseffekt in Höhe von Null (Newbery/Stiglitz 1981, S. 88).[14] Übertragen auf die Theorie des optimalen Wertpapierportefeuilles würde eine solche Annahme bedeuten, daß sich die anteilsmäßige Aufteilung des Wertpapierbestandes nicht verändert, wenn das Vermögen steigt. Die Wertpapiernachfragefunktionen sind unter diesen Bedingungen homogen vom Grade Eins im Vermögen (Newbery/Stiglitz 1981, S. 74).

Daß entgegen mancher a priori-Vermutung auch die Möglichkeit eines erhöhten internationalen Handelsvolumens als Folge eines gestiegenen Wechselkursrisikos besteht, sollte jedoch nicht überbewertet werden, da das Wechselkursrisiko nur eines von vielen Risiken ist, denen ein international operierendes Unternehmen ausgesetzt ist. Für alle Unternehmen existieren weitere Risiken, zum Beispiel in Form von unerwarteten Lohn-, Preisniveau- und Zinsveränderungen, so daß letztlich immer nur der Einfluß des Wechselkursrisikos auf das Gesamtrisiko einer Unternehmung darüber entscheidet, ob ein größeres oder ein vermindertes Handelsvolumen realisiert wird.[15] Darüber hinaus ist zu bedenken, daß die Argumentation auf einer Partialanalyse beruht. Sofern die Möglichkeit eines Rückgriffs auf zuvor nicht genutzte Ressourcen ausgeschlossen ist, impliziert der vermehrte Ressourceneinsatz in der risikobehafteten Aktivität notwendigerweise einen geringeren Ressorceneinsatz an anderer Stelle. Die Auswirkungen der Wechselkursunsicherheit müßten daher im Rahmen eines Totalmodells untersucht werden. Eine solche Vorgehensweise ist aber bislang nicht einmal in Ansätzen entwickelt.

---

14 Die Annahme einer konstanten absoluten Risikoaversion liegt zum Beispiel dem Modell von Hooper/Kohlhagen (1978) zugrunde.

15 Vgl. auch Makin (1978, S. 529) und Willet (1986, S. 106f.).

B. III. Hysterese im Außenhandel und Wechselkursunsicherheit

Ein indirekter Effekt, der die Behauptung stützt, wonach die mit flexiblen Wechselkursen einhergehenden Risiken insgesamt keine handelshemmenden Wirkungen ausüben, bezieht sich auf das vermutete Vorliegen eines sogenannten Hysterese-Phänomens. Der Begriff Hysterese drückt ganz allgemein das Fortbestehen einer Wirkung nach Aufhören der Ursache aus.[16] Im Außenhandelsbereich wird damit unter anderem auf die Möglichkeit abgestellt, daß ein ausländisches Unternehmen aufgrund einer temporären Aufwertung der Inlandswährung in den heimischen Markt eintritt und diesen auch dann nicht wieder verläßt, wenn der Wechselkurs wieder das Ausgangsniveau erreicht.

Die in den achtziger Jahren zu beobachtenden Veränderungen der realen Wechselkurse haben, sofern man den bislang vorliegenden empirischen Ergebnissen vertrauen kann, nur geringe reale Auswirkungen auf den Außenhandel gehabt. Krugman (1989b, S. 39f.) sieht in der Abkoppelung des realen Bereichs der Volkswirtschaft von der Wechselkursentwicklung geradezu eine wichtige Voraussetzung dafür, daß die Wechselkurse in dem beobachteten Ausmaß schwanken konnten: "It is only because there seems to be some kind of delinking of exchange rates and the real economy that exchange rates can be so volatile as they have been". Er kann dabei auf empirische Untersuchungen verweisen, die zeigen, daß sich Wechselkursveränderungen nicht in vollem Umfang in entsprechenden Veränderungen der Importpreise niederschlagen.[17] Es liegt also ein unvollständiger "pass through" vor und dementsprechend gering fallen auch die entsprechenden realwirtschaftlichen Anpassungsreaktionen aus.

---

[16] Einen Überblick über theoretische Arbeiten mit volkswirtschaftlichen Fragestellungen, in denen Hysterese-Effekte eine Rolle spielen, gibt Franz (1990).

[17] Vgl. Krugman (1989b, S. 40ff.) und die dort angegebene Literatur sowie für eine neuere empirische Untersuchung Yang (1991).

Insbesondere Dixit (1989a; 1989b) hat diesen Umstand zum Anlaß genommen, einen Zusammenhang zwischen Wechselkursunsicherheit und irreversiblen Kosten (sunk costs)[18] auf der einen Seite und dem beobachteten Hysterese-Phänomen auf der anderen Seite zu unterstellen. Krugman (1989b) zufolge bietet das Vorhandensein irreversibler Kosten im Zusammenhang mit dem Eintritt eines Unternehmens in einen ausländischen Markt drei Erklärungsmöglichkeiten für das Entstehen von Hysterese. Zwei davon haben nur indirekt etwas mit Wechselkursunsicherheit zu tun, während die dritte, die des soeben erwähnten Dixit-Modells, der Wechselkursunsicherheit eine entscheidende Rolle zuweist.

Ein Unternehmen, das beabsichtigt, in einen ausländischen Markt einzutreten, muß zunächst Investitionen tätigen für den Aufbau eines Vertriebs- und Servicenetzes, die Etablierung eines Markennamens, die Schulung von Mitarbeitern und ähnliches. Die damit verbundenen Kosten sind irreversibel beziehungsweise versenkt in dem Sinne, daß sie auch dann nicht zurückholbar sind, wenn die Produktion vollständig eingestellt wird. Das Vorliegen derartiger Kosten hat zur Folge, daß Handelsströme nur in abgeschwächter Form auf Wechselkursveränderungen reagieren, insbesondere, wenn die Wechselkursentwicklung durch ein hohes Maß an Variabilität gekennzeichnet ist. Ein Unternehmen, das in einen ausländischen Markt eintreten will, wird dies erst tun, wenn die erwarteten Erlöse zumindest die versenkten Kosten mitdecken und ein Unternehmen, das bereits als Anbieter in einem ausländischen Markt präsent ist, wird diesen Markt auch dann nicht unmittelbar aufgeben, wenn die erwarteten Erlöse nur noch die variablen und nicht mehr die versenkten Kosten decken. Selbst wenn man statische Wechselkurserwartungen unterstellt, d.h., wenn die Individuen den gegenwärtigen

[18] Der Begriff "sunk cost" wird in der volkswirtschaftlichen Literatur vornehmlich im Zusammenhang mit wettbewerbstheoretischen Überlegungen verwendet. Deshalb sei an dieser Stelle auf die dort gebräuchliche Definition verwiesen: "Sunk costs (...) are those costs that (in some short or intermediate run) cannot be eliminated, even by total cessation of production. As such, once commited, sunk costs are no longer a portion of the opportunity cost of production" (Baumol/Willig 1981, S. 406).

Wechselkurs auch für die Zukunft erwarten, entsteht eine Zone des Nicht-Handelns: "a range of the exchange rate over which a firm will continue exporting if it is already doing so but will not be induced to begin exporting if it did not start out in that position" (Krugman 1989b, S. 45).

Eine größere Überzeugungskraft gewinnt die dargelegte Argumentation, wenn man die Annahme statischer Erwartungen bezüglich der Wechselkursentwicklung aufgibt und statt dessen unterstellt, daß die Individuen eine bestimmte Vorstellung über den gleichgewichtigen Wechselkurs haben und Abweichungen des gegenwärtigen Wechselkurses davon nur als eine temporäre Entwicklung ansehen. Insbesondere in einem System frei schwankender Währungsrelationen werden Wechselkursveränderungen vermutlich eher als eine vorübergehende Erscheinung betrachtet als in einem System, in dem die Wechselkurse lediglich innerhalb vorgegebener Bandbreiten schwanken können und Paritätsänderungen nur in Ausnahmefällen aufgrund fundamentaler Zahlungsbilanzungleichgewichte vorgesehen sind. Unternehmerische Anpassungsreaktionen sind demnach als Folge von Paritätsanpassungen, die für dauerhaft erachtet werden, eher zu erwarten als von den mit flexiblen Wechselkursen einhergehenden Veränderungen. Ein Unternehmen, das bereits im Markt etabliert ist, wird deshalb kurzfristig auch Verluste hinnehmen, wenn es erwarten kann, in nicht allzu ferner Zukunft durch neuerliche Gewinne dafür entschädigt zu werden. Analoge Überlegungen gelten für ein markteintrittswilliges Unternehmen. Hier erfolgt kein unmittelbarer Markteintritt, wenn der momentan günstige Wechselkurs nur als vorübergehende Erscheinung eingeschätzt wird.

Wenngleich die Existenz irreversibler Kosten eine plausible Begründung dafür liefert, daß geringfügige Veränderungen der Wechselkurse nur in einem eingeschränkten Maß unternehmerische Anpassungsmaßnahmen nach sich ziehen, während von einer einmaligen starken Veränderung dauerhafte Wirkungen ausgehen, bleibt die zwingende Begründung aber offen, warum die Handelsströme gerade in den achtziger Jahren weniger reagibel gegenüber Wechselkursveränderungen sind als in den siebziger Jahren (Krugman 1989b, S. 46).

Das schon angesprochene Dixit-Modell bietet jedoch eine noch tiefergehende Erklärung für das beobachtete Hysterese-Phänomen. Seine zentrale Aussage lautet, daß die Wechselkursunsicherheit im Zusammenspiel mit der Existenz irreversibler Kosten einen Anreiz für aktuell und potentiell außenhandeltreibende Unternehmen darstellt, in ihrer momentanen Situation zu verharren. Marktein- und -austrittsentscheidungen sind Dixit zufolge gleichzusetzen mit dem Kauf beziehungsweise dem Verkauf einer Option. Ein Unternehmen, das in einen ausländischen Markt eintritt, übt eine Kaufoption auf zukünftige Einkommensströme zum Preis der gegenwärtig anfallenden irreversiblen Kosten aus. Wie im Finanzsektor, ist es für den Besitzer einer Kaufoption nicht optimal, sie sofort dann auszuüben, wenn die Gewinnschwelle gerade überschritten ist, sondern - sofern weitere Kurssteigerungen erwartet werden - erst einmal abzuwarten (Dixit 1989a, S. 623). Ebenso wird ein Unternehmen nicht unmittelbar in einen Markt eintreten, wenn die erwarteten abdiskontierten Erlöse gerade die Markteintrittskosten übertreffen. Sofern es dies tut und sich der Wechselkurs ungünstig entwickelt, verliert es die erwarteten zukünftigen Gewinne. Wartet es dagegen noch eine gewisse Zeit und entwickelt sich der Wechselkurs in seinem Sinne positiv, besteht immer noch die Möglichkeit, die Option auszuüben und in den Markt einzutreten.[19]

In analoger Weise läßt sich die Entscheidungssituation eines bereits im Markt befindlichen Unternehmens charakterisieren, das im Besitz einer Verkaufsoption (Marktaustritt) ist. Der entscheidende Punkt dieser Argumentation ist damit herausgearbeitet: Der Anreiz für marktein- oder -austrittswillige Unternehmen, ihr momentanes Verhalten nicht zu ändern, ist um so ausgeprägter, je größer die Wechselkursunsicherheit ist.[20]

---

[19] Ein numerisches Beispiel hierzu gibt Krugman (1989b, S. 49ff.).

[20] An dieser Stelle offenbart sich die Analogie zur Optionspreisbildung auf den Finanzmärkten, wo der Marktpreis einer Option um so höher ist, je größer die Vo-

Anhand eines numerischen Beispiels versucht Dixit, diese Aussagen zu verdeutlichen.[21] Ausgehend von einem Verhältnis von variablen Kosten zu (annahmegemäß ausschließlich fixen) irreversiblen Kosten in Höhe von 10:1 und einer Standardabweichung des für die Zukunft erwarteten realen Wechselkurses in Höhe von 0,1 zeigt sich, daß der markteintrittsauslösende Preis 33% über den durchschnittlichen Gesamtkosten und der marktaustrittsauslösende Preis 24% unter den durchschnittlichen variablen Kosten liegt. Selbst bei einer Reduktion der Standardabweichung auf den Wert 0,025 liegt der einen Markteintritt auslösende Preis noch 10% über den durchschnittlichen Gesamtkosten und der einen Marktaustritt auslösende Preis 11% unter den durchschnittlichen variablen Kosten. Das hieraus zu ziehende Fazit, formuliert Dixit (1989a, S. 631) in treffender Weise: "Even a little uncertainty matters a lot".

Dixits Berechnungen basieren auf der Annahme eines Random Walk-Verhaltens des realen Wechselkurses.[22] Gibt man diese Annahme auf und unterstellt statt dessen, daß sich der Wechselkurs nach einer Störung wieder einem gleichgewichtigen Wert oder einem Gleichgewichtspfad annähert und einem Random Walk nur kurzfristig folgt, ergibt sich sogar noch eine Vergrößerung der inaktiven Zone. Ist der gegenwärtige Preis relativ hoch, wird für die Zukunft eine Umkehr erwartet, so daß ein Unternehmen den möglichen Markteintritt weiter hinauszögert. Im umgekehrten Falle eines gegenwärtig relativ niedrigen Preises wird der Marktaustritt ebenfalls zeitlich hinausgeschoben. Krugman (1989b, S. 54) zieht daraus das zunächst überraschende Fazit: "The exchange rate has so little effect in part because it fluctuates so much".

---

latilität des dazugehörigen Basiswertpreises ist (Smith 1976, S. 24).

21 Dixit betrachtet die Unsicherheit bezüglich des zukünftigen Absatzpreises. Unterstellt man in Abwandlung hierzu, daß der Preis in Inlandswährung fest ist und daß das betrachtete Unternehmen Gewinnmaximierung in heimischer Währung betreibt, dann schwankt der Absatzpreis mit dem Wechselkurs, so daß es gerechtfertigt ist, von Wechselkursunsicherheit zu sprechen.

22 Zur Definition eines Random Walk-Prozesses vgl. Abschnitt C dieser Arbeit.

Während bislang die Ein- und Austrittsentscheidung nur eines Unternehmens in einen ausländischen Markt diskutiert wurde, erweitert Dixit (1989b) in einem zweiten Beitrag sein Modell auf mehrere Unternehmen.[23] Auch hier zeigt sich, daß die Zone der Nichtreaktion um so größer ausfällt, je größer das Verhältnis der irreversiblen Kosten zu den variablen Kosten und je größer die Unsicherheit bezüglich der realen Wechselkursentwicklung ist. Anhand eines Zahlenbeispiels wird deutlich, daß sehr große Abweichungen des realen Wechselkurses von dem unterstellten gleichgewichtigen Niveau notwendig sind, um die Zahl der im Markt befindlichen ausländischen Anbieter zu verändern. Sofern dies einmal eingetreten ist, werden noch größere Veränderungen der realen Wechselkurse erforderlich, um die Ausgangssituation wiederherzustellen: "This is the problem of hysteresis in international trade" (Krugman 1989b, S. 58).

Der Hauptnachteil eines Systems flexibler Wechselkurse ist demnach nicht in einer durch erhöhte Wechselkursrisiken hervorgerufenen Beeinträchtigung des internationalen Handels zu sehen, sondern in dem wohlfahrtsmindernden Aufbau und der Unterhaltung von Überkapazitäten (vgl. Krugman 1989a).

Wenngleich diese Ergebnisse ein hohes Maß an Plausibilität für sich in Anspruch nehmen können, sind sie mit zwei Vorbehalten zu versehen. Zum einen basieren sie auf zum Teil sehr vereinfachenden Annahmen,[24] und zum anderen liegen bislang nur wenige empirische Untersuchungen vor, die diese Überlegungen stützen. Bean (1988) kann zwar mit Hilfe von Stationaritätstests belegen, daß Großbritanniens Exportanteil am Welthandelsvolumen durch temporäre Veränderungen des realen Wechselkurses offenbar dauerhaft

---

[23] Für einen ähnlichen Ansatz siehe auch Baldwin/Krugman (1989).

[24] Im Dixit-Modell wird zum Beispiel die wenig realistische Annahme getroffen, daß sowohl die heimischen als auch die ausländischen Anbieter als Preisnehmer agieren. Zudem bleiben die Marktein- und -austrittsentscheidungen inländischer Unternehmen unberücksichtigt. Weitere Kritikpunkte diskutieren Baldwin/Krugman (1989, S. 653).

beeinflußt wird, aber ein direkter Nachweis für das Vorliegen eines Hysterese-Effektes im Außenhandel ist damit noch nicht erbracht. Denn Dixit zufolge sind es nicht Veränderungen der realen Wechselkurse per se, die langfristig anhaltende Wirkungen hervorrufen, sondern nur solche, die eine bestimmte Größenordnung überschreiten (Baldwin 1990, S. 29). Empirisch müßte also eine unterschiedliche Reaktion auf große und kleine Wechselkursveränderungen nachgewiesen werden - mithin eine Art Quantum-Effekt, dessen Vorhandensein schon Orcutt (1950) im Zusammenhang mit dem zu seiner Zeit vorherrschenden Elastizitätspessimismus vermutet hat.

Eine andere Vorgehensweise konzentriert sich auf die Isolierung von Strukturbrüchen in den Außenhandelsmengen- und -preisfunktionen.[25] Die Begründung für das Vorliegen derartiger Strukturbrüche in der Importpreisfunktion, bei der die zeitliche Entwicklung der in Inlandswährung ausgedrückten Importpreise unter anderem durch die Wechselkursentwicklung erklärt wird, ist aus dem Dixit-Modell unmittelbar ableitbar: Wechselkursänderungen, die die Zahl der im Markt befindlichen ausländischen Anbieter nicht verändern, üben keinen Einfluß auf das inländische Güterangebot aus, so daß sich auch der Absatzpreis in heimischer Währung nicht verändern wird und der "pass through"-Koeffizient in der Nähe von Null liegen dürfte. Wertet sich die Inlandswährung dagegen real so weit auf, daß zusätzliche Anbieter in den Markt eintreten, wird aufgrund des erhöhten Angebots der Preis in Inlandswährung sinken, und der

25 Krugman/Baldwin (1987) haben Import- und Exportfunktionen für die Vereinigten Staaten unter Einschluß einer Dummy-Variable geschätzt, die einen möglichen Strukturbruch in der Beziehung zwischen dem realen Wechselkurs und dem Handelsvolumen erfassen soll. Aufgrund der erheblichen realen Aufwertung des US-Dollar gegenüber den Währungen der westlichen Industrieländer bis Mitte der achtziger Jahre wird für diesen Zeitraum das Vorliegen eines derartigen Strukturbruchs vermutet. In den durchgeführten Schätzungen erweist sich die Dummy-Variable jedoch in keinem der gewählten Zeitpunkte als statistisch signifikant. Baldwin (1988) hat demgegenüber wiederum mittels einer Dummy-Variable einen Strukturbruch in der Importpreisgleichung für die Vereinigten Staaten identifiziert, der in die Phase der realen Aufwertung des US-Dollar fällt.

"pass through"-Koeffizient sollte nahe Eins liegen. Für die Import- und Exportmengenfunktionen gelten diese Überlegungen analog.

Während das Vorliegen des Hysterese-Phänomens die Möglichkeit einer handelshemmenden Wirkung der Wechselkursunsicherheit grundsätzlich in Frage stellt, gilt es allerdings noch einen weiteren indirekten Effekt zu beachten, der eine Beeinträchtigung des internationalen Handels durch eine erhöhte Wechselkursunsicherheit wiederum wahrscheinlicher werden läßt. Dieser zweite Effekt leitet sich aus einer unmittelbaren Kausalität zwischen den mit flexiblen Wechselkursen einhergehenden Risiken und der zunehmenden Bedeutung dirigistischer Eingriffe in den Außenhandel her - die einige Autoren sogar von einem "protectionist outburst" sprechen läßt (Aschheim/Bailey/Tavlas 1987, S. 444).[26]

B. IV. Wechselkursvariabilität und Handelspolitik

Die Befürworter eines Systems flexibler Wechselkurse haben sich ürsprünglich erhofft, daß die Freigabe der Wechselkurse mit einer deutlichen Liberalisierung des Welthandels einhergehen werde. Insbesondere glaubten sie, daß die im Hinblick auf den Zahlungsbilanzausgleich eingeführten handelsbeschränkenden Maßnahmen nunmehr überflüssig sein würden.

Diese Hoffnung hat sich aber nur teilweise erfüllt. Zwar konnten sich die Vertragsparteien des Allgemeinen Zoll- und Handelsabkommens (GATT) im Zuge mehrerer Verhandlungsrunden auf einen deutlichen Abbau der allgemeinen Zolltarife einigen. Im Ge-

---

[26] Um möglichen Mißverständnissen vorzubeugen, ist an dieser Stelle anzumerken, daß die nachfolgend referierten Argumente nicht explizit den Begriff Wechselkursrisiko oder Wechselkursunsicherheit verwenden. Die in diesem Zusammenhang gebräuchlichen Ausdrücke lauten vielmehr Wechselkursvariabilität und Wechselkursvolatilität, häufig wird auch von Fehlanpassungen (misalignments) der Wechselkurse gesprochen. Allerdings lassen sich diese Begriffe inhaltlich kaum voneinander trennen und im Abschnitt C wird gezeigt, unter welchen Bedingungen Wechselkursvariabilität und Wechselkursunsicherheit gleichgesetzt werden können.

genzug ist jedoch die Bedeutung nicht-tarifärer Handelshemmnisse erheblich gewachsen (Bergsten/Cline 1983). Die 1979 abgeschlossene 7.Gatt-Runde (auch "Tokio-Runde" genannt) sieht beispielsweise für die westlichen Industrieländer eine Reduktion der Zollsätze auf importierte Industrieerzeugnisse auf durchschnittlich 5 bis 6 Prozent vor (Kelly et al. 1988, S. 9). Nichtsdestoweniger lag Ende der siebziger beziehungsweise Anfang der achtziger Jahre bei den importierten Industrieerzeugnissen der (geschätzte) Anteil, der nicht-tarifären Handelsbeschränkungen unterworfen war, für die sieben großen Industrieländer zwischen 45 (USA) und 22 Prozent (Japan) (Cline 1984, S. 60).[27] Mithin sieht es so aus, daß per Saldo keine nennenswerte Liberalisierung des Welthandels stattgefunden hat.

Eine der Ursachen für die seit dem Übergang zu flexiblen Wechselkursen zu beobachtende Tendenz zu einem verstärkten Handelsprotektionismus - wegen seiner zeitlichen Dimension und seiner inhaltlichen Merkmale auch "Neuer" Protektionismus genannt (Fröhlich 1988, S. 381) - wird vielfach darin gesehen, daß sogenannte Fehlanpassungen (misalignments) einzelner Wechselkurse "ungerechtfertigte" Veränderungen der Wettbewerbsposition bestimmter Sektoren verursachen.[28] Sie bewirken einen Boom im Exportsektor desjenigen Landes, dessen Währung real unterbewertet ist, und Produktionseinbußen sowie Arbeitslosigkeit im Exportsektor dort, wo die Währung real überbewertet ist. Die aus einer Überbewertung resultierenden Nachteile treffen nun aber in der Regel auf gut organisierte Interessengruppen. Infolgedessen werden in einem verstärkten Maße protektionistische Maßnahmen durchgesetzt, die -

---

27 Cline (1984) subsumiert unter die nicht-tarifären Handelshemmnisse nur quantitative Restriktionen in Form von direkten Einfuhrquoten und "freiwilligen" Exportselbstbeschränkungsabkommen. Zieht man zusätzlich die - allerdings schwer zu erfassenden - sonstigen Handelshemmnisse in Betracht, dürfte dieser Anteil noch weitaus größer sein. Eine Übersicht über die Erscheinungsformen des Neuen Protektionismus bietet Schultz (1985).

28 Bergsten/Williamson (1983, S. 101ff.), Aschheim/Bailey/Tavlas (1987, S. 444f.), Gärtner (1987, S. 483f.). Für einen allgemeinen Erklärungsansatz aus der Sicht der Neuen Politischen Ökonomie vgl. Frey (1985) und für eine Literaturübersicht Schäfer (1987).

einmal eingeführt - bei einer sich umkehrenden Wechselkursentwicklung nicht oder nur mit erheblicher zeitlicher Verzögerung wieder rückgängig gemacht werden. Aber auch im Land, dessen Währung temporär eine Unterbewertung erfahren hat, wird für den Fall einer sich umkehrenden Wechselkursentwicklung die Nachfrage nach protektionistischen Schutzmaßnahmen zunehmen, weil durch die Unterbewertung Ressourcen in Produktionsbereiche umgeleitet worden sind, für die das Land eigentlich keine komparativen Vorteile besitzt. Protektionistische Schutzmaßnahmen bieten dann die Möglichkeit, sich den nunmehr erforderlichen strukturellen Anpassungen weitgehend zu entziehen. Aufgrund dieser asymmetrischen Reaktionen in Aufwertungs- und Abwertungsländern ergibt sich die Gefahr eines ratchet-Effektes: Mit jeder weiteren Fehlanpassung der Wechselkurse[29] steigt die Nachfrage nach Importschutz, ohne daß sie sich nach einer späteren Umkehrung der Devisenmarktentwicklung wieder zurückbildet (Bergsten/Cline 1983, S. 86).

Die bislang vorliegenden empirischen Ergebnisse scheinen diese Vermutungen zu bestätigen. Bergsten/Williamson (1983) verweisen zum Beispiel auf die zeitliche Übereinstimmung zwischen den in den USA erhobenen Forderungen nach Importschutz gegenüber den Einfuhren aus Japan und der EG und den realen Aufwertungstendenzen des US-Dollar, und Gärtner/Ursprung (1989) können sogar einen positiv wirkenden und statistisch signifikanten Einfluß der Varianz des realen D-Mark/US-Dollar-Wechselkurses auf den für die USA gewählten Protektionismusindikator nachweisen.[30] Clifton (1985) hat schließlich gezeigt, daß eine reale Aufwertung der Inlandswährung in der Regel zu einem steigenden Anteil impor-

---

[29] Auf die Problematik der Identifikation von Fehlanpassungen bzw. der Bestimmung des gleichgewichtigen Wechselkurses soll hier nicht eingegangen werden. In den meisten Fällen wird dabei eine modifizierte Version der Kaufkraftparitätentheorie herangezogen. Vgl. dazu ausführlich Williamson (1985).

[30] Gärtner/Ursprung (1989) haben zwei Protektionismusindikatoren verwendet: Zum einen die Anzahl der innerhalb eines Jahres bei der International Trade Comission eingereichten Anti-Dumping-Klagen, und zum anderen die vom Federal Reserve System durchgeführten Devisenmarktinterventionen, gemessen anhand der Veränderung der offiziellen Währungsreserven.

tierter Güter auf dem heimischen Markt führt. Verbindet man dieses Ergebnis mit dem Befund von Cline (1984), wonach steigende Importanteile zu den Hauptursachen protektionistischer Maßnahmen gehören, findet der diskutierte Zusammenhang zwischen Wechselkursvariabilität und der Zunahme nicht-tarifärer Handelshemmnisse auch auf indirektem Weg eine Bestätigung.

Zusammengefaßt ergibt sich folgendes Bild: (1) Eine vollständige und kostenlose Ausschaltung des Wechselkursrisikos ist für Unternehmen, die im Außenhandel tätig sind, nicht möglich. (2) Aus theoretischer Sicht ist es offen, ob eine erhöhte Wechselkursunsicherheit ein vermindertes Handelsvolumen zur Folge hat. Weder die im Zusammenhang mit der Diskussion um das Für und Wider flexibler Wechselkurse angeführten traditionellen Argumente, noch die neueren, modelltheoretisch ausgerichteten Beiträge erlauben hier eindeutige Aussagen. Da die Wechselkursunsicherheit den internationalen Handel zudem auf indirekte Weise beeinflußt (Hysterese, Neuer Protektionismus), wird die Möglichkeit, zu eindeutigen Schlußfolgerungen zu gelangen, zusätzlich erschwert. Der empirischen Forschung kommt deshalb in dieser Frage eine ausschlaggebende Bedeutung zu.

Bevor die bislang vorliegenden Untersuchungen resümiert und die eigenen Ergebnisse vorgestellt werden, soll aber zunächst die Frage diskutiert werden, wie sich die Wechselkursunsicherheit messen läßt.

C. Messung der Wechselkursunsicherheit

Ein ideales Maß zur Erfassung der Wechselkursunsicherheit dürfte nur das zusätzliche Risiko zum Ausdruck bringen, das (1) durch unerwartete Wechselkursveränderungen in den Wirtschaftsablauf hineingetragen wird und das (2) nicht absicherbar ist.

Eine Isolierung des nicht absicherbaren Wechselkursrisikos mag für ein einzelnes Unternehmen durchaus möglich sein, ist aber auf gesamtwirtschaftlicher Ebene nicht realisierbar (Rohweder 1989, S. 20). Die Trennung der erwarteten von den unerwarteten Wechselkursveränderungen scheint dagegen eher durchführbar zu sein. Wäre das "wahre" Wechselkursmodell bekannt, könnte der zukünftige Wechselkurs damit prognostiziert und die Prognosefehler als der unerwartete Teil der Wechselkursentwicklung quantifiziert werden. Allerdings gibt es bislang kein Modell, das einen Anspruch auf Allgemeingültigkeit erheben kann. Es läßt sich vielmehr zeigen, daß die bislang entwickelten Strukturmodelle die Wechselkursentwicklung zwar in bestimmten historischen Phasen befriedigend zu erklären vermögen, aber als Prognoseinstrument haben sie sich nicht bewährt. Bei einem Vergleich der Prognosefähigkeit unterschiedlicher Wechselkursmodelle kommen beispielsweise Meese und Rogoff (1983) zu dem Ergebnis, daß keines von ihnen einem einfachen Random Walk-Modell überlegen ist.[1] Aus diesem Grund werden auch in den meisten empirischen Studien ex post-Maße der Wechselkursentwicklung als Unsicherheitskennziffern verwendet.[2] Das

---

[1] Ähnliche Studien von Backus (1984), Boughton (1987) und Shafer/Loopesko (1983) bestätigen dieses Ergebnis im wesentlichen. Einen umfassenden Überblick über die Leistungsfähigkeit ökonometrischer Wechselkursmodelle vermittelt Isard (1987).

[2] Eine der wenigen empirischen Untersuchungen, die auf die Heranziehung einer ex post-Kennziffer zur Messung des Wechselkursrisikos verzichtet, stammt von Brada/Méndez (1988). Im Rahmen einer Querschnittsanalyse, die die Bestimmungsgründe der bilateralen Exporte zwischen 30 Industrie- und Entwicklungsländern unter-

heißt, die Quantifizierung der ex ante-Unsicherheit geschieht durch die Heranziehung von Variabilitätskennziffern, die auf der Basis der historischen Wechselkursentwicklung berechnet worden sind. Die Anwendungsvoraussetzungen, die es bei einer solchen Vorgehensweise zu beachten gilt, werden im folgenden ausführlich diskutiert und einer umfangreichen Testprozedur unterzogen.

Ist die Entscheidung zugunsten einer ex post-Kennziffer als Risikomaß gefallen, sind vor der eigentlichen empirischen Analyse drei Punkte zu klären. Der erste betrifft die Frage, ob für im Außenhandel tätige Unternehmen eher die Unsicherheit bezüglich des nominalen oder des realen Wechselkurses entscheidungsrelevant ist. Risikomaße, die auf nominalen Wechselkursen basieren, sind angebracht, wenn die kurzfristigen Auswirkungen des Wechselkursrisikos analysiert werden. Denn in der Zeitspanne zwischen dem Abschluß eines Kauf- oder Verkaufsvertrags für bereits hergestellte Güter und dem Zahlungseingang stellt in der Regel die nominale Wechselkursentwicklung die einzige Unsicherheitsquelle dar (IMF 1984a, S. 10). Je länger dagegen der Planungszeitraum der Unternehmen ist, desto eher wird die Unsicherheit in bezug auf die zukünftige Entwicklung des realen Wechselkurses bedeutsam.

Die zweite Frage betrifft das Problem der Abgrenzung einer angemessenen Standard-Periode, für die die Wechselkursunsicherheit gemessen werden soll. Obwohl es vermutlich nicht möglich ist, die jeweils "richtige" Periodenlänge abzugrenzen (IMF 1984a, S. 11), gilt der Tendenz nach, daß Risikomaße, denen ein längerer Gesamtzeitraum zugrunde liegt, das langfristige Risiko besser abbilden als Risikomaße, die auf der Basis kurzer Zeiträume berechnet werden.

---

sucht, werden Dummy-Variablen in Abhängigkeit davon eingesetzt, unter welchem Währungssystem der jeweils betrachtete Handel stattgefunden hat. Die Schätzergebnisse für die Jahre 1973 bis 1977 belegen, daß der bilaterale Handel zwischen zwei Ländern, die untereinander flexible Wechselkurse aufwiesen, höher war als zwischen zwei Ländern mit festen Währungsrelationen. Brada und Méndez begründen dieses überraschende Resultat mit den geringeren Handelsbeschränkungen, die Länder mit flexiblen Wechselkurse gegenüber Ländern mit festen Wechselkursen eingerichtet hatten.

Selbstverständlich liefern auch Risikomaße, die sich unter Verwendung von Tages- oder Wochendaten auf einen kurzen Gesamtzeitraum beziehen, eine Einschätzung des längerfristigen Risikos, da die "lange Frist" nichts anderes als eine Abfolge "kurzer Fristen" darstellt (Herrmann 1990, S. 151). Allerdings besteht dann die Gefahr, daß temporären Devisenmarktturbulenzen, die das langfristige unternehmerische Entscheidungsverhalten vermutlich nur wenig beeinflussen, ein zu großes Gewicht beigemessen und die tatsächliche Unsicherheit überschätzt wird.

Drittens ist schließlich zu fragen, ob der Risikoindikator auf der Basis bilateraler oder effektiver Wechselkurse berechnet werden soll. Hier ist das Entscheidungskriterium schon eindeutiger. Sofern bilaterale Handelsströme untersucht werden, ist unter anderem auch die bilaterale Wechselkursentwicklung relevant. Werden hingegen globale Handelsströme analysiert, sollten effektive Wechselkurse herangezogen werden.[3]

An dieser Stelle sind jedoch zwei Einschränkungen angebracht. Zum einen kommen mitunter auch in empirischen Studien, die ausschließlich globale Import- oder Exportströme untersuchen, Risikomaße zum Einsatz, denen bilaterale Wechselkurse zugrunde liegen,[4] weil die Berechnung effektiver realer Wechselkurse mit erheblichen methodischen Problemen verbunden ist (vgl. z.B. Rottländer 1990, S. 26ff.). Zum anderen läßt sich gegen die Verwendung bilateraler Unsicherheitsmaße grundsätzlich einwenden, daß sie mögliche Drittmarkteffekte unberücksichtigt lassen. Um diesem Einwand gerecht zu werden, könnte etwa zusätzlich ein Risikomaß mit berücksichtigt werden, das auf realen effektiven Wechselkursen beruht, aber dabei um den speziellen Effekt des betrachteten bilate-

---

[3] Zur Konstruktion von Unsicherheitsindikatoren, die auf effektiven Wechselkursen basieren, vgl. Lanyi/Suss (1982) und Honohan (1983).

[4] Neldner (1990) verwendet beispielsweise in den globalen Außenhandelsfunktionen für die Bundesrepublik Deutschland, Großbritannien und Japan einen Variabilitätsindex des jeweiligen realen Wechselkurses gegenüber dem US-Dollar als Unsicherheitskennziffer und in den Außenhandelsfunktionen für die USA sowohl den realen US-Dollar/DM-Kurs als auch den realen US-Dollar/Yen-Kurs.

ralen Kurses bereinigt ist.[5] Die Konstruktion einer derartigen Drittmarktvariablen würde allerdings noch größere methodische Probleme aufwerfen als die Berechnung effektiver Wechselkursindizes. Hinzu kommt die Gefahr, daß bei einer gleichzeitigen Berücksichtigung von zwei Unsicherheitsvariablen Multikollinearitätsprobleme auftreten.

C. I. Die Random Walk-Hypothese

Die Random Walk-Hypothese ist in einer Reihe von empirischen Untersuchungen als ein angemessener Erklärungsansatz für das Zeitreihenverhalten nominaler und realer Wechselkurse bestätigt worden,[6] und Mussa (1979, S. 10) hat in einer einflußreichen Arbeit die Beobachtung, wonach "the natural logarithm of the spot exchange rate follows approximately a random walk", sogar in den Rang einer empirischen Gesetzmäßigkeit erhoben. Sollten die Wechselkurse tatsächlich einem Random Walk-Prozeß folgen, hat dies für die Messung der Wechselkursunsicherheit bedeutende Auswirkungen. Auf der Basis der verfügbaren Informationen ist dann der gegenwärtige Kassakurs der beste Prediktor des zukünftigen Kassakurses, so daß die Varianz oder die Standardabweichung

---

[5] Cushman (1986) unternimmt in dieser Hinsicht einen ersten Versuch. Für eine kritische Auseinandersetzung mit seiner methodischen Vorgehensweise vgl. Wallner (1989, S. 200ff.).

[6] Eine Übersicht über empirische Studien, denen nominale Wechselkurse zugrunde liegen, geben Gaab (1983, S. 100f.) und Levich (1985, S. 992ff.). Neuere Untersuchungen über das Zeitreihenverhalten nominaler und realer Wechselkurse, in denen die Random Walk-Hypothese zumeist nicht abgelehnt werden kann, stammen von Abuaf/Jorion (1990), Adler/Lehmann (1983), Darby (1983), Diebold (1988), Edison/Fisher (1991), Junge (1985), Kirchgässner (1988) und Mark (1990). Von besonderem Interesse sind die Arbeiten von Abuaf/Jorion (1990) und Frankel (1986), weil sie für den Zeitraum flexibler Wechselkurse zu keiner Ablehnung der Random Walk-Hypothese für reale Wechselkurse kommen, wohl aber auf der Basis von Jahresdaten, die zum Teil einen Zeitraum von mehr als 100 Jahren umfassen. Edison (1987) findet ebenfalls empirische Hinweise dafür, daß im Zeitraum 1890 bis 1978 für den US-$/brit.-£-Kurs nicht die Random Walk-Hypothese, sondern eher die Kaufkraftparität in ihrer relativen Version maßgebend war.

ex post beobachteter Wechselkursveränderungsraten ein geeignetes Maß für das ex ante wahrgenommene Wechselkursrisiko abgibt.

Die Random Walk-Hypothese gilt jedoch nur, wenn zwei Voraussetzungen erfüllt sind: Zeitlich aufeinanderfolgende Wechselkursveränderungen müssen (1) voneinander unabhängig und (2) identisch verteilt sein (Cryer 1986, S. 11). Ist W_t der natürliche Logarithmus des Kassakurses zum Zeitpunkt t und ϵ_t $(t = 1,\ldots,T)$ eine Folge voneinander unabhängiger Zufallsvariablen, die bezüglich der ersten beiden Momente identisch verteilt sind, dann läßt sich das Random Walk-Modell formal schreiben als:

$$(1) \quad W_t = W_{t-1} + \epsilon_t ,$$

wobei für die Störvariablen gelten soll:

$$E(\epsilon_t) = 0 \; \forall \, t \, , \quad E(\epsilon_t, \epsilon_{t-k}) = \begin{cases} 0 \; \forall \, k \neq 0 \\ \sigma_\epsilon^2 \; \forall \, k = 0 \end{cases} .$$

Wird auf die Annahme identisch verteilter Störvariablen verzichtet, liegt ein Martingal-Modell vor.[7]

Bezüglich der Wechselkursveränderungen wird in der Literatur häufig (ungeprüft) unterstellt, daß sie normalverteilt sind. Dies hat mehrere Gründe: Erstens ist die Normalverteilung eine sehr bekannte Verteilung mit einer relativ gut entwickelten Schätz- und Testtheorie, und zweitens kann der Zentrale Grenzwertsatz angewendet werden, wonach sich die Summe unabhängiger und identisch verteilter Zufallsvariablen mit endlicher Varianz bei steigendem Stichprobenumfang immer besser der Normalverteilung anpaßt.

---

[7] Für eine weitergehende Unterscheidung zwischen einem Martingal-, einem Submartingal- und einem Supermartingal-Modell vgl. Gaab (1983, S. 57ff.) und Baillie/McMahon (1989, S. 44ff.).

Die Wechselkursveränderung zwischen zwei Zeitpunkten läßt sich als die Summe vieler kleiner Veränderungsraten darstellen:

$$W_t - W_1 = (W_t - W_{t-1}) + (W_{t-1} - W_{t-2}) + \ldots + (W_2 - W_1) .$$

Unter der Voraussetzung, daß die sequentiellen Veränderungsraten voneinander unabhängig und Realisationen einer Verteilung mit endlicher Varianz sind, ist die Gesamtveränderungsrate $W_t - W_1$ approximativ normalverteilt (Levich 1985, S. 992).

Aus der Sicht der Risiko-Nutzen-Theorie läßt sich die Verwendung der Varianz oder der Standardabweichung von ex post beobachteten Wechselkursveränderungsraten als ein Risikomaß - streng genommen - überhaupt erst durch die Normalverteilungsannahme rechtfertigen, weil nur die Normalverteilung durch den Erwartungswert und die Varianz vollständig charakterisiert ist (Newbery/Stiglitz 1981, S. 85). Alternativ könnte zwar auch eine quadratische Nutzenfunktion unterstellt werden,[8] was aber, wie Arrow (1970) und Pratt (1964) unabhängig voneinander herausgearbeitet haben, die wenig plausible Annahme einer mit steigendem Einkommen oder Vermögen zunehmenden absoluten Risikoaversion voraussetzt. Damit wird auch deutlich, daß die Berechnung von Unsicherheitsmaßen, die auf dem ersten Moment einer Verteilung beruhen, nur dann zu rechtfertigen ist, wenn zugleich unterstellt wird, daß die Individuen risikoneutral sind (LeRoy 1989, S. 1592).[9]

Obwohl sich die Verwendung eines Random Walk-Modells bei der Berechnung der Unsicherheitsvariablen als vorteilhaft erweist,

---

[8] Bei Annahme einer quadratischen Nutzenfunktion kann die Verteilung der Wechselkursveränderungen beliebig sein. Für einen Beweis vgl. Markowitz (1959, S. 286f.) und Schneeweiß (1967, S. 89ff.).

[9] Beispielsweise verwenden Bailey/Tavlas/Ulan (1986; 1987) in den Exportfunktionen für sieben große Industrieländer die durchschnittliche absolute Veränderungsrate des nominalen Wechselkurses als Unsicherheitskennziffer, und Hooper/Kohlhagen (1978) berechnen eine ihrer Unsicherheitskennziffern in Form der durchschnittlichen absoluten (über 13 Wochen gemessenen) Differenz zwischen dem Kassakurs und dem dazugehörigen 3-Monats-Terminkurs.

ergibt sich aus theoretischer Sicht die Wechselkursentwicklung als reiner Zufallsprozeß nur unter ganz bestimmten Bedingungen, was unter Heranziehung eines einfachen, auf Frenkel und Mussa (1980) zurückgehenden Modells leicht gezeigt werden kann.[10] Der Logarithmus des Kassakurses wird darin durch folgende Gleichung bestimmt

$$(2) \quad W_t = Z_t + a * E_t[W_{t+1} - W_t] .$$

$E_t[W_{t+1} - W_t]$ bezeichnet die im Zeitpunkt t auf der Basis der verfügbaren Informationen erwartete prozentuale Wechselkursveränderung zwischen t und t+1, während Z_t den Einfluß fundamentaler Faktoren der Wechselkursentwicklung ("ordinary factors of supply and demand that affect the exchange rate on day t", Frenkel/Mussa 1980, S. 375) zusammenfaßt. Dahinter verbergen sich - in Abhängigkeit von der theoretischen Vorstellung über die Wechselkursbestimmungsdeterminanten - in- und ausländische Größen wie Geldangebot, Realeinkommen, Zinssätze und andere. Gleichung (2) stellt damit die reduzierte Form einer Klasse von Wechselkursmodellen dar, die unter dem Oberbegriff Finanzmarktansatz der Wechselkursbestimmung ("asset market theory") klassifiziert werden und sich lediglich in bezug auf die Spezifikation der Fundamentalfaktoren voneinander unterscheiden.

Gleichung (2) läßt sich unter Vernachlässigung einer stochastischen Störgröße umformen zu

$$(3) \quad W_t = \frac{1}{1+a} Z_t + \frac{a}{1+a} E_t(W_{t+1}) .$$

---

[10] Ziel ist es zu verdeutlichen, daß die Wechselkurse - entgegen der mitunter geäußerten Behauptung - selbst in Modellen, in denen die Devisenmarktteilnehmer rationale Erwartungen bilden und die Märkte als informationseffizient angenommen werden, so daß der momentane Preis von den Erwartungen über seine zukünftige Entwicklung abhängt, nicht automatisch einem Random Walk-Prozeß folgen.

Der natürliche Logarithmus des Kassakurses wird demnach durch die gegenwärtigen Werte der Fundamentalfaktoren und den für die nächste Periode erwarteten Kassakurs bestimmt. Unterstellt man, daß alle Marktteilnehmer rational im Sinne von Muth (1961) sind, dann kennen sie das durch Gleichung (3) beschriebene Modell und bilden auf dieser Grundlage ihre Erwartungen.

Die (partikuläre) Lösung der Differenzengleichung (3) erhält man durch iterative Vorwärtssubstitution (vgl. Mussa 1976, S. 242):[11]

$$(4) \quad W_t = \frac{1}{1+a} \sum_{k=0}^{\infty} \left(\frac{a}{1+a}\right)^k E_t(Z_{t+k}) .$$

Demzufolge wird der laufende Wechselkurs durch die beobachteten Realisationen der gegenwärtigen Fundamentalfaktoren (für $k = 0$ gilt: $E_t(Z_t) = Z_t$) und die im Zeitpunkt t geometrisch gewichteten Erwartungen über die zukünftige Entwicklung der Fundamentalfaktoren determiniert. Der Wechselkurs reagiert somit nur auf in t nicht antizipierte Ereignisse. Wie sich nun aber leicht zeigen läßt (Hakkio 1986, S. 228), ergibt sich daraus ein Random Walk-Verhalten nur dann, wenn die fundamentalen Einflußfaktoren einem reinen Zufallsprozeß folgen, d.h., wenn

$$W_{t+1} - W_t = \epsilon_t \Leftrightarrow Z_{t+1} - Z_t = \epsilon_t$$

gilt.

Obwohl im Zusammenhang mit der Überprüfung der sogenannten "Real Business Cycle"-Konjunkturtheorie einige empirische Studien zu dem Ergebnis kommen, daß für eine Reihe makroökonomischer Zeitreihen die Random Walk-Hypothese nicht abzuleh-

---

[11] Die allgemeine Lösung der Differenzengleichung (3) setzt sich aus der Summe der partikulären und der Lösung des homogenen Teils der Differenzengleichung zusammen, wodurch auch die Möglichkeit einer instabilen (Bubble)-Lösung besteht. Letzteres sei hier ausgeschlossen. Vgl. zu dieser Problematik auch Gaab (1990).

nen ist,[12] werden gegen diese Art der "Verifikation" einer Theorie zahlreiche methodische Einwände erhoben (vgl. Cochrane 1988; McCallum 1986).[13]

In analoger Weise lassen sich auch die Bedingungen herleiten, unter denen der reale Wechselkurs einem Random Walk-Prozeß folgt. Drei Voraussetzungen sind hierfür erforderlich (vgl. Adler/ Lehmann 1983; Darby 1983): (i) Gültigkeit der ungedeckten oder offenen Zinsparität, wonach bei Abwesenheit von Risikoprämien die Nominalzinsdifferenz zwischen Finanztiteln gleicher Laufzeit, die auf unterschiedliche Währungen lauten, der erwarteten Veränderungsrate des Kassakurses entspricht,[14] (ii) Gültigkeit der Fisher-Hypothese, derzufolge sich der Nominalzinssatz stets so an die erwartete Inflationsrate anpaßt, daß die Realzinsen im In- und Ausland unabhängig von der Inflationsentwicklung sind und (iii) rationale Erwartungsbildung der Marktteilnehmer.

Formal lassen sich die Bedingungen (i) und (ii) durch die Gleichungen

$$(5) \quad i_t = i_t^* + E_t(\Delta W_t)$$

$$(6) \quad i_t = r_t + E_t(\pi_t)$$

$$(7) \quad i_t^* = r_t^* + E_t(\pi_t^*)$$

---

12 Vgl. z.B. Gaab (1982), Nelson/Plosser (1982) und Schwert (1987).

13 Vgl. auch die Ausführungen im Abschnitt C. II. 3 (S. 67f.).

14 Gültigkeit der gedeckten Zinsparität vorausgesetzt, wonach die Nominalzinsdifferenz gleich dem Swapsatz ist, impliziert Bedingung (i), daß der Terminkurs ein unverzerrter Schätzer des zukünftigen Kassakurses ist. Die empirische Evidenz bezüglich der gedeckten Zinsparität ist weitgehend eindeutig, insofern als sie bei Verwendung von Euromarktsätzen erfüllt ist (Levich 1985, S. 1026ff.). Taylor (1987) berichtet von Untersuchungen auf dem Londoner Euromarkt, wonach selbst in der extrem kurzen Frist (10-Minuten-Basis) keine Abitragegewinne eröffnende Abweichungen von der Zinsparität vorhanden sind.

ausdrücken. Hierbei bezeichnet i_t den Nominalzinssatz, r_t den Realzinssatz, $E_t(\Delta W_t)$ die erwartete Wechselkursänderungsrate und $E_t(\pi_t)$ die erwartete Inflationsrate. Mit einem Stern gekennzeichnete Variablen beziehen sich jeweils auf das Ausland.

Werden (6) und (7) in (5) eingesetzt, ergibt sich

$$(8)\quad E_t(\Delta W_t) - E_t(\pi_t) + E_t(\pi_t^*) = r_t - r_t^* .$$

Gleichung (8) beschreibt die sogenannte Realzinsparität, derzufolge die erwartete Veränderung des realen Wechselkurses der Realzinsdifferenz entspricht. Die linke Seite von (8) wird auch als ex ante relative Kaufkraftparität bezeichnet. Sie stellt eine schwächere Form der relativen Kaufkraftparität dar (Cumby/Obstfeld 1984, S. 123).[15]

Die Annahme rationaler Erwartungen ermöglicht es, die erwarteten Größen in Form ihrer mathematischen Erwartungswerte zuzüglich einer Störvariablen zu schreiben. Es ist

$$E_t(\pi_t) = \pi_t + u_t,\quad E_t(\pi_t^*) = \pi_t^* + u_t^*,\quad E_t(\Delta W_t) = \Delta W_t + \epsilon_t,$$

mit

$$E(u_t \mid I_{t-1}) = 0,\ E(u_t^* \mid I^*_{t-1}) = 0 \text{ und } E(\epsilon_t \mid I_{t-1}) = 0.$$

I_{t-1} bezeichnet die am Ende der Periode t-1 jeweils verfügbare Informationsmenge. Wird angenommen, daß $I_{t-1} = I^*_{t-1}$ ist, läßt sich (8) in die Form

$$(9)\quad \Delta W_t - \pi_t + \pi_t^* = r_t - r_t^* + \mu_t$$

---

15 Sie ist deshalb als eine schwächere Form der relativen Kaufkraftparität anzusehen, weil sie empirisch nicht so leicht zu verwerfen ist wie ihr ex post Pendant. Eine empirische Überprüfung setzt die Formulierung einer Erwartungsbildungshypothese voraus, so daß im Fall einer Ablehnung offen bleibt, welche der beiden Teilhypothesen (möglicherweise auch beide) abzulehnen ist.

überführen, wobei

$$\mu_t = u_t - u_t^* - \epsilon_t, \text{ mit } E(u_t - u_t^* - \epsilon_t \mid I_{t-1}) = 0$$

die Störvariablen zusammenfaßt.

Gemäß (9) ist das Zeitreihenverhalten der realen Wechselkurse somit bis auf zufällige Einflüsse, die sich in der Störvariablen μ_t niederschlagen, allein vom Zeitreihenverhalten der Realzinsdifferenz zwischen In- und Ausland abhängig. Für $r_t = r_t^*$ ergibt sich ein Martingal-Prozeß und für den Fall, $r_t - r_t^* =$ konst. ein Martingal-Prozeß mit Trendparameter (Hakkio 1986, S. 228). In analoger Weise kann gezeigt werden, daß der nominale Wechselkurs nur dann einem Martingal-Prozeß (einem Martingal-Prozeß mit Trendparameter) folgt, wenn die Nominalzinsdifferenz Null (konstant) ist (Gaab 1983, S. 56ff.; Baillie/McMahon 1989, S. 44ff.). Es liegt dann ein Spezialfall der Gleichung (4) vor, bei dem die Fundamentalfaktoren nur in- und ausländische Nominalzinssätze umfassen.

Die vorliegenden empirischen Ergebnisse scheinen allerdings eher gegen die Gültigkeit der herausgearbeiteten Paritätsbedingungen zu sprechen.[16] Ebenso wird die Annahme, daß alle Marktteilnehmer ihre Erwartungen rational bilden, neuerdings vielfach in Frage gestellt[17] und durch die Hypothese heterogener Marktteilnehmer mit unterschiedlichen Erwartungen ersetzt (vgl. Frankel/Froot 1986). Mit Hilfe der Paritätsbedingungen kann ein Random Walk-

---

[16] Die in Gleichung (9) formulierte Realzinsparität wird beispielsweise von Cumby/Obstfeld (1984), Gaab/Granziol/Horner (1986), Granziol/Schelbert (1983), Mark (1985) und Mishkin (1984) abgelehnt.
Die ungedeckte Nominalzinsparität wird meist ebenfalls verworfen. Eine Übersicht über diesbezügliche empirische Untersuchungen und über die Devisenmarkteffizienzhypothese geben Boothe/Longworth (1986), Gaab (1983), Hodrick (1987) und Levich (1985; 1989). Krugman (1989a, S. 65) zieht daraus folgendes Fazit: "The belief in the efficiency of the foreign exchange market is a matter of pure faith".
Die Fisher-Hypothese wird u.a. von Kirchgässner/Wolters (1990) für einige Länder abgelehnt. Dort findet sich auch ein Überblick über weitere empirische Untersuchungen.

[17] Vgl. Frankel/Froot (1987), Froot/Frankel (1989), Dominguez (1986).

Verhalten der nominalen und realen Wechselkurse demnach nicht eindeutig begründet werden.

Ein völlig anderer Weg, ein Martingal-Verhalten der realen Wechselkurse zu rechtfertigen, wird unter Verwendung des sogenannten Gleichgewichtsansatzes der Wechselkurse beschritten (Stockman 1987; 1988). Dieser steht in einem fundamentalen Gegensatz zu den Wechselkurstheorien, die kurzfristige Preisrigiditäten unterstellen ("Overshooting"-Ansätze), da die Annahme kurzfristig inflexibler Preise mit der empirischen Evidenz, insbesondere mit der zu beobachtenden ausgeprägten Korrelation zwischen Schwankungen des nominalen und realen Wechselkurses, nur schwer zu vereinbaren ist. Wenn tatsächlich Preisträgheiten für diese Korrelation verantwortlich sind, sollte sich die reale Wechselkursentwicklung nach einiger Zeit - "no more than about two years" (Stockman 1988, S. 283) - wieder umkehren. Tatsächlich scheinen die Veränderungen der realen Wechselkurse jedoch permanenter Art zu sein oder zumindest für eine sehr lange Zeit anzudauern. Da auch die Korrelation zwischen den Veränderungen des nominalen und realen Wechselkurses offenbar nicht nur kurzfristiger, sondern dauerhafter Natur ist, sind diese empirischen Regelmäßigkeiten für Stockman (1987, S. 12) Indizien für eine umgekehrte Kausalität, wonach "repeated disturbances to supplies and or demands thereby create a correlation between changes in real and nominal exchange rates. This correlation is consistent with equilibrium in the economy, in the sense that markets clear through price adjustments". Die Frage, ob die Wechselkursvariabilität "gut" oder "schlecht" für die Volkswirtschaft ist, darf mithin - Stockman zufolge - in dieser Form nicht gestellt werden, da der Wechselkurs eine endogene Größe ist. Gefragt werden müsse statt dessen, ob die die Wechselkursveränderungen hervorrufenden Störungen "gut" oder "schlecht" sind.

Solange es jedoch nicht gelingt, die sich wiederholenden realen Störungen zu identifizieren, um eine empirische Überprüfung ihres Einflusses zu ermöglichen, ist der Gleichgewichtsansatz indessen tautologisch (vgl. auch Dornbusch/Frankel 1988). Empirisch ist er gleichfalls angreifbar, da eine der Folgerungen lautet, daß das Zeitreihenverhalten der realen Wechselkurse vom Wechselkursregime unabhängig sein sollte.[18] Genau dies ist aber nicht der Fall: Die Variabilität der realen Wechselkurse ist in der Periode flexibler Wechselkurse bislang wesentlich höher gewesen als in der Zeit des Bretton Woods-Systems.[19]

Als Ergebnis ist somit festzuhalten, daß ein Random Walk-Verhalten der nominalen und realen Wechselkurse weder unter Rückgriff auf die genannten Paritätsbedingungen noch durch den Gleichgewichtsansatz der Wechselkurse, sondern allenfalls empirisch begründet werden kann.

C. II. Das Zeitreihenverhalten bilateraler Wechselkurse

Im folgenden werden die bilateralen nominalen und realen Wechselkurse zwischen den Währungen von zehn westlichen Industrieländern[20] einer umfangreichen Testprozedur unterzogen. Geprüft wird, ob das Random Walk-Modell eine angemessene Beschreibung des Zeitreihenverhaltens der hier betrachteten bilateralen Wechselkurse darstellt, da nur unter dieser Voraussetzung die Varianz oder die Standardabweichung der Wechselkursveränderungsraten eine

---

[18] "The choice of fixed versus flexible exchange rates is, by itself, not important for real exchange rates" (Stockman 1987, S. 29).

[19] Mussa (1986) hat eine umfangreichende Untersuchung über das Verhalten realer Wechselkurse für 13 Industrieländer von 1957 bis 1984 durchgeführt. Vgl. auch Dornbusch (1989) sowie die Ausführungen im Abschnitt C. III. (S. 68ff.). Daß auch in früheren Zeiten eine Abhängigkeit des Zeitreihenverhaltens realer Wechselkurse vom Wechselkurssystem bestand, belegen De Grauwe/Janssens/Leliaert (1985) und Eichengreen (1988).

[20] Bei den einbezogenen Ländern handelt es sich um Belgien/Luxemburg (B), die Bundesrepublik Deutschland (D), Frankreich (F), Großbritannien (E), Italien (I), Japan (J), Kanada (K), die Niederlande (N), Schweden (S) und die USA (U). In den Tabellen 1 bis 4 (S. 49ff. und S. 58ff.) bezeichnet beispielsweise "BE" den nominalen bzw. realen Wechselkurs zwischen den Währungen Belgien/Luxemburgs und Großbritanniens. Alle Wechselkurse sind als Preise in Einheiten der zuerst genannten Währung für eine Einheit der an zweiter Stelle genannten Währung ausgedrückt. Quellenangaben zu den verwendeten Daten finden sich im Anhang B.

brauchbare Unsicherheitskennziffer darstellt, mit der die empirische Untersuchung über die Effekte der Wechselkursunsicherheit auf bilaterale Handelsströme durchgeführt werden kann.

Die Random Walk-Hypothese verlangt, daß aufeinanderfolgende Wechselkursveränderungen (1) voneinander unabhängig und (2) identisch verteilt sind. Im folgenden wird zunächst die erste und wichtigere (Gaab 1983, S. 95) dieser beiden Teilhypothesen überprüft.

Zuvor sind aber noch einige technische Informationen erforderlich. Sämtliche Wechselkurszeitreihen werden als natürliche Logarithmen ausgedrückt. Damit ist die Vergleichbarkeit zu anderen Studien gewährleistet und zudem sichergestellt, daß die Veränderungsraten unabhängig von der jeweiligen Währungseinheit sind. Überdies werden ausschließlich Monatsenddaten verwendet, weil die Bildung von Monatsdurchschnitten die Struktur einer Zeitreihe unter Umständen deutlich verändern kann (Gaab 1982, S. 619). Zur Konstruktion der realen Wechselkurse werden schließlich aus Gründen der Datenverfügbarkeit Konsumgüterpreisindizes herangezogen.[21] Andere Untersuchungen haben allerdings gezeigt, daß die Wahl der jeweils verwendeten Preisindizes keine nennenswerten Auswirkungen auf die Testergebnisse hat.[22]

C. II. 1. Die Unabhängigkeitsannahme

Zur Überprüfung der Hypothese, daß zeitlich aufeinanderfolgende Wechselkursveränderungen voneinander unabhängig sind, stehen eine Reihe von Testverfahren zur Verfügung.[23] Da die

---

[21] Die Vor- und Nachteile alternativer Preisindizes bei der Berechnung realer Wechselkurse diskutiert Rottländer (1990, S. 22ff.).

[22] Junge (1985) und Diebold (1988) berechnen reale Wechselkurse sowohl auf der Basis von Konsumgüter- als auch Großhandelspreisindizes. Die Testergebnisse bleiben davon jedoch unberührt.

[23] Für einen Überblick und eine Einschätzung ihrer jeweiligen Teststärke vgl. Hakkio (1986).

Gegenhypothese zum Random Walk-Prozeß bislang unspezifiziert geblieben ist und die einzelnen Verfahren jeweils unterschiedliche Alternativhypothesen voraussetzen, werden hier zur Überprüfung des Random Walk-Modells mehrere Testverfahren angewendet. Es handelt sich dabei um die Ljung-Box-Statistik und um Stationaritätstests gemäß Dickey/Fuller (1979; 1981).

Die Ljung-Box-Statistik stellt eine Modifikation der bekannteren Box-Pierce-Statistik dar mit besseren Verteilungseigenschaften in kleinen Stichprobenumfängen (Cryer 1985, S. 153). Mit ihrer Hilfe läßt sich prüfen, ob zeitlich aufeinanderfolgende Wechselkursveränderungsraten Realisationen eines White Noise-Prozesses sind:

$$\Delta \ln W_t = \ln W_t - \ln W_{t-1} = \epsilon_t ,$$

wobei ϵ_t eine Folge von identisch verteilten und unabhängigen Zufallsvariablen darstellt (Schlittgen/Streitberg 1987, S. 71). Sie ist definiert als

$$LB(K) = T(T+2) \sum_{k=1}^{K} \frac{1}{T-k} \hat{\rho}_k^2 .$$

Dabei bezeichnet T die Anzahl der Beobachtungen und

$$\hat{\rho}_k = \frac{\sum_{t=1}^{T-k} \hat{\epsilon}_t \hat{\epsilon}_{t-k}}{\sum_{t=1}^{T} \hat{\epsilon}_t^2}$$

die empirische Autokorrelationsfunktion. Bei Gültigkeit der Nullhypothese

$$H_0: \hat{\rho}_k = 0 \text{ für alle } k = 1,2,...,K,$$

ist die Ljung-Box-Statistik [LB(K)] approximativ Chi-Quadrat-verteilt mit K (Anzahl der Lags) Freiheitsgraden. Die Gegenhypothese ist in diesem Fall sehr allgemein. Sie lautet, daß die Wechselkursveränderungen keinem White Noise-Prozeß beziehungsweise die Kassakurse keinem Martingal-Prozeß folgen.

In den Tabellen 1 und 2 sind die jeweiligen Testwerte für 6 und 12 Lags wiedergegeben.[24] Sie zeigen, daß nur für wenige bilaterale Wechselkurse eine Ablehnung der Nullhypothese möglich ist. Interessanterweise handelt es sich dabei überwiegend um Währungsrelationen, die im Rahmen des Europäischen Währungssystems nur innerhalb festgelegter Bandbreiten schwanken können.

Die unter Verwendung der Ljung-Box-Statistik erzielten Ergebnisse sind allerdings mit einigen Einschränkungen zu versehen. Wie Diebold (1988) gezeigt hat, gelangt die Ljung-Box-Statistik bei einer vorgegebenen Irrtumswahrscheinlichkeit zu einer zu häufigen Ablehnung der Nullhypothese, wenn die Varianz der Wechselkursveränderung einem autoregressiven Prozeß (ARCH)[25] folgt. Damit wird zwar bei einer Nichtablehnung der Nullhypothese die Vertrauenswürdigkeit des Testergebnisses erhöht, im Fall einer Ablehnung bleibt aber offen, ob dies bei dem gegebenen Signifikanzniveau zu Recht erfolgt ist.[26]

Dem zweiten hier zur Anwendung kommenden Testverfahren liegt die Regressionsgleichung

$$(10) \quad \ln W_t = \beta_0 + \beta_1 \ln W_{t-1} + u_t$$

[24] Sämtliche Berechnungen wurden mit dem Programmpaket TSP, Version 4.2A, auf einem IBM-3090 Rechner im Rechenzentrum der Universität Osnabrück durchgeführt.

[25] Abkürzung für Autoregressive Conditional Heteroskedasticity. Die Stationaritätstests gemäß Dickey und Fuller sind davon jedoch nicht betroffen.

[26] Diebold (1988, S. 20ff.) hat für diese Situationen ein Verfahren entwickelt, mit dem die Box-Pierce- bzw. Ljung-Box-Statistik korrigiert werden kann.

Tabelle 1

Unabhängigkeitstests, nominale Wechselkursveränderungen

Monatsenddaten 1974.02 - 1989.12

Wechselkurs	BE	BF	BU	DB	DE	DF	DI	DJ	DK
LB(6)	4,80	19,5**	8,03	12,7*	3,75	6,00	13,9*	6,24	7,03
LB(12)	12,0	33,8**	18,6	23,3*	13,3	21,2*	21,2*	10,7	18,5
τ_τ	-2,04	-2,33	-1,13	-1,44	-2,20	-1,63	-1,66	-2,53	-1,65
τ_μ	-2,09	-1,50	-1,10	-0,29	-1,49	-0,80	-2,50	-1,00	-1,62
ρ_τ	-6,48	-10,70	-2,77	-3,75	-8,25	-6,44	-5,09	-11,70	-4,84
ρ_μ	-6,29	-3,02	-2,49	-0,24	-2,91	-0,71	-1,96	-2,11	-3,56

Wechselkurs	DN	DS	DU	EU	FE	FU	IB	IE	IF
LB(6)	9,42	6,28	6,42	3,74	7,59	9,96	14,4*	3,13	14,2*
LB(12)	14,6	11,0	15,3	12,8	15,7	17,7	21,6*	6,35	20,0
τ_τ	-2,80	-2,17	-1,34	-1,50	-1,98	-0,96	-2,38	-1,15	-2,94
τ_μ	-1,46	-0,56	-1,24	-1,50	-1,71	-0,96	-2,97*	-1,51	-3,34*
ρ_τ	-16,24	-9,37	-3,89	-4,70	-7,01	-2,35	-6,81	-4,25	-9,65
ρ_μ	-3,57	-0,62	-3,41	-3,64	-5,50	-1,74	-3,70	-3,09	-5,86

Wechselkurs	IN	IU	JB	JE	JF	JI	JK	JN	JS
LB(6)	10,1	12,7*	6,30	8,28	12,7*	8,98	6,61	6,88	12,5
LB(12)	18,6	20,7	11,6	10,3	19,8	12,7	14,8	10,9	18,3
τ_τ	-2,00	-0,37	-2,16	-1,80	-1,84	-0,82	-1,58	-2,52	-2,17
τ_μ	-2,51	-1,52	-0,54	-0,80	-0,53	-1,39	-1,03	-0,89	-0,36
ρ_τ	-6,71	-0,83	-8,12	-6,65	-7,13	-3,50	-5,54	-11,96	-8,51
ρ_μ	-2,14	-1,89	-0,69	-0,97	-0,51	-1,11	-1,47	-1,66	-0,34

Tabelle 1 (Fortsetzung)

Unabhängigkeitstests, nominale Wechselkursveränderungen

Monatsenddaten 1974.02 - 1989.12

Wechselkurs	JU	KB	KE	KF	KI	KN	KS	KU	NB
LB(6)	6,91	9,47	4,94	11,7	13,3*	7,66	5,75	3,99	21,6**
LB(12)	14,6	22,9*	16,4	20,6	18,6	18,4	11,9	16,7	24,8*
τ_T	-1,62	-1,52	-1,58	-1,50	-1,10	-1,65	-1,69	-0,12	-1,53
τ_μ	-0,66	-1,55	-1,50	-1,20	-1,27	-1,65	-0,98	-1,66	-0,20
ρ_T	-5,20	-3,76	-5,13	-3,92	-2,89	-4,85	-4,56	-0,35	-3,76
ρ_μ	-1,17	-3,83	-4,76	-2,85	-2,15	-3,98	-2,17	-2,77	-0,20
Wechselkurs	NE	NF	NU	SB	SE	SF	SI	SN	SU
LB(6)	4,93	8,60	7,03	7,18	4,71	8,96	9,93	6,12	6,86
LB(12)	14,2	16,7	15,4	14,1	7,74	15,1	18,1	10,5	13,5
τ_T	-2,09	-1,90	-1,28	-2,35	-2,35	-3,10	-2,64	-2,41	-1,07
τ_μ	-1,52	-0,75	-1,24	-1,18	-1,56	-2,51	-3,14*	-0,56	-0,84
ρ_T	-7,48	-8,00	-3,63	-10,89	-8,83	-18,99	-10,11	-11,33	-2,51
ρ_μ	-3,25	-0,74	-3,49	-2,64	-4,64	-13,29	-8,54	-0,73	-1,32

Ein mit *, **, gekennzeichneter Wert zeigt an, daß die jeweilige Nullhypothese bei einer Irrtumswahrscheinlichkeit von 5%, 1% zu verwerfen ist. Für die Länderabkürzungen vgl. die Anmerkungen in Fußnote 20, S. 45. Quellenangaben zu den verwendeten Daten finden sich im Anhang B.

Tabelle 2

Unabhängigkeitstests, reale Wechselkursveränderungen

Monatsenddaten 1974.02 - 1989.12

Wechselkurs	BE	BF	BU	DB	DE	DF	DI	DJ	DK
LB(6)	5,73	27,2**	7,49	13,8*	5,34	8,87	14,4*	6,33	6,86
LB(12)	11,8	34,7**	17,1	28,8**	12,4	20,7	20,1	9,05	18,0
τ_T	-1,30	-2,07	-1,34	-3,53*	-1,36	-2,58	-2,59	-2,17	-1,57
τ_μ	-1,16	-1,46	-1,12	-2,09	-1,61	-2,74	-1,05	-1,40	-1,46
ρ_T	-3,85	-7,89	-3,40	-9,80	-4,50	-11,28	-12,29	-12,04	-4,65
ρ_μ	-2,59	-4,42	-2,49	-5,22	-4,20	-11,17	-2,77	-2,84	-4,21
Wechselkurs	DN	DS	DU	EU	FE	FU	IB	IE	IF
LB(6)	18,0**	7,14	6,27	2,81	11,4	7,28	13,5*	3,19	14,4
LB(12)	47,0**	9,47	14,8	10,8	17,4	13,4	22,0*	8,03	18,6
τ_T	-3,85*	-2,48	-1,23	-1,77	-1,66	-1,40	-2,64	-1,67	-3,08
τ_μ	-3,84**	-2,35	-1,28	-1,80	-1,59	-1,30	-0,66	-1,73	-0,95
ρ_T	-16,63	-11,76	-3,57	-5,85	-6,36	-3,94	-8,67	-6,10	-13,24
ρ_μ	-16,7*	-10,85	-3,31	-5,90	-4,83	-3,41	-1,37	-6,31	-2,62
Wechselkurs	IN	IU	JB	JE	JF	JI	JK	JN	JS
LB(6)	12,2	8,62	4,81	10,5	8,87	7,11	5,78	5,64	6,23
LB(12)	19,9	12,7	9,42	12,7	13,0	9,91	14,4	9,56	13,2
τ_T	-2,66	-1,12	-2,35	-1,59	-2,00	-1,89	-1,53	-2,56	-1,85
τ_μ	-0,73	-1,10	-0,94	-1,25	-1,12	-1,93	-1,67	-1,07	-1,19
ρ_T	-10,28	-3,27	-11,37	-4,98	-8,66	-8,86	-4,91	-13,60	-8,58
ρ_μ	-1,81	-3,19	-1,71	-3,30	-2,28	-6,05	-3,86	-2,18	-2,21

Tabelle 2 (Fortsetzung)

Unabhängigkeitstests, reale Wechselkursveränderungen

Monatsenddaten 1974.02 - 1989.12

Wechselkurs	JU	KB	KE	KF	KI	KN	KS	KU	NB
LB(6)	6,81	9,13	3,83	9,48	9,28	7,22	4,23	4,62	17,5**
LB(12)	14,6	21,9*	14,9	17,5	13,6	16,7	13,6	18,5	24,5*
τ_T	-1,53	-1,69	-1,56	-1,71	-1,58	-1,77	-1,59	-0,57	-1,87
τ_μ	-1,38	-1,35	-1,80	-1,60	-1,51	-1,56	-1,34	-1,42	-1,48
ρ_T	-4,64	-4,27	-4,55	-4,79	-4,95	-5,11	-4,34	-1,71	-6,59
ρ_μ	-3,51	-3,26	-4,98	-4,45	-4,45	-4,39	-3,44	-3,52	-4,33
Wechselkurs	NE	NF	NU	SB	SE	SF	SI	SN	SU
LB(6)	5,68	14,0	5,88	10,0	7,28	7,90	4,55	8,61	5,13
LB(12)	17,2	19,0	13,0	14,8	11,6	15,4	12,7	14,3	11,8
τ_T	-1,47	-2,25	-1,49	-2,71	-1,43	-3,04	-2,69	-2,44	-1,09
τ_μ	-1,36	-2,04	-1,31	-2,61	-1,51	-2,77	-1,06	-2,49	-1,07
ρ_T	-4,80	-10,02	-4,31	-13,03	-5,15	-17,82	-12,53	-11,68	-2,78
ρ_μ	-3,50	-8,49	-3,41	-12,42	-3,87	-13,92	-2,86	-11,58	-2,35

Die realen Wechselkurse wurden unter Verwendung von Konsumgüterpreisindizes (1980 = 100) berechnet. Vgl. auch die Anmerkungen zu Tabelle 1.

zugrunde. Die zu überprüfende Nullhypothese lautet: H_0: $\beta_1 = 1$. Die Alternativhypothese ist in diesem Fall eindeutig spezifiziert: H_1: $\beta_1 < 1$. Das heißt, der natürliche Logarithmus des Wechselkurses folgt einem stationären AR(1)-Prozeß.

Bei Gültigkeit der Nullhypothese liegt ein nicht-stationärer Prozeß vor, so daß die üblichen Testverfahren nicht anwendbar sind. Dickey und Fuller (Fuller 1976; Dickey/Fuller 1979; 1981) haben jedoch unter dieser Voraussetzung die asymptotische Verteilung der studentisierten Teststatistik $\hat{\tau}_{\mu} = (\hat{\beta}_1 - 1) / \hat{\sigma}(\hat{\beta}_1)$ entwickelt. Die α-Fraktile der $\hat{\tau}_{\mu}$-Verteilung sind bei Fuller (1976, S. 373, Table 8.5.2) tabellarisiert. Subtrahiert man auf beiden Seiten von (10) $\ln W_{t-1}$, ergibt sich

$$(11) \quad \Delta \ln W_t = \beta_0 + \delta_1 \ln W_{t-1} + u_t ,$$

wobei $\delta_1 = \beta_1 - 1$ ist. Der Test auf eine einfache Einheitswurzel vereinfacht sich dadurch auf den Vergleich des geschätzten t-Wertes von $\hat{\delta}_1$ mit den bei Fuller (1976) angegebenen kritischen Werten. Dort finden sich auch die kritischen Werte für den Fall, daß in (11) eine Trendvariable als zusätzlicher Regressor enthalten ist. Gleichung (11) wird dann zu

$$(12) \quad \Delta \ln W_t = \beta_0 + \alpha_1 t + \delta_1 \ln W_{t-1} + u_t .$$

Die Alternativhypothese lautet jetzt, daß der natürliche Logarithmus des Wechselkurses ein stationärer AR(1)-Prozeß um einen deterministischen Trend ist. Die in diesem Fall anzuwendende Teststatistik bezeichnet Fuller als $\hat{\tau}_{\tau}$.

Wie Dickey/Bell/Miller (1986) und Diebold (1988) nachgewiesen haben, führt in kleinen Stichprobengrößen die Verwendung der Teststatistik $\hat{\tau}_{\tau}$ in Gleichung (12) zu einer starken Verminderung der Teststärke, wenn $\alpha_1 = 0$ ist.[27] Aus diesem Grund sind in den

[27] Analoges gilt auch für Gleichung (11). Wenn $\beta_0 = 0$ ist, sollte Gleichung (11) ohne Absolutglied geschätzt werden. Im vorliegenden Fall ergeben sich jedoch

Tabellen 1 und 2 die mit beiden Teststatistiken erzielten Ergebnisse wiedergegeben.

Als weitere Teststatistik wird die Größe $\hat{\rho} = T(\hat{\beta}_1 - 1)$ berechnet, wobei T die Anzahl der Beobachtungen und $\hat{\beta}_1$ den Kleinst-Quadrate-Schätzwert für β_1 in Gleichung (10) bezeichnet. Diese Teststatistik weist für den Fall $\beta_1 < 1$ eine gegenüber dem modifizierten "t-Test" größere Mächtigkeit auf (Dickey/Fuller 1979). In Abhängigkeit davon, ob die Trendvariable in der Regressionsgleichung eingeschlossen wird oder nicht, gelten dabei wiederum unterschiedliche kritische Werte, die ebenfalls bei Fuller (1976, S. 371, Table 8.5.1) tabellarisiert sind. Die hierbei erzielten Testergebnisse sind in den Tabellen mit ρ_τ und ρ_μ bezeichnet.

Betrachtet man alle vier Testergebnisse zusammen, dann ist die Martingal-Hypothese nur für den realen Wechselkurs der D-Mark gegenüber dem holländischen Gulden (DN) abzulehnen. Bei allen anderen bilateralen Wechselkursen kann die Nullhypothese dagegen nicht verworfen werden. Inhaltlich bedeutet dieses Ergebnis, daß die Kaufkraftparitätentheorie in ihrer absoluten Version weder kurz- noch langfristig Gültigkeit besitzt und daß auch die relative Kaufkraftparitätentheorie zumindest als kurzfristige Gleichgewichtsbeziehung abgelehnt werden muß.[28]

Ein abschließendes Urteil darüber, ob das Random Walk-Modell eine brauchbare Approximation des Zeitreihenverhaltens der nomi-

---

zwischen den mit der Regressionsgleichung (11) erzielten Ergebnissen und denen ohne Absolutglied keine nennenswerten Unterschiede, so daß auf eine Wiedergabe verzichtet wird.

28 Über die langfristige Gültigkeit der relativen Kaufkraftparitätentheorie ist dagegen keine Aussage möglich. Zusätzlich durchgeführte Tests für das Vorhandensein einer zweifachen Einheitswurzel kommen zwar in allen Fällen bei einer Irrtumswahrscheinlichkeit von mindestens 1 Prozent zu einer Ablehnung der Hypothese, daß die Wechselkursveränderungen (Abweichungen von der relativen Kaufkraftparität) nicht-stationär sind, die Stationarität der ersten Differenzen ist jedoch nur eine notwendige aber keinesfalls hinreichende Bedingung für ihre Gültigkeit. Um hierüber eine Aussage machen zu können, wären weiterführende Tests erforderlich, wie zum Beispiel auf Co-Integration im Sinne von Engle/Granger (1987). Vgl. auch Kirchgässner (1988).

nalen und realen Wechselkurse darstellt, kann an dieser Stelle aber noch nicht erfolgen, weil dazu auch eine Untersuchung der Verteilung der Wechselkursveränderungsraten notwendig ist. Im weiteren wird deshalb die Hypothese überprüft, daß Wechselkursveränderungen Realisationen einer Normalverteilung sind.

C. II. 2. Die Normalverteilungsannahme

Die Verteilung von Wechselkursveränderungen wurde bereits verschiedentlich untersucht.[29] Dabei hat sich zumeist herausgestellt, daß die empirische Verteilung täglicher oder wöchentlicher Veränderungsraten mehr Beobachtungen an den Enden der Verteilung aufweist als bei einer Normalverteilung zu erwarten ist. Das heißt, die beobachteten Häufigkeitsverteilungen der Wechselkursveränderungen sind leptokurtisch. Damit bestätigt sich auch für die Devisenmärkte die schon früher von Mandelbrot (1963; 1967) gemachte Beobachtung, daß kurzfristige Preisveränderungen auf Auktionsmärkten signifikante Abweichungen von der Normalverteilung aufweisen. Legt man den Tests hingegen Monats- oder Quartalsdaten zugrunde, sind die Abweichungen von der Normalverteilung weitaus weniger ausgeprägt oder nicht mehr vorhanden (vgl. z.B. Boothe/Classman 1987).

Mandelbrot und andere Autoren haben deshalb vorgeschlagen, die Preisvariationen auf spekulativen Märkten durch Verteilungen zu modellieren, die der Klasse der stabilen Pareto-Verteilungen mit unendlicher Varianz angehören.[30] Für die Berechnung von Risikokennziffern hätte das die unerfreuliche Konsequenz, daß die Varianz oder Standardabweichung der Veränderungsraten kein geeignetes Maß der Wechselkursunsicherheit mehr darstellt.[31]

---

[29] Farber/Roll (1977), Gaab (1983), Hsieh (1988), Kaehler (1988), Rana (1981), Schlittgen/Hammann/Lepinat (1982), Takagi (1988), Westerfield (1977).

[30] Die Normalverteilung ist der einzige Spezialfall aus der Familie der stabilen Pareto-Verteilungen mit einer endlichen Varianz. Vgl. dazu ausführlich Mandelbrot (1963, S. 396f.) und (Gaab 1983, S. 164ff.).

Die Annahme einer Verteilung, die der Familie stabiler Pareto-Verteilungen angehört, läßt sich aber auch nicht mit der Beobachtung vereinbaren, daß die Verteilung der Wechselkursveränderungen bei zeitlicher Aggregation zu einer Normalverteilung konvergiert (Takagi 1988, S. 83ff.). Statt dessen bietet es sich an, auf das von Engle (1982) entwickelte Verteilungsmodell einer Normalverteilung mit autoregressiver bedingter Heteroskedastizität (ARCH) zurückzugreifen, weil ARCH-Prozesse nicht nur leptokurtisch sind, sondern auch bei temporaler Aggregation eine Konvergenz zur Normalverteilung aufweisen[32] und zudem das an den Devisenmärkten vielfach zu beobachtende Phänomen eines Nebeneinanders von "turbulenten" und "ruhigen" Perioden modellmäßig erfassen können. Das ARCH-Modell impliziert nämlich, daß auf große Veränderungen tendenziell große Veränderungen und auf kleine Veränderungen der Tendenz nach wiederum kleine Veränderungen folgen (Kaehler 1988, S. 170).

Im folgenden soll zunächst geprüft werden, ob die Normalverteilung eine sinnvolle Verteilungsannahme für die monatlichen nominalen und realen Wechselkursveränderungsraten darstellt.

Der Test wird durchgeführt, indem die deskriptiven Maße Schiefe ($\sqrt{\beta_1}$) und Kurtosis (b_2) berechnet und den theoretischen Werten einer Standard-Normalverteilung gegenübergestellt werden. Zusätzlich gelangt der korrigierte Anderson-Darling-Test (A^*) zur Anwendung, der im Gegensatz zu den Momententests die gesamte Verteilung einbezieht.[33]

---

[31] Rana (1981) hat deshalb zwei alternative Unsicherheitsmaße in die Diskussion eingeführt, die aber ebenfalls nicht ohne Kritik geblieben sind (vgl. z.B. Brodsky 1984). Darüber hinaus wären auch die auf der Normalverteilungsannahme basierenden Schätz- und Testverfahren nicht mehr anwendbar (Gaab 1983, S. 167).

[32] Für einen Beweis dieser Aussagen vgl. Diebold (1988, S. 12ff.).

[33] Zur Berechnung der Teststatistik und zu den Vorteilen dieses Tests gegenüber bekannteren Verteilungstests wie dem Chi-Quadrat-Anpassungstest oder dem Kolmo-

Die Schiefe beziehungsweise die Kurtosis berechnet sich wie folgt:

$$\sqrt{\beta_1} = (m_3/m_2)^{3/2} \; ; \; b_2 = (m_4/m_2)^2,$$

wobei

$$m_k = \frac{1}{n} \sum_{i=1}^{n} (x_i - \bar{x})^k, \quad k = 2,3,...$$

das k-te zentrale Moment bezeichnet. Für eine Normalverteilung gilt $\sqrt{\beta_1} = 0$ und $b_2 = 3$. Ist $\sqrt{\beta_1} > 0$ (< 0), liegt eine linksschiefe (rechtsschiefe) Verteilung vor, und für den Fall, daß $b_2 > 3$ ($b_2 < 3$) ist, spricht man von einer leptokurtischen (platykurtischen) Verteilung. Der Normalverteilungstest wird durchgeführt, indem die berechneten Werte der Schiefe beziehungsweise der Kurtosis mit den bei D'Agostino (1986) angegebenen kritischen Werten verglichen werden. Dort sind auch die kritischen Werte für den Anderson-Darling-Test tabellarisiert.

Die in den Tabellen 3 und 4 zusammengefaßten Ergebnisse zeigen, daß die Normalverteilungsannahme für eine erhebliche Zahl von bilateralen Wechselkursen abzulehnen ist. Insbesondere die hohen Werte der empirischen Kurtosis legen es nahe, die signifikanten Werte der empirischen Schiefe als Folge des Auftretens einer geringen Zahl relativ großer Veränderungen anzusehen. Denn bei Abweichungen von der Normalverteilung sind die beiden Momente miteinander korreliert, so daß ein signifikant von Drei verschiedener Wert der empirischen Kurtosis auch den Test bezüglich der Schiefe beeinflußt (Bowman/Shenton 1986, S. 283).

Im weiteren ist nunmehr zu prüfen, ob ARCH-Effekte für die beobachteten hohen Werte der empirischen Kurtosis verantwortlich sind. Sollte sich diese Vermutung bestätigen, muß von der (unbe-

goroff-Smirnov-Test vgl. D'Agostino (1986).

Tabelle 3

Verteilungstests, nominale Wechselkurse

Monatsenddaten 1974.01 - 1989.12

Wechsel-kurs	BE	BF	BU	DB	DE	DF	DI	DJ	DK
$\sqrt{\beta_1}$	0,10	-0,46*	0,05	-4,11**	-0,06	-1,33**	-1,48**	0,33	0,002
b_2	3,56	9,72**	3,87*	37,0**	3,76*	7,32**	11,6**	3,77*	3,18
A^*	0,83*	11,9**	0,53	9,38**	0,97*	11,5**	11,3**	0,90*	0,47
ARCH 1	3,51	0,10	4,92*	0,59	3,32	1,45	6,89**	2,26	4,32*
ARCH 2	3,43	1,19	4,93	0,62	3,33	1,01	47,5**	3,41	4,42
ARCH 4	3,35	23,1**	7,62	1,21	3,93	1,55	52,7**	8,26	7,36
Ausreißer	9	27	7	13	12	31	17	6	-
$\sqrt{\beta_1}$(A)	-0,13	-0,13	-0,11	-0,09	-0,17	-0,32	-0,61**	0,20	-
b_2(A)	2,93	3,40	2,77	2,95	2,94	3,73*	3,69*	2,92	-
A^*(A)	0,44	1,32**	0,24	0,79*	0,27	1,65**	3,02**	0,44	-

Wechsel-kurs	DN	DS	DU	EU	FE	FU	IB	IE	IF
$\sqrt{\beta_1}$	-0,28	-3,44**	-0,02	-0,44*	0,04	0,09	0,96**	-0,06	0,63**
b_2	5,37**	23,6**	3,54	3,89*	3,62*	3,70*	10,9**	4,87**	10,6**
A^*	6,44**	6,92**	0,34	0,46	0,96*	0,75	11,6**	2,09**	8,68**
ARCH 1	3,14	0,12	4,29*	0,00001	2,29	0,13	10,3**	1,22	17,3**
ARCH 2	3,43	0,26	5,21	0,08	2,73	0,96	32,6**	1,18	25,5**
ARCH 4	3,69	0,39	8,23	6,16	1,64	1,69	41,3**	10,2*	38,2**
Ausreißer	30	6	-	2	9	7	23	13	22
$\sqrt{\beta_1}$(A)	0,03	-0,09	-	-0,06	-0,01	-0,13	0,53**	0,02	0,65**
b_2(A)	3,63	2,70	-	2,73	2,89	2,86	3,34	3,03	3,19
A^*(A)	0,88*	0,47	-	0,27	0,56	0,48	2,10**	0,75	3,04**

Tabelle 3 (Fortsetzung)

Verteilungstests, nominale Wechselkurse

Monatsenddaten 1974.01 - 1989.12

Wechselkurs	IN	IU	JB	JE	JF	JI	JK	JN	JS
$\sqrt{\beta_1}$	1,32**	0,25	-0,35*	-0,34	-0,04	-0,44*	-0,26	-0,27	-1,02**
b_2	11,1**	3,55	3,49	5,40**	3,55	3,85*	3,56	3,65*	5,38**
A^*	11,5**	0,79*	1,04**	1,62**	0,80*	1,29**	2,07**	0,74	2,99**
ARCH 1	8,24**	2,41	0,39	0,06	0,15	0,71	1,41	1,42	3,31
ARCH 2	30,6**	3,98	0,75	0,52	0,25	4,04	2,24	1,58	3,77
ARCH 4	40,6**	4,26	3,75	0,70	5,39	11,1*	9,97*	4,93	5,16
Ausreißer	19	5	7	6	6	10	10	7	16
$\sqrt{\beta_1}$(A)	0,56**	-0,03	-0,19	-0,14	-0,13	-0,13	-0,33	-0,03	0,01
b_2(A)	3,27	2,92	2,92	3,05	2,91	2,98	2,95	2,82	2,91
A^*(A)	2,53**	0,45	0,53	0,45	0,57	0,39	1,72**	0,29	0,37

Wechselkurs	JU	KB	KE	KF	KI	KN	KS	KU	NB
$\sqrt{\beta_1}$	-0,27	-0,04	0,43*	0,02	-0,32	-0,02	-1,32**	0,59**	-4,85**
b_2	3,43	3,30	4,22**	2,98	3,59*	3,31	9,55**	5,24**	45,1**
A^*	1,99**	0,31	1,00*	0,44	0,29	0,46	1,93**	1,34**	10,8**
ARCH 1	1,77	6,12*	0,13	0,37	1,79	5,39*	0,15	0,74	0,02
ARCH 2	1,73	6,24*	0,15	0,67	6,44*	5,47	0,16	0,77	0,04
ARCH 4	4,72	8,71	2,28	1,91	8,26	7,40	0,41	1,64	4,14
Ausreißer	8	-	5	-	3	-	7	8	19
$\sqrt{\beta_1}$(A)	-0,19	-	0,06	-	-0,12	-	0,26	-0,05	0,05
b_2(A)	2,91	-	2,87	-	2,82	-	2,83	3,01	2,90
A^*(A)	1,40**	-	0,49	-	0,16	-	0,58	0,45	0,64

Tabelle 3 (Fortsetzung)

Verteilungstests, nominale Wechselkurse

Monatsenddaten 1974.01 - 1989.12

Wechsel-kurs	NE	NF	NU	SB	SE	SF	SI	SN	SU
$\sqrt{\beta_1}$	-0,02	-1,61**	-0,05	3,03**	1,36**	2,75**	1,36**	3,67**	1,31**
b_2	3,64*	8,26**	3,60*	23,5**	10,2**	20,5**	14,8**	25,3**	9,18**
A^*	0,79*	10,1**	0,29	9,20**	3,50**	8,35**	9,67**	8,09**	2,09**
ARCH 1	4,27*	0,71	5,20*	0,12	0,31	0,0001	0,19	0,07	0,16
ARCH 2	4,30	0,86	5,79	0,23	0,60	0,10	1,31	0,25	0,23
ARCH 4	4,77	1,46	7,93	0,38	0,87	3,97	3,05	0,43	0,50
Ausreißer	8	35	5	6	11	11	12	5	7
$\sqrt{\beta_1}(A)$	-0,10	-0,13	-0,08	0,18	0,08	0,38*	-0,04	0,06	-0,08
$b_2(A)$	2,93	3,75*	2,71	3,00	3,09	3,01	3,00	2,85	2,85
$A^*(A)$	0,37	1,30**	0,18	0,43	0,68	0,76*	0,34	0,28	0,32

Ein mit *, **, gekennzeichneter Wert zeigt an, daß die jeweilige Nullhypothese bei einer Irrtumswahrscheinlichkeit von 5%, 1% zu verwerfen ist. Für die Länderabkürzungen vgl. die Anmerkungen in Fußnote 20, S. 45. Quellenangaben zu den verwendeten Daten finden sich im Anhang B.

Tabelle 4

Verteilungstests, reale Wechselkurse

Monatsenddaten 1974.01 - 1989.12

Wechselkurs	BE	BF	BU	DB	DE	DF	DI	DJ	DK
$\sqrt{\beta_1}$	0,09	-0,25	0,10	-2,88**	-0,01	-0,99**	-0,98**	0,32	0,05
b_2	3,50	10,1**	3,85*	27,2**	3,87*	7,25**	12,5**	3,67*	3,23
A^*	0,61	9,78**	0,60	5,00**	1,28**	8,24**	9,01**	0,72	0,45
ARCH 1	1,80	0,59	3,02	0,36	1,94	1,11	3,78	1,89	3,88*
ARCH 2	2,43	2,67	2,96	0,43	2,24	1,15	37,8**	3,27	3,99
ARCH 4	1,94	19,6**	5,39	1,29	2,33	1,34	44,1**	13,2*	7,66
Ausreißer	-	26	6	7	11	26	19	3	-
$\sqrt{\beta_1}$(A)	-	-0,23	-0,14	0,03	-0,13	-0,03	-0,19	0,31	-
b_2(A)	-	3,20	2,88	2,91	3,03	3,49	3,34	2,98	-
A^*(A)	-	0,41	0,24	0,17	0,39	0,82*	1,01*	0,49	-

Wechselkurs	DN	DS	DU	EU	FE	FU	IB	IE	IF
$\sqrt{\beta_1}$	0,16	-2,77**	0,02	-0,39*	0,01	0,15	0,58**	-0,15	0,10
b_2	4,19**	17,4**	3,55	3,67*	3,88*	3,90*	10,7**	4,82**	11,2**
A^*	1,86**	5,09**	0,38	0,30	1,11**	0,79*	8,97**	1,87**	6,84**
ARCH 1	1,35	0,09	3,02	0,00001	1,25	0,08	6,02*	1,04	5,48*
ARCH 2	5,72	0,16	3,56	0,47	1,78	0,69	27,1**	1,06	9,49**
ARCH 4	5,23	0,35	7,57	5,57	1,77	1,68	32,8**	6,63	26,9**
Ausreißer	11	5	-	2	5	8	14	11	19
$\sqrt{\beta_1}$(A)	0,03	0,04	-	-0,08	0,12	-0,08	0,44*	0,04	0,16
b_2(A)	3,30	2,83	-	2,80	3,18	2,83	3,35	3,11	3,08
A^*(A)	0,70	0,46	-	0,13	0,69	0,39	0,87*	0,50	0,69

Tabelle 4 (Fortsetzung)

Verteilungstests, reale Wechselkurse

Monatsenddaten 1974.01 - 1989.12

Wechselkurs	IN	IU	JB	JE	JF	JI	JK	JN	JS
$\sqrt{\beta_1}$	0,95**	0,22	-0,34	-0,28	0,06	-0,28	-0,10	-0,18	-0,94**
b_2	11,0**	3,64*	3,35	5,07**	3,31	3,87*	3,54	3,32	4,71**
A^*	9,09**	0,97*	1,20**	1,89**	0,32	1,19**	1,19**	0,45	3,17**
ARCH 1	11,0**	0,77	0,10	0,01	0,01	1,04	0,55	0,81	0,65
ARCH 2	29,0**	1,77	0,62	0,63	0,52	2,32	1,00	1,44	0,63
ARCH 4	37,8**	2,26	7,12	2,43	10,2*	15,9**	9,24	6,00	1,31
Ausreißer	17	10	5	10	-	6	2	-	12
$\sqrt{\beta_1}$(A)	0,07	-0,07	-0,36	-0,13	-	-0,28	-0,22	-	-0,32
b_2(A)	3,04	2,90	2,92	2,97	-	2,95	3,01	-	3,28
A^*(A)	0,43	0,42	1,01*	0,42	-	0,80*	1,13**	-	0,50
Wechselkurs	JU	KB	KE	KF	KI	KN	KS	KU	NB
$\sqrt{\beta_1}$	-0,12	-0,13	0,41*	-0,04	-0,25	-0,10	-1,14**	0,60**	-3,10**
b_2	3,51	3,33	4,01**	3,08	3,43	3,35	7,77**	5,02**	27,9**
A^*	1,20**	0,37	0,72	0,44	0,34	0,47	1,28**	1,18**	7,22**
ARCH 1	1,27	6,85**	0,51	0,36	0,86	5,52*	0,24	0,33	0,25
ARCH 2	1,27	6,96*	0,64	0,75	4,57	5,69	0,24	0,62	0,22
ARCH 4	4,26	9,07	2,82	1,81	5,82	7,47	0,46	1,99	4,01
Ausreißer	11	-	5	-	-	-	5	5	13
$\sqrt{\beta_1}$(A)	-0,24	-	0,05	-	-	-	0,09	-0,19	0,13
b_2(A)	2,74	-	2,90	-	-	-	2,78	3,10	3,11
A^*(A)	0,89*	-	0,28	-	-	-	0,30	0,49	0,57

Tabelle 4 (Fortsetzung)

Verteilungstests, reale Wechselkurse

Monatsenddaten 1974.01 - 1989.12

Wechsel-kurs	NE	NF	NU	SB	SE	SF	SI	SN	SU
$\surd\beta_1$	0,004	-1,28**	0,04	2,25**	1,07**	2,53**	1,62**	2,83**	1,19**
b_2	3,83*	6,71**	3,49	17,9**	7,51**	16,6**	14,4**	17,7**	7,53**
A^*	1,03*	1,82**	0,28	7,19**	2,20**	5,37**	8,18**	6,41**	1,95**
ARCH 1	5,78*	0,76	4,72*	0,22	0,03	0,001	0,23	0,09	0,35
ARCH 2	6,29*	2,26	5,07	0,41	0,22	0,06	1,10	0,17	0,54
ARCH 4	5,70	3,07	7,29	0,92	0,28	2,90	3,79	0,66	1,41
Ausreißer	9	30	5	9	7	8	9	8	6
$\surd\beta_1(A)$	-0,18	-0,26	-0,03	0,03	0,04	0,14	0,03	0,001	-0,10
$b_2(A)$	3,04	3,59	2,74	2,72	3,10	2,72	2,91	2,76	2,88
$A^*(A)$	0,42	1,25**	0,17	0,20	0,42	0,22	0,90	0,22	0,40

Die realen Wechselkurse wurden unter Verwendung von Konsumgüterpreisindizes (1980 = 100) berechnet. Vgl. auch die Anmerkungen zu Tabelle 3.

dingten) Varianz beziehungsweise der Standardabweichung als Maß für die Wechselkursunsicherheit Abstand genommen werden. Denn obwohl die Wechselkursveränderungen selbst nicht vorhersagbar sind,[34] wäre es jetzt möglich, die zeitabhängige bedingte Varianz der Veränderungsraten zu prognostizieren. Eine sachadäquate Vorgehensweise zur Quantifizierung der Wechselkursunsicherheit muß dann so aussehen, daß für jede Wechselkurszeitreihe zunächst ein ARCH-Modell spezifiziert und geschätzt wird. Auf der Basis der geschätzten Parameterwerte kann anschließend die bedingte Varianz der Wechselkursveränderungsrate ermittelt werden, die als Unsicherheitskennziffer zu verwenden ist (Diebold 1988, S. 36).

Formal stellt sich das Random Walk-Modell mit autoregressiver bedingter Heteroskedastizität wie folgt dar:

$$(13)\quad \ln W_t = \beta_0 + \beta_1 \ln W_{t-1} + \epsilon_t\,,\ \text{mit}\ \epsilon_t \mid \epsilon_{t-1},\dots,\epsilon_{t-p} \sim N(0,\sigma_t^2)$$

$$\text{und}\ \sigma_t^2 = \alpha_0 + \sum_{j=1}^{p} \alpha_j \sigma_{t-j}^2\,,\quad \alpha_0 > 0\,, \alpha_j \geq 0,\ j = 1,\dots,p\,.$$

Die Nullhypothese auf Abwesenheit von ARCH-Effekten lautet unter Verwendung von Gleichung (13)

$$H_0\colon \alpha_1 = \alpha_2 = \dots = \alpha_p = 0.$$

Sie wird mit Hilfe eines Lagrange-Multiplikator-Tests überprüft, indem die quadrierten Residuen aus (13) gegen eine Konstante und p Lags regressiert werden. Die Teststatistik TR^2 ist unter H_0 Chi-Quadrat-verteilt mit p Freiheitsgraden, wobei T die Anzahl der Beobachtungen und R^2 das multiple Bestimmtheitsmaß dieser Regression bezeichnet (Engle 1982, S. 1000).

---

34 Das Martingal-Modell impliziert in jedem Fall, daß die prognostizierte Wechselkursveränderungsrate Null ist.

Im vorliegenden Fall werden für jeden bilateralen Wechselkurs Regressionen mit bis zu acht Lags durchgeführt.[35] Dabei zeigt sich in Übereinstimmung mit den Ergebnissen von Diebold (1988), daß für Monatsdaten ARCH(4)-Prozesse völlig ausreichend sind, um den (eventuellen) Effekt zeitabhängiger Varianzen zu erfassen. Die in den Tabellen 3 und 4 wiedergegebenen Ergebnisse beschränken sich deshalb auf die Lags der Längen $p = 1, 2$ und 4.

Signifikante ARCH-Effekte auf dem 1%-Niveau sind nur für die nominalen und realen Wechselkurse der italienischen Lira gegenüber vier anderen europäischen Währungen (DI, IB, IF, und IN) nachzuweisen.[36] Die wenigen Fälle, in denen die Nullhypothese auf ARCH(1)- und ARCH(2)-Effekte zu verwerfen ist, aber signifikante ARCH(4)-Effekte vorliegen, sind darüber hinaus inhaltlich schwer zu interpretieren, weil der Test auf ARCH-Effekte höherer Ordnung den Test erster und zweiter Ordnung miteinschließt. Die übrigen Ergebnisse entsprechen denen von Diebold (1988) dahingehend, daß ARCH-Effekte bei Monatsdaten keine nennenswerte Rolle spielen.

Es zeigt sich demnach, daß - von den vier genannten Ausnahmen abgesehen - die ausgeprägte Leptokursis nicht durch ARCH-Effekte hervorgerufen wird.[37] Mithin liegt es nahe, nach Ausreißern im Datenmaterial zu suchen, die oftmals mit dem Platzen spekulativer Seifenblasen (Gaab 1990, S. 89 und Okino 1985, S. 5) oder dem Eintreffen von "news" (Kaehler 1988, S. 166ff.) in Zusammenhang

---

[35] In Abwandlung zu Gleichung (13) werden die quadrierten Residuen eines AR(3)-Prozesses für den Test herangezogen, um möglicherweise vorhandene Autokorrelationseffekte weitestgehend auszuschalten.

[36] Verkürzt man den Schätzzeitraum, indem die Jahre 1974-1976 unberücksichtigt bleiben, kann die Nullhypothese für diese vier bilateralen Wechselkurse in den meisten Fällen ebenfalls nicht mehr abgelehnt werden. Somit dürften vor allem Sondereinflüsse aus diesem Zeitraum für die signifikanten Ergebnisse über den gesamten Zeitraum verantwortlich sein.

[37] Ähnliche Ergebnisse haben Goodhart/Figliuoli (1991) für die Veränderungsraten einiger US-Dollar-Kurse auf Minutenbasis und Hsieh (1988) für tägliche Veränderungsraten gefunden.

gebracht werden. Um zu überprüfen, wie sich die Eliminierung einzelner Ausreißer auf die empirischen Verteilungen auswirkt, wird ein auf Tukey (1977) zurückgehendes Verfahren zur Identifikation von Ausreißern herangezogen.[38] Dabei werden diejenigen Veränderungsraten als Ausreißer klassifiziert, die gemessen an der Normalverteilung eine untypische Größenordnung aufweisen.

Die Ausreißerregel geht von dem Quartilsabstand

$$s_Q \doteq x_{0,75} - x_{0,25}$$

der empirischen Verteilung aus.[39] Alle Werte, die um mehr als den 1,5-fachen Quartilsabstand vom unteren beziehungsweise oberen Quartilswert abweichen, werden zu Ausreißern erklärt. Der Vorteil dieser Regel liegt in ihrer einfachen Handhabung und der geringen Wahrscheinlichkeit, mit der Beobachtungen fälschlicherweise zu Ausreißern erklärt werden. Sie beträgt bei Gültigkeit der Normalverteilung gerade 0,7 Prozent.[40]

Die Zahl der in den bilateralen Wechselkurszeitreihen identifizierten Ausreißer liegt zwischen 2 und 35 (von insgesamt 191 Beobachtungen), wobei es natürlich schwer fällt, bei einer Anzahl von weit über 10 noch von Ausreißern zu sprechen. Die ohne die identifizierten Ausreißer durchgeführten Normalverteilungstests - in den Tabellen mit $\sqrt{\beta_1}(A)$, $b_2(A)$ und $A^*(A)$ bezeichnet - zeigen, daß die empirischen Werte der Kurtosis in keinem Fall mehr bei einer Irrtumswahrscheinlichkeit von 1 Prozent von dem theoretisch zu

---

38 Für eine ähnliche Vorgehensweise vgl. Kaehler (1988) und Gaab (1983), die allerdings keine explizite Ausreißerregel anwenden, sondern jeweils sukzessive die größten Werte auf beiden Seiten der Verteilung ausschließen.

39 Das p-Quantil bestimmt sich als k-ter Wert aus einem der Größe nach geordnetem Datensatz gemäß der Ungleichung $(k-1)/n < p \leq (k/n)$. Im vorliegenden Fall stehen 191 Beobachtungen ($n = 191$) zur Verfügung, so daß das 0,25- (0,75-) Quartil der 48ten (144ten) Beobachtung entspricht.

40 Diese Wahrscheinlichkeitsaussage beruht auf praktischen Erfahrungen hinsichtlich der zu erwartenden Anzahl von Ausreißern in einem Datensatz, der bei wiederholter Beobachtung normalverteilt ist (Schlittgen 1990, S. 222).

erwartenden Wert Drei abweichen. Bemerkenswert ist zudem, daß in den Wechselkurszeitreihen, in denen mehr als 10 Ausreißer identifiziert wurden, die Anderson-Darling-Statistik in der Regel weiterhin zu einer Ablehnung der Normalverteilung gelangt, obwohl eine Ablehnung der Nullhypothese allein auf der Basis eines Kurtosistests jetzt nicht mehr möglich ist. In den übrigen Wechselkurszeitreihen führt dagegen schon die Eliminierung weniger Extremwerte zu einer deutlichen Konvergenz zur Normalverteilung. Auffallend ist auch, daß die Veränderungsraten der realen Wechselkurse insgesamt besser durch eine Normalverteilung approximiert werden können als die der nominalen Kurse.

C. II. 3. Schlußfolgerungen

Betrachtet man die Testergebnisse in ihrer Gesamtheit, dann ist eine Ablehnung der Random Walk-Hypothese sowohl für die nominalen als auch für die realen Wechselkurse nur in wenigen Fällen möglich. Es soll damit jedoch nicht schon behauptet werden, daß die Wechselkurse tatsächlich einem Random Walk-Prozeß folgen, wie das einige Autoren auf der Basis ähnlicher Resultate tun.

Erstens ist eine solche Aussage aus statistisch-methodischer Sicht nicht zulässig, da die Nichtablehnung einer Nullhypothese keineswegs deren Gültigkeit impliziert, und darüber hinaus muß die Teststärke der Stationaritätstests als äußerst gering eingestuft werden. Die Wahrscheinlichkeit, den Fehler 2. Art nicht zu begehen,[41] liegt in Abhängigkeit von der verwendeten Teststatistik bei einem Stichprobenumfang von n = 250 und einem geschätzten Autokorrelationskoeffizienten der Größenordnung 0,97 (was in etwa den hier erzielten Ergebnissen entspricht) nur zwischen 13 und 53 Prozent (Diebold 1988, S. 88, Table A.3.2). Frankel (1991) hat daraufhin kürzlich berechnet, daß es eines Stichprobenumfanges von 564

---

[41] Der Fehler 2. Art besteht darin, eine Nullhypothese nicht abzulehnen, obwohl sie falsch ist. Die Wahrscheinlichkeit, diesen Fehler nicht zu begehen, wird als Macht des Tests oder Teststärke bezeichnet.

Beobachtungen bedarf, um die Nullhypothese ablehnen zu können, wonach ein geschätzter Autokorrelationskoeffizient in Höhe von 0,97 bei einer Irrtumswahrscheinlichkeit von 5 Prozent signifikant vom Wert 1,00 abweicht. Bei der Verwendung von Monatsdaten erfordert dies einen Schätzzeitraum von 47 Jahren.

Zweitens läßt sich - wie bereits dargelegt - aus theoretischer Sicht ein Random Walk-Verhalten der Wechselkurse nicht eindeutig begründen. Hinzu kommt, daß in der überwiegenden Zahl der empirischen Untersuchungen eine Gültigkeit der hierfür erforderlichen Paritätsbedingungen nicht belegt werden kann.

Ungeachtet dieser Probleme und aller mathematisch-statistischen Schwierigkeiten, zwischen einem "echten" Random Walk-Prozeß und einem stochastischen Prozeß zu unterscheiden, der einem Random Walk sehr nahe kommt, lassen sich die erzielten Testergebnisse jedoch zumindest dahingehend interpretieren, daß das Random Walk-Modell eine gute Approximation des Zeitreihenverhaltens sowohl der nominalen als auch der realen Wechselkurse abgibt. Die Varianz beziehungsweise die Standardabweichung ex post beobachteter Veränderungsraten bietet sich deshalb als eine sinnvolle Kennziffer zur Erfassung der Wechselkursunsicherheit an.

C. III. Die Wechselkursunsicherheit im Zeitablauf

Da die Varianz oder Standardabweichung monatlicher Veränderungsraten nach alledem eine adäquate Kennziffer zur Erfassung der mit unerwarteten Wechselkursveränderungen verbundenen Unsicherheit darstellt, sollen im folgenden einige Abbildungen einen Einblick in die zeitliche Entwicklung der so gemessenen Wechselkursunsicherheit vermitteln. Dazu werden stellvertretend aus den insgesamt 90 analysierten Wechselkurszeitreihen zwei bilaterale Kurse herausgegriffen, deren Zeitreihenverhalten als repräsentativ für die anderen Reihen gelten kann.

Abbildung 2 zeigt den nominalen und realen Wechselkurs der D-Mark gegenüber dem US-Dollar über einen Zeitraum von 30 Jahren. Ein so weitreichender Zeitraum wird hier gewählt, um den mit der Freigabe der Wechselkurse zu Begin der siebziger Jahre eingetretenen Strukturbruch deutlich herauszustellen. Auffällig ist, daß die Korrelation zwischen dem nominalen und dem realen Wechselkurs im Zeitablauf noch zugenommen hat.[42]

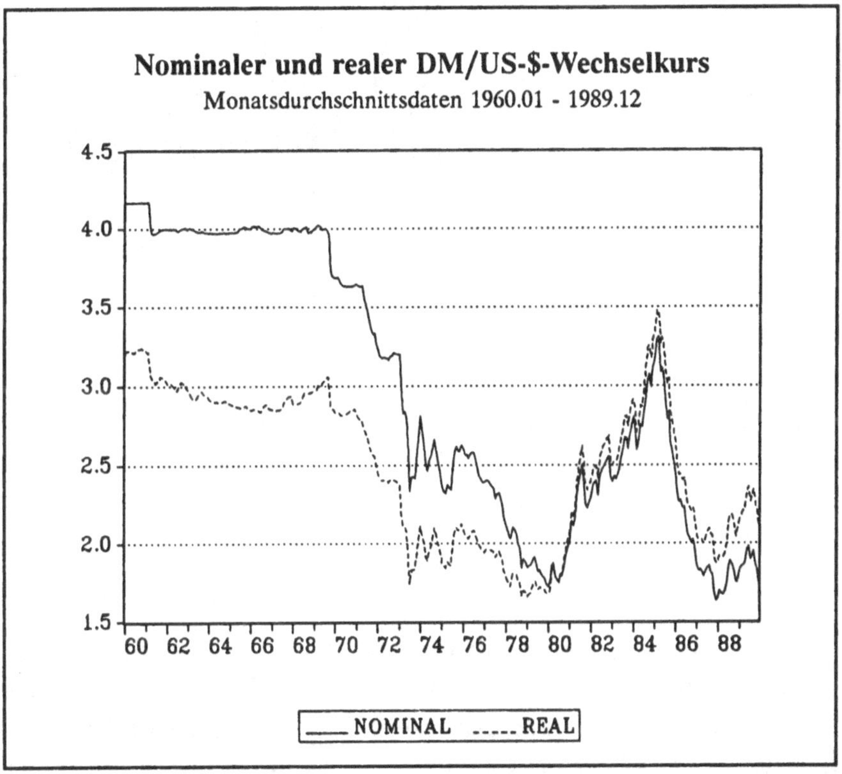

Abbildung 2

[42] Der Korrelationskoeffizient zwischen den beiden Zeitreihen beträgt in den sechziger Jahren 0,73, steigt in den siebziger Jahren auf 0,98 und verharrt in den achtziger Jahren auf einem Niveau von 0,97.

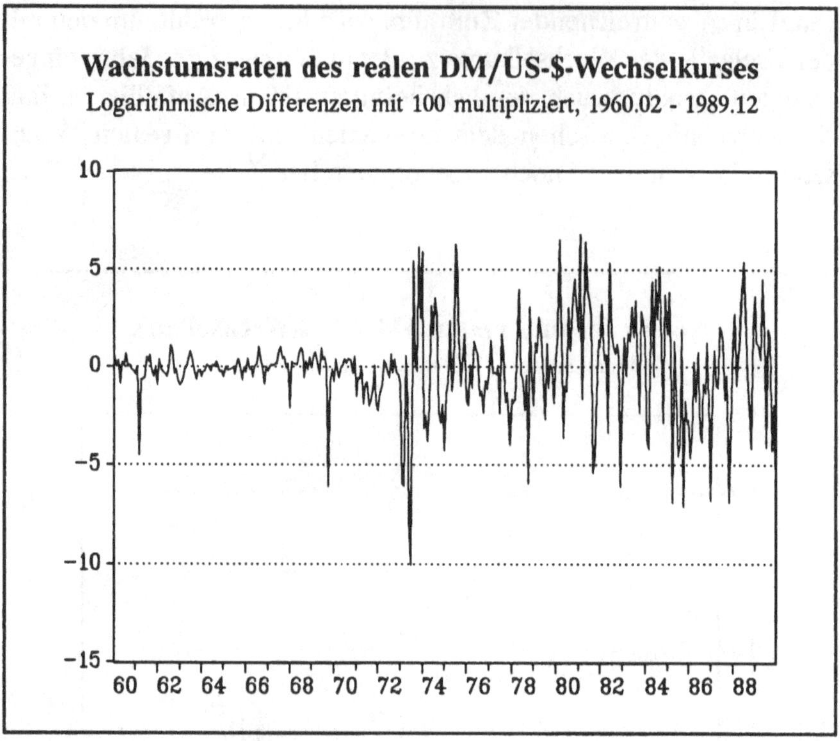

Abbildung 3

In Abbildung 3 ist die zeitliche Entwicklung der monatlichen prozentualen Veränderungsraten des realen D-Mark/US-Dollar-Kurses dargestellt. Eine Abnahme der Ausschläge, wie sie die Befürworter flexibler Wechselkurse mit zunehmender Gewöhnung an das neue System erwartet haben, ist nicht zu erkennen. Bei einer Einschätzung der zu beobachtenden Entwicklung gilt es auch zu bedenken, daß das Bretton Woods-System von den Vertretern marktbestimmter Währungsrelationen unter anderem wegen seiner abrupten Paritätsänderungen kritisiert wurde. Die seit 1973 gemachten Erfahrungen belegen aber, daß die Größenordnungen der in einem Festkurssystem vorgenommenen fallweisen Paritätsänderungen bei flexiblen Wechselkursen zur alltäglichen Gewohnheit gehören.[43] Mussas schon 1979 gefälltes Urteil, "the smoothly adjusting exchange rate is, like the unicorn, a mythical beast" (Mussa 1979, S. 9), hat daher auch heute noch nicht seine Berechtigung verloren.

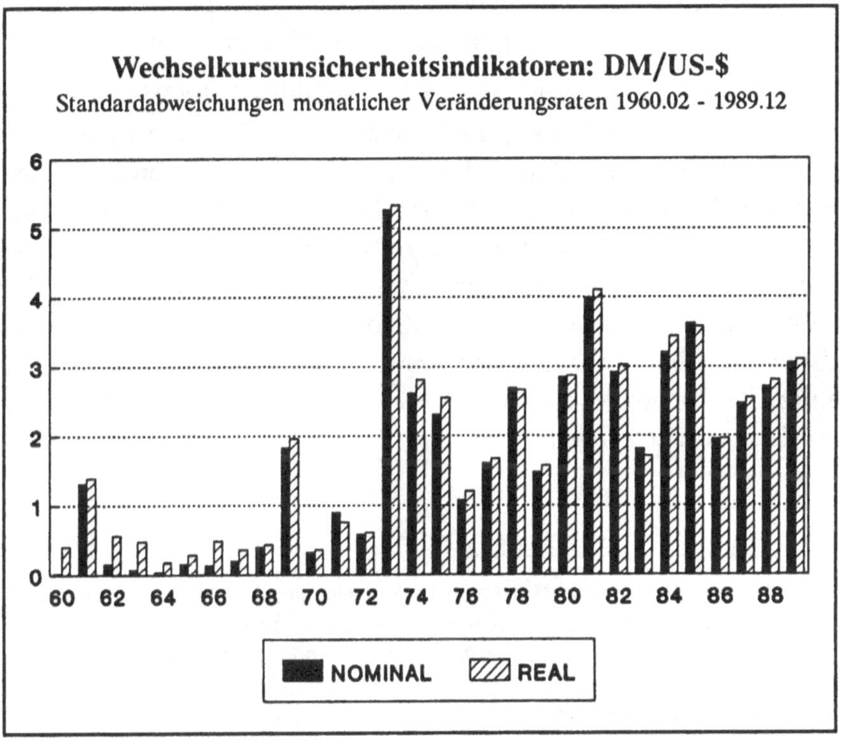

Abbildung 4

Abbildung 4 zeigt die Entwicklung der berechneten Unsicherheitsindikatoren im Zeitablauf. Jeder Balken entspricht der Stan-

[43] Ein zu Abbildung 3 äquivalentes Schaubild, das die nominalen Wechselkursveränderungsraten abbildet, zeigt ein nahezu identisches Bild. Da in einer gemeinsamen Graphik zwischen den Veränderungen des nominalen und denen des realen Wechselkurses eine visuelle Unterscheidung kaum mehr möglich ist, wird auf eine graphische Darstellung der nominalen Wechselkursveränderungsraten verzichtet.

dardabweichung der elf monatlichen Veränderungsraten des jeweiligen Jahres. Das Balkendiagramm macht den starken Anstieg der nominalen und realen Wechselkursunsicherheit seit dem Übergang zu flexiblen Wechselkursen deutlich. Es veranschaulicht darüber hinaus, daß selbst einem Festkurssystem ein gewisses Maß an Unsicherheit, insbesondere bezüglich der realen Kursentwicklung, immanent ist, wenn auch auf einem vergleichsweise geringen Niveau.[44]

Ganz anders stellt sich dagegen in Abbildung 5 die Wechselkursentwicklung der D-Mark gegenüber dem französischen Franc dar. Die im langfristigen Durchschnitt zu beobachtende nominale Abwertung des Franc gegenüber der D-Mark scheint durchaus im Einklang mit den Unterschieden in den Inflationsraten erfolgt zu sein, da die relative Konstanz des realen Wechselkurses auf die Gültigkeit der Kaufkraftparitätentheorie hindeutet.[45] Die angebliche reale Überbewertung des Franc gegenüber der D-Mark, die einige Beobachter veranlaßt hat, eine Neufestsetzung der Paritäten im Europäischen Währungssystem zu fordern, ist nicht zu erkennen.

---

[44] Die für den Zeitraum 1960.02 bis 1969.12 geschätzten Autokorrelationskoeffizienten für den nominalen und realen D-Mark/US-Dollar-Wechselkurs liegen in Abhängigkeit davon, ob eine Trendvariable und (oder) ein Absolutglied in der Schätzgleichung enthalten ist, zwischen 0,95 und 0,99. Gemäß dem Dickey/Fuller-Test ist somit auch für diesen Zeitraum eine Ablehnung der Martingal-Hypothese in keinem Fall möglich. Es wäre deshalb gerechtfertigt, auch hier von Unsicherheit zu sprechen. Allerdings war die dem Bretton Woods-System innewohnende Unsicherheit anderer Art. Ungewißheit bestand hier vor allem hinsichtlich des Zeitpunktes und der Größenordnung der vorzunehmenden Paritätsänderung, während bei flexiblen Wechselkursen darüber hinaus auch Ungewißheit über die Richtung der Wechselkursänderung besteht. Ob die in dem Balkendiagramm zum Ausdruck kommenden Paritätsänderungen vom März 1961 und Oktober 1969 in voller Höhe als unerwartete Veränderungen zu bezeichnen sind, kann daher zu Recht bezweifelt werden. Ziel der Gegenüberstellung ist es auch nur, die beim Übergang vom Bretton Woods-System zu flexiblen Wechselkursen eingetretene Niveauverschiebung herauszustellen.

[45] Um so erstaunlicher ist demzufolge das Ergebnis zu werten, daß die Random Walk-Hypothese in diesem Fall nicht abzulehnen ist. Daß es sich hierbei nicht um eine Ausnahme handelt, zeigt ein Vergleich mit den Ergebnissen von Edison/Fisher (1991), Heri/Theurillat (1990) und Mark (1990), die ebenfalls die Random Walk-Hypothese für den realen D-Mark/Franc-Kurs nicht ablehnen können.

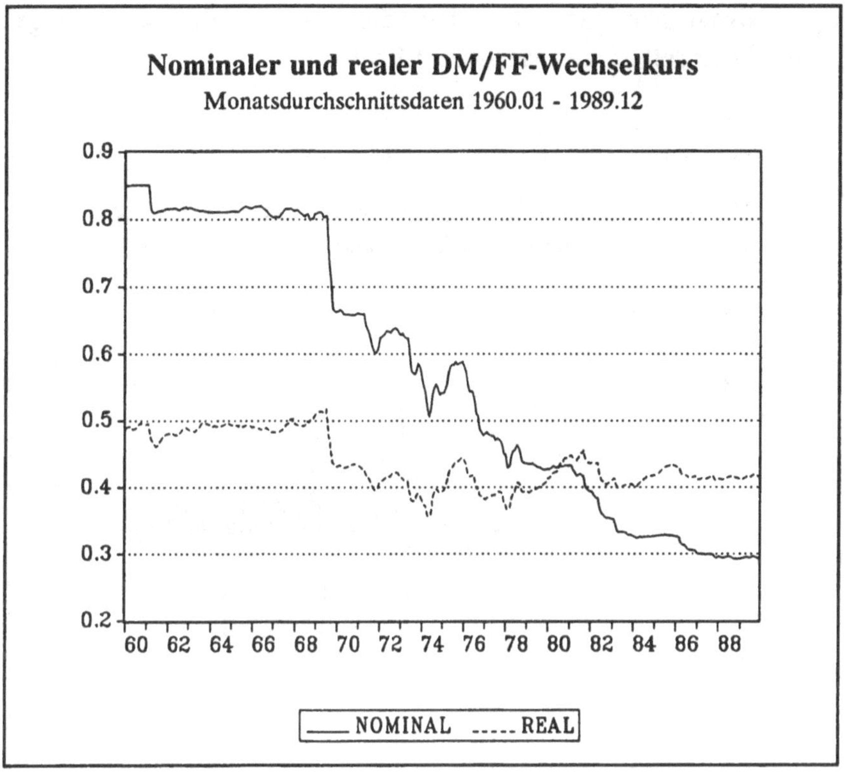

Abbildung 5

Vergleichsweise gering fallen auch die in Abbildung 6 wiedergegebenen monatlichen Veränderungsraten des realen D-Mark/Franc-Kurses aus. Deutlich erkennbar sind die etwas turbulenteren Phasen Mitte der siebziger und Anfang der achtziger Jahre, in denen Frankreich zweimal aus dem Europäischen Wechselkursverbund ausgeschieden ist beziehungsweise nach einem Regierungswechsel eine Neuorientierung der Wirtschaftspolitik vorgenommen hat. Seit 1987 sind dagegen monatliche Veränderungsraten, die eine (absolute) Größenordnung von 1 Prozent überschreiten, nur noch vereinzelt zu beobachten. Auf einem dementsprechend relativ niedrigen Niveau bewegen sich deshalb die in Abbildung 7 wiedergegebenen Wechselkursunsicherheitsindikatoren.

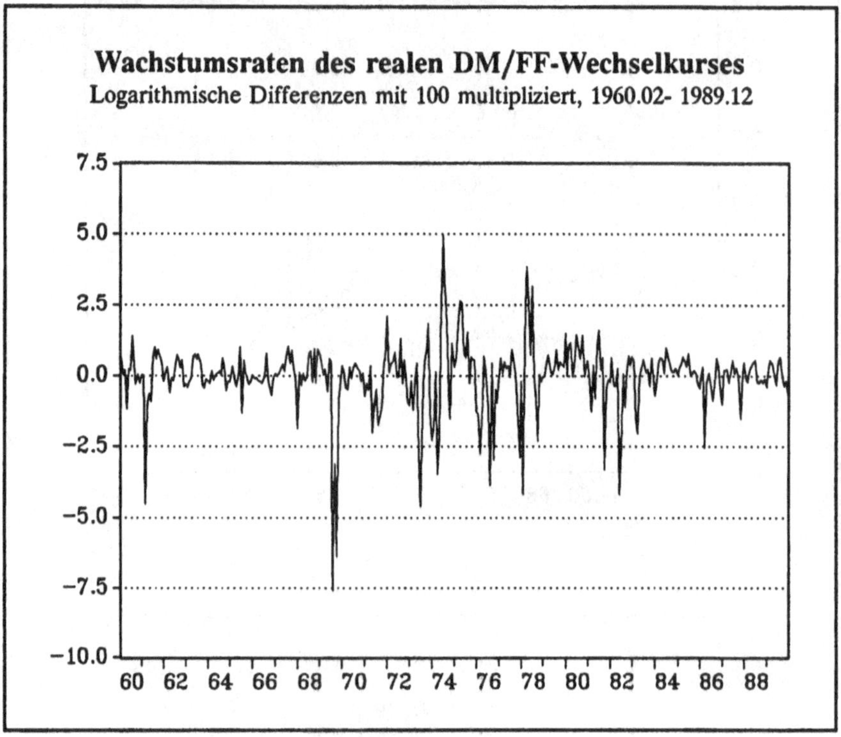

Abbildung 6

Dieser Befund ist durchaus repräsentativ für Währungen, die dem Europäischen Währungssystem angehören, denn die davon ausgehenden Stabilisierungseffekte bezüglich der Variabilität nominaler und realer Wechselkurse beschränken sich nicht nur auf den D-Mark/Franc-Kurs. Dazu sei auf die in Tabelle 5 zusammengestellten Streuungsmaße verwiesen.

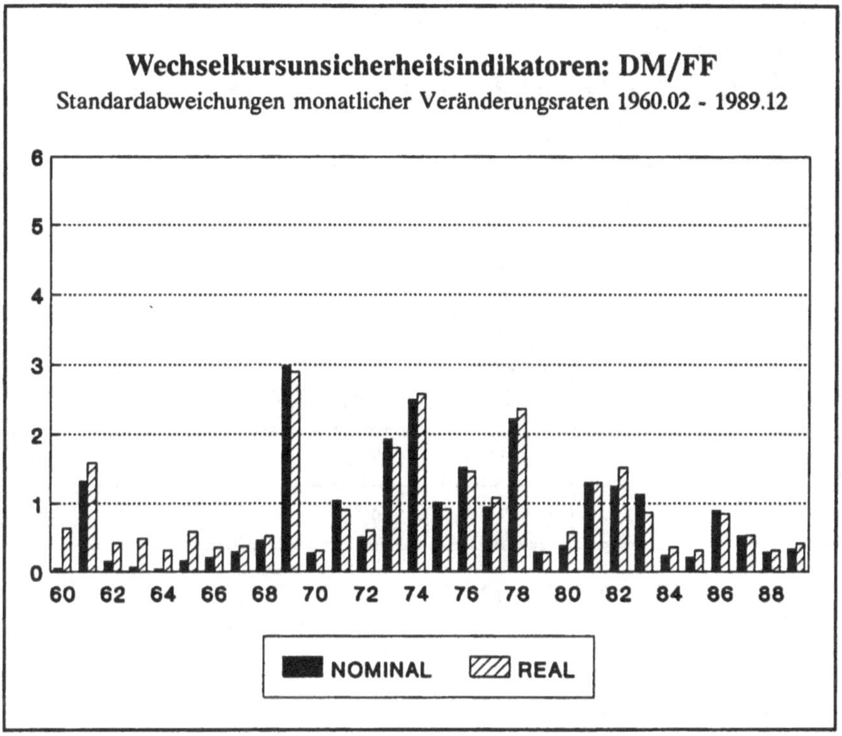

Abbildung 7

Die für unterschiedliche Zeiträume ermittelten Variabilitätskennziffern für "Alle Länder" basieren auf den hier einbezogenen 45 bilateralen Wechselkurszeitreihen. Zwei Aspekte verdienen besonders hervorgehoben zu werden: (1) die Zunahme der Wechselkursvariabilität mit dem Ende des Bretton Woods-Systems, die keinesfalls als eine vorübergehende Erscheinung zu bezeichnen ist, und (2) die Tatsache, daß die Variabilität der realen Wechselkurse die der nominalen Kurse in allen betrachteten Teilperioden noch übertrifft.

Tabelle 5

Durchschnittliche Standardabweichungen bilateraler Wechselkurse

Zeitraum	Alle Länder a)		Zeitraum	EWS-Länder b)		Nicht-EWS-Länder c)	
	nominal	real		nominal	real	nominal	real
1960.02-1969.12	0,64	1,05	1979.05-1989.12	0,77	0,86	2,41	2,57
1973.04-1989.12	2,14	2,23	1979.05-1983.04	1,04	1,16	2,62	2,84
1973.04-1979.12	2,18	2,28	1983.05-1987.02	0,57	0,66	2,24	2,39
1980.02-1989.12	2,06	2,15	1987.03-1989.12	0,38	0,55	2,16	2,24

berechnet auf der Basis monatlicher Veränderungsraten (logarithmische Differenzen), jeweils mit 100 multipliziert; die realen Wechselkurse wurden unter Verwendung von Konsumgüterpreisindizes gebildet; Quellenangaben finden sich im Anhang B.

a) Belgien/Luxemburg, Bundesrepublik Deutschland, Frankreich, Großbritannien, Italien, Japan, Kanada, Niederlande, Schweden, USA.

b) Belgien/Luxemburg, Bundesrepublik Deutschland, Frankreich, Italien, Niederlande.

c) Großbritannien, Japan, Kanada, Schweden, USA.

Bei der in Tabelle 5 vorgenommenen Gegenüberstellung der Wechselkursentwicklung zwischen EWS- und Nicht-EWS-Währungen sind die Zeiträume in Anlehnung an die vielfach behauptete Drei-Phasen-Entwicklung des Europäischen Währungssystems mit jeweils etwa vierjährigen Teilperioden gewählt (vgl. o.V. 1989; Ungerer 1990). In diesen Zeiträumen sollen angeblich deutliche Stabilisierungsfortschritte zwischen den EWS-Mitgliedsländern erzielt worden sein, wobei insbesondere auf geringere Wechselkursausschläge und eine abnehmende Häufigkeit von Paritätsanpassungen verwiesen wird. Der Vergleich mit den Nicht-EWS-Ländern bringt zwar eine im Zeitablauf abnehmende Variabilität der bilateralen Wechselkurse innerhalb des EWS zum Ausdruck, aber er zeigt auch, daß die Stabilitätsfortschritte in den achtziger Jahren keineswegs allein auf die EWS-Mitgliedsländer beschränkt waren.

D. Wechselkursunsicherheit und Außenhandel aus empirischer Sicht

Die bislang vorliegenden Untersuchungen über die Wirkungen des Wechselkursrisikos auf den internationalen Handel lassen sich im Hinblick auf ihre methodische Vorgehensweise und die ihnen zugrunde liegende Fragestellung in drei Gruppen einteilen.

Die erste Gruppe umfaßt Zeitreihenanalysen, die die Veränderung der Handelsentwicklung eines Landes mit dem Ausland insgesamt oder mit einem bestimmten Partnerland im Zeitablauf zu erklären versuchen. Im Mittelpunkt steht dabei immer der (unter Umständen auch sektoral disaggregierte) Handel zwischen zwei Ländern, dessen Entwicklung - so die zu überprüfende Ausgangshypothese - unter anderem durch zeitliche Veränderungen im Niveau der Wechselkursunsicherheit bestimmt wird.

Zur zweiten Gruppe sind Querschnittsanalysen zu zählen, die die Erklärung der Struktur des Handels, das Handelsmuster, zum Ziel haben. Diese Vorgehensweise ist auch dazu geeignet, durch Wechselkursunsicherheiten hervorgerufene Handelsumlenkungseffekte ausfindig zu machen (vgl. Rohweder 1989).

In eine dritte Kategorie fallen dagegen die Beiträge, denen Unternehmensbefragungen zugrunde liegen. Hier geht es hauptsächlich darum, ein möglichst repräsentatives Meinungsbild hinsichtlich einer bestimmten Fragestellung zu erstellen. Aufgrund der Vielzahl der Einwände, die gegen die Aussagefähigkeit von Umfrageergebnissen vorgebracht werden, kommt ihnen allenfalls die Bedeutung zu, die mit Hilfe ökonometrischer Methoden gewonnenen Erkenntnisse zu ergänzen.

Im folgenden ist eine überblicksartige Zusammenfassung der bislang vorliegenden empirischen Arbeiten beabsichtigt. Sie soll zudem durch die Präsentation eigener Regressionsergebnisse bezüglich des Welthandelsvolumens und der bilateralen Importe zwischen fünf Industrieländern ergänzt werden.

D. I. Zeitreihenanalysen

Die generelle Zielsetzung einer Zeitreihenuntersuchung ist zwar für globale und bilaterale Handelsströme identisch, aber in beiden Fällen ist eine unterschiedliche methodische Vorgehensweise angebracht. Aus diesem Grund ist den globalen und bilateralen Studien jeweils ein eigener Unterabschnitt gewidmet, bevor anschließend über die wenigen bislang durchgeführten sektoralen Untersuchungen berichtet wird.

D. I. 1. Globale Handelsströme

Die höchstmögliche Aggregationsstufe, auf der der Einfluß der Wechselkursunsicherheit auf den internationalen Handel untersucht werden kann, stellt das Welthandelsvolumen dar, das durch die Summe der realen Weltimporte oder -exporte gemessen wird.[1]

Eine der ersten Studien, die auf diesem Aggregationsniveau einen etwaigen negativen Zusammenhang zwischen der Freigabe der Wechselkurse Anfang der siebziger Jahre und der Entwicklung des Welthandelsvolumens zu identifizieren suchte, stammt von Blackhurst/Tumlir (1980). Um den vermeintlichen Haupteinflußfaktor für die Welthandelsentwicklung vorab zu isolieren, haben sie die Differenz zwischen der jährlichen Veränderungsrate der realen Weltexporte und der Wachstumsrate des realen Weltsozialprodukts berechnet und graphisch dargestellt. Ein eindeutig erkennbarer Strukturbruch in der Beziehung zwischen diesen beiden Größen ist mit dem Übergang zu flexiblen Wechselkursen jedoch nicht ver-

---

1 Aufgrund unterschiedlicher Erhebungsformen (cif- oder fob-Berechnung) weichen die statistisch ausgewiesenen Weltimportwerte von den Weltexportwerten ab.

bunden. Vielmehr hat die Veränderungsrate der realen Weltexporte in den ersten Jahren der Floatingperiode die des realen Sozialprodukts um einen größeren Betrag übertroffen als in jedem anderen Jahr des gewählten Gesamtzeitraums (1955 bis 1979), sofern man die Jahre 1968 bis 1970 einmal ausnimmt (Blackhurst/Tumlir 1980, S. 14).

Wachstumsraten des realen Sozialprodukts und der realen Importe für 22 Industrieländer

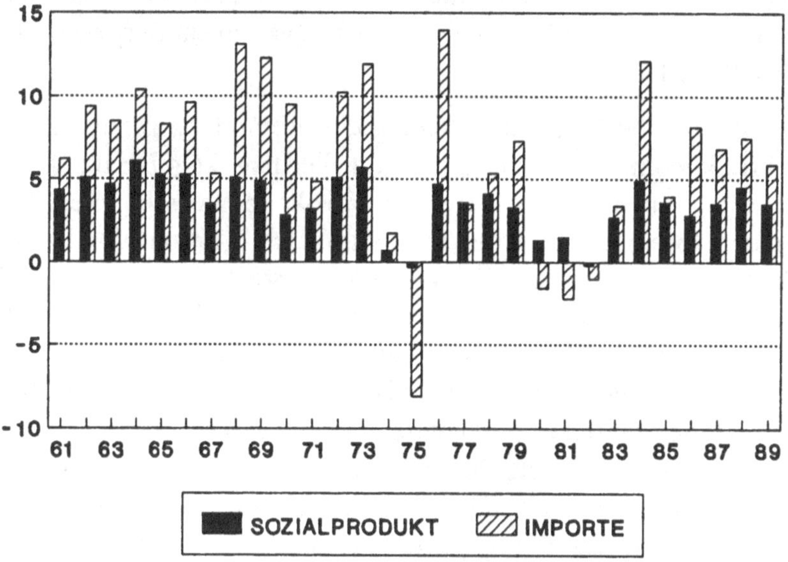

Prozentuale Veränderungen gegenüber dem Vorjahr
Quelle: IMF, International Financial Statistics, Yearbook, Vol.43, Washington 1990

Abbildung 8

In Anlehnung an die Vorgehensweise von Blackhurst/Tumlir (1980) sind in Abbildung 8 die Wachstumsraten der realen Importe und des realen Sozialprodukts für eine 22 Industriestaaten umfassende Ländergruppe wiedergegeben. Der Anteil dieser Gruppe am Weltimportvolumen lag im Durchschnitt des betrachteten Zeitraums bei ungefähr 72 Prozent. Deutlich erkennbar sind die wachstumsmindernden Auswirkungen der beiden Ölpreisschocks in den Jahren 1974 und 1975 beziehungsweise zu Anfang der achtziger Jahre, was sowohl für die Importe als auch für das Sozialprodukt gilt. Darüber hinaus ist zwischen beiden Zeitreihen eine ausgeprägte positive Korrelation festzustellen,[2] so daß die im Zeitverlauf zu beobachtende leichte Abschwächung des Wachstums der realen Importe ihre Ursache vor allem in entsprechend geringeren Veränderungsraten des Sozialprodukts haben dürfte (vgl. auch Bergsten/Cline 1983, S. 72ff.).

Die einfache Gegenüberstellung der Veränderungsraten zweier makroökonomischer Zeitreihen kann allerdings kein Ersatz für eine Methode sein, die sich statistischer und ökonometrischer Verfahren bedient. In einer Studie des Internationalen Währungsfonds (IMF 1984a) werden deshalb die Veränderungsraten des realen Welthandelsvolumens gegen die Veränderungsraten des Sozialprodukts und eine Wechselkursunsicherheitsvariable regressiert. Die verwendete Unsicherheitskennziffer ist definiert als das mit den jeweiligen Handelsanteilen gewichtete Mittel aus der Variabilität der realen effektiven Wechselkurse von sieben großen Industriestaaten.[3] Ein signifikanter Einfluß der Wechselkursunsicherheit auf die Wachstumsrate der Weltimporte kann im betrachteten Schätzzeitraum jedoch nicht nachgewiesen werden.

In Tabelle 6 sind einige auf Jahresdaten des Zeitraums 1961 bis 1989 beruhende und in loser Anlehnung an diese Studie erzielte

---

[2] Der Korrelationskoeffizient zwischen den Veränderungsraten beider Zeitreihen beträgt im betrachteten Zeitraum 0,87.

[3] Die exakte Definition der verwendeten Unsicherheitsvariable geht aus den kommentierenden Ausführungen nicht hervor. Es heißt dort lediglich:" Seven-country trade-weighted average of quarterly variability in real effective exchange rates" (IMF 1984a, S. 55).

Regressionsergebnisse zusammengefaßt. Die gegenüber der IMF-Studie vorgenommenen methodischen Änderungen betreffen die Verwendung von logarithmierten Niveaugrößen anstelle von Wachstumsraten, die zusätzliche Berücksichtigung einer Preisvariablen und die Berechnung einer Wechselkursunsicherheitsvariablen, der eine größere Länderauswahl zugrunde liegt. Die für unterschiedliche Zeiträume geschätzte Importfunktion lautet in ihrer Grundform:

$$(1) \quad \ln M_t = a_0 + a_1 \ln YR_t + a_2 \ln PM_{t-1} + e_t ,$$

wobei die verwendeten Variablen wie folgt definiert sind: M_t ist die Summe der realen Importwerte der 22 einbezogenen Industrieländer, deflationiert mit dem dazugehörigen Importpreisindex - in Form eines Indizes der Durchschnittswerte der Einfuhren (import unit value index, 1985 = 100). YR_t bezeichnet die Summe des realen Sozialprodukts und PM_t den Index der Einfuhrpreise (import unit value index, 1985 = 100) für die jeweils gleiche Ländergruppe. e_t ist eine stochastische Störgröße, die die üblichen Annahmen erfüllen soll. Schließlich wird auch die um eine Periode verzögerte endogene Variable als zusätzliche erklärende Variable in das Regressionsmodell aufgenommen, wenn der geschätzte Koeffizient gemäß dem konventionellen t-Test signifikant von Null abweicht.

Im Hinblick auf mögliche Wechselkursunsicherheitseffekte wird die Modellgleichung (1) auch unter der zusätzlichen Berücksichtigung einer Unsicherheitsvariablen geschätzt, und zwar sowohl für den gesamten Zeitraum als auch für eine Teilperiode, der nur die Daten der Phase flexibler Wechselkurse zugrunde liegen. Diese Unsicherheitsvariable ist definiert als die für einen 2-Jahreszeitraum berechnete durchschnittliche Standardabweichung monatlicher Veränderungsraten der bilateralen realen Wechselkurse zwischen 10 Industriestaaten.[4]

---

[4] Bei den einbezogenen Ländern handelt es sich um Belgien/Luxemburg, die Bundesrepublik Deutschland, Frankreich, Großbritannien, Italien, Japan, Kanada, die Niederlande, Schweden und die USA.

Tabelle 6

Kleinst-Quadrate-Schätzungen, Gesamtimporte für 22 Industrieländer

Zeitraum	Konstante	ln YR	ln PM_{-1}	Unsicherheitsvariable	ln M_{-1}	$\dot{R}^2$	DW	h
1961 - 1989	-2,22 (6,67)	1,17 (7,28)	-0,11 (5,32)	-	0,43 (5,23)	0,99	1,93	0,22
1962 - 1989	-2,62 (5,85)	1,38 (6,06)	-0,15 (4,29)	0,03 (1,21)	0,34 (2,92)	0,99	1,91	0,29
1974 - 1989	-2,85 (12,50)	1,80 (24,26)	-0,18 (5,18)	-	-	0,99	1,44	-
1974 - 1989	-2,54 (8,95)	1,74 (21,65)	-0,16 (4,81)	-0,04 (1,70)	-	0,99	1,67	-

t-Werte der Schätzungen in Klammern; $\dot{R}^2$ ist das um die Zahl der Freiheitsgrade bereinigte Bestimmtheitsmaß; DW bezeichnet den Durbin-Watson Koeffizienten, h den Durbin Koeffizienten; Quelle der verwendeten Import- und Sozialproduktsdaten: IMF, International Financial Statistics, Yearbook, Vol. 43, Washington 1990.

Der zeitliche Verlauf des auf diese Weise berechneten Unsicherheitsindikators ist in Abbildung 9 wiedergegeben.[5] Der Übergang zu flexiblen Wechselkursen zu Anfang der siebziger Jahre hat dem-

[5] Gegen diese Unsicherheitskennziffer können indes zahlreiche Einwände vorgebracht werden. So ist die Zahl der einbezogenen Länder geringer als die Zahl der in den Import- und Sozialproduktsdaten berücksichtigten Staaten, und reale effektive Wechselkurse stellen vermutlich das geeignetere Ausgangsdatenmaterial dar.

nach einen starken und dauerhaften Anstieg der Wechselkursunsicherheit verursacht.[6]

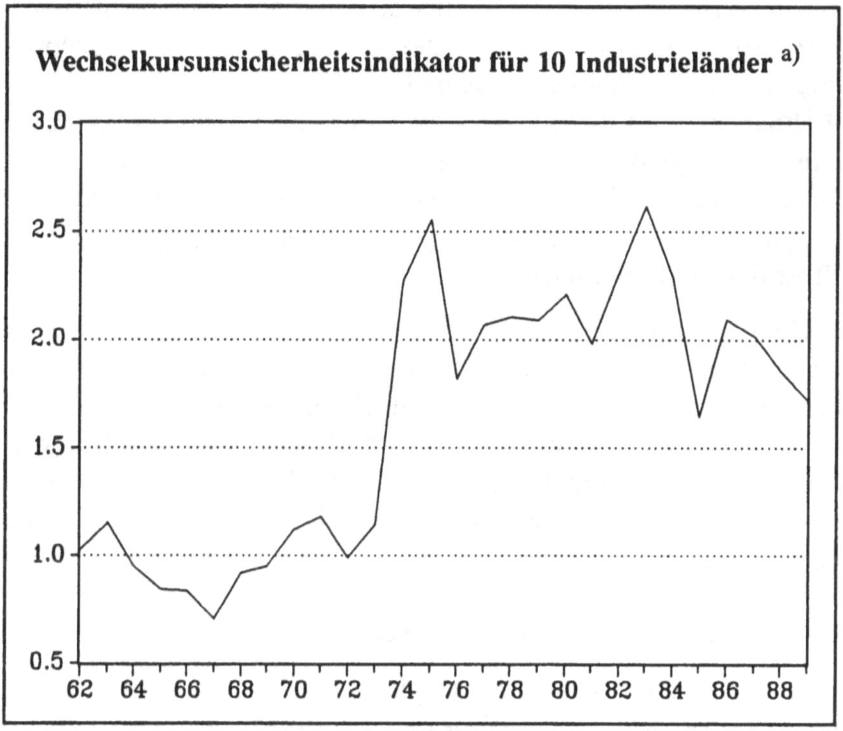

a) Durchschnittliche Standardabweichung monatlicher Veränderungsraten der bilateralen und realen Wechselkurse zwischen 10 Industrieländern, 1962 - 1989

Abbildung 9

Die Regressionsergebnisse zeigen, daß die Unsicherheitsvariable zwar in der zweiten Teilperiode ein negatives Vorzeichen aufweist,

---

[6] Die in Kenen/Rodrik (1986) abgebildeten Volatilitätskennziffern für fünf Industrieländer - in Form der Standardabweichung monatlicher Veränderungsraten realer effektiver Wechselkurse - nehmen einen ähnlichen zeitlichen Verlauf.

aber selbst bei einer Irrtumswahrscheinlichkeit in Höhe von 10 Prozent nicht signifikant von Null verschieden ist. Als Haupteinflußfaktor der Importentwicklung stellt sich statt dessen - in Übereinstimmung mit den Ergebnissen der IMF-Studie und denen von Bergsten/Cline (1983, S. 74) - die jeweilige Höhe des Sozialprodukts dar. Die Wechselkursunsicherheit scheint mithin auf das Welthandelsniveau insgesamt keinen negativen Einfluß auszuüben. Die nachfolgenden Ausführungen konzentrieren sich daher auf Untersuchungen, die eine Aggregationsstufe tiefer angesiedelt sind, indem sie die Handelsentwicklung einzelner Länder gegenüber dem "Rest der Welt" analysieren.

Eine der frühesten empirischen Untersuchungen dieser Art, in der globale Importfunktionen für eine Reihe von Industriestaaten unter Einschluß einer Wechselkursunsicherheitsvariablen geschätzt werden, stammt von Makin (1976). Ein signifikanter Einfluß der Wechselkursunsicherheit kann aber auch hier nicht nachgewiesen werden, was allerdings angesichts der Wahl des Schätzzeitraums, der Quartalsdaten von 1960 bis 1973 umfaßt, nicht verwundert, da es sich fast ausnahmslos um Beobachtungen handelt, die in die Zeit des Festkurssystems von Bretton Woods fallen.

Gegen eine Reihe weiterer empirischer Arbeiten, die aktuellere Daten verwenden, läßt sich indessen der Vorwurf erheben, daß sie Außenhandels- und Wechselkursdaten heranziehen, die zwei völlig verschiedenen Währungssystemen entnommen sind, und dabei mögliche Strukturbrüche in der ökonometrischen Schätzung von vornherein ausschließen. Hierzu zählt beispielsweise die Studie von Akthtar/Hilton (1984), der relativ viel Beachtung geschenkt wurde, weil sie seinerzeit die einzige war, die einen statistisch signifikanten und auch ökonomisch relevanten negativen Einfluß der Wechselkursunsicherheit auf die globalen Im- und Exporte der Vereinigten Staaten und der Bundesrepublik Deutschland nachweisen konnte. Die verwendete Unsicherheitsvariable basiert jedoch zum Teil auf Wechselkursdaten, die dem Bretton Woods-System entstammen. Gotur (1985) hat daraufhin demonstriert, daß diese signifikanten Unsicherheitseffekte nahezu vollständig verschwinden, wenn der

Schätzzeitraum ausschließlich auf die Periode flexibler Wechselkurse beschränkt wird.[7] Ähnliche Einwände lassen sich auch gegen die Untersuchung von Perée/Steinherr (1989) vorbringen, der Jahresdaten für die Periode 1960 bis 1985 zugrunde liegen.

Aber auch in neueren Arbeiten, die den Schätzzeitraum ausschließlich auf die Periode flexibler Wechselkurse beschränken, wird ein eindeutig handelshemmender Einfluß der Wechselkursunsicherheit nicht belegt. Sofern signifikant negative Effekte als Folge unerwarteter Wechselkursveränderungen nachweisbar sind, besteht dabei eine maßgebliche Abhängigkeit von der Wahl der verwendeten Unsicherheitsvariablen. Das gilt zum Beispiel auch für die Studie von Neldner (1990), in der globale Import- und Exportfunktionen für vier Industrieländer - die Bundesrepublik Deutschland, Großbritannien, Japan und die Vereinigten Staaten - geschätzt werden. In Abhängigkeit von den jeweils gewählten Unsicherheitskennziffern ergeben sich in einzelnen Fällen signifikant negative Ergebnisse, in anderen dagegen nicht. Ähnliches läßt sich über die Untersuchungen von Bailey/Tavlas/Ulan (1986; 1987) berichten, in denen globale Exportfunktionen für sieben beziehungsweise elf westliche Industriestaaten geschätzt werden und wo sich in lediglich drei Fällen signifikant negative Koeffizienten für die Unsicherheitsvariable ergeben.[8] Eine Ausnahme in dieser Beziehung stellt allerdings die Arbeit von Kenen/Rodrik (1986) dar, in der die globalen Importe von elf Industrieländern unter zusätzlicher Berücksichtigung einer Unsicherheitsvariablen geschätzt werden, die auf realen effektiven Wechselkurse basiert. In vier der elf Gleichungen ist ein

---

[7] In dem Beitrag von Gotur (1985) werden auch eine Reihe weiterer Kritikpunkte gegen die methodische Vorgehensweise von Akhtar und Hilton vorgebracht. Insgesamt offenbart diese Nachschätzung, daß die vermeintlich negativen Effekte mit Ausnahme der Exporte der Bundesrepublik Deutschland sehr sensibel gegenüber Veränderungen der Modellspezifikation sind.

[8] Die methodische Vorgehensweise von Bailey/Tavlas/Ulan (1986; 1987) läßt sich auch deshalb kritisieren, weil einige der berechneten Unsicherheitsvariablen auf den absoluten Veränderungsraten effektiver Wechselkurse basieren. Die Verwendung von Risikovariablen, die auf dem ersten Moment beruhen, ist aber nicht vereinbar mit der Risiko-Nutzen-Theorie.

statistisch gesicherter negativer Einfluß nachweisbar, und die Autoren berichten, daß diese Ergebnisse unabhängig von der jeweils herangezogenen Unsicherheitsvariable sind.[9]

Die relativ geringe Anzahl signifikant negativer Regressionskoeffizienten, die sich zudem als wenig robust gegenüber Modellvariationen erweisen, sollte jedoch nicht zu der - in diesem Stadium noch verfrühten - Schlußfolgerung verleiten, daß die Wechselkursunsicherheit insgesamt keinen handelshemmenden Effekt ausübt. Möglicherweise sind globale Import- und Exportfunktionen noch zu hoch aggregiert, um Unsicherheitseffekte, die vielleicht eher bilaterale und (oder) sektorale Handelsströme betreffen, ausfindig machen zu können.

D. I. 2. Bilaterale Handelsströme

D. I. 2. a. Eine Literaturübersicht

Der Einfluß der Wechselkursunsicherheit auf bilaterale Handelsströme ist erstmals von Hooper/Kohlhagen (1978) untersucht worden. Insgesamt werden hier 15 bilaterale Exportmengen- und -preisfunktionen für sechs Industrieländer geschätzt. Ein statistisch gesicherter Einfluß der Wechselkursunsicherheit läßt sich aber nur in wenigen Exportpreisgleichungen nachweisen. Zu bemängeln ist, daß der Schätzzeitraum (Quartalswerte der Periode 1965 bis 1975) vornehmlich Beobachtungen aus der Zeit fester Wechselkurse enthält und Unsicherheitsvariablen zum Einsatz kommen, die ausschließlich auf nominalen Wechselkursen basieren. Cushman (1983) hat den letzteren Punkt zum Anlaß genommen, eine Neuschätzung der Hooper/Kohlhagen-Gleichungen vorzunehmen, mit einem um zwei Jahre verlängerten Schätzzeitraum und unter Verwendung von Kennziffern für die Unsicherheit, die auf der Basis realer Wechsel-

---

[9] Kenen/Rodrik (1986) verwenden insgesamt sechs verschiedene Unsicherheitsindikatoren.

kurse berechnet sind. Er erhält in 7 von 14 Exportmengenfunktionen statistisch gesicherte negative Koeffizienten, aber nur in einem Fall einen - wie erwartet - positiven und zugleich signifikanten Koeffizienten in den entsprechenden Preisgleichungen. Die Ergebnisse von Cushman werden wiederum in der schon verschiedentlich zitierten Studie des IMF (1984a) einem Sensibilitätstest unterzogen, wobei der Schätzzeitraum nochmals aktualisiert und die Zahl der einbezogenen Länder auf die Mitgliedsstaaten der Gruppe der Sieben (G-7)[10] ausgeweitet wird. In den 42 bilateralen Exportfunktionen für diese Länder ist der Koeffizient der Wechselkursunsicherheit in lediglich zwei Fällen signifikant negativ, in anderen Gleichungen ist er hingegen mehrfach positiv und gleichfalls statistisch gesichert.

Weitere bilateral orientierte Untersuchungen, in denen wiederum nur vereinzelt negative Wechselkursunsicherheitseffekte nachgewiesen werden und die Ergebnisse zudem maßgeblich von den jeweils gewählten Risikoindikatoren abhängig sind, stammen von Hardy/Herrmann (1988), Koray/Lastrapes (1989) und Neldner (1990). Gegen die schon erwähnte Studie von Perée/Steinherr (1989), in der für die Exporte von vier Industrieländern in die Vereinigten Staaten statistisch gesicherte negative Unsicherheitskoeffizienten ermittelt werden, ist dagegen unter anderem der Vorwurf zu erheben, Wechselkursunsicherheitsindikatoren zu verwenden, die nicht unabhängig von der jeweils gewählten Währungseinheit sind.[11]

Bei der bislang einzigen Untersuchung, in der ein systematischer handelshemmender Einfluß der Wechselkursunsicherheit nachgewiesen wird, handelt es sich um eine neuere Arbeit von Cushman (1988). Untersucht werden hier die bilateralen Im- und Exporte

[10] Die Gruppe der Sieben umfaßt die sieben großen westlichen Industrieländer Bundesrepublik Deutschland, Frankreich, Großbritannien, Italien, Japan, Kanada und Vereinigte Staaten.

[11] So ergeben sich unterschiedliche Werte in Abhängigkeit davon, ob den Berechnungen beispielsweise der D-Mark/US-Dollar-Kurs oder der US-Dollar/D-Mark-Kurs zugrunde liegt.

zwischen den Vereinigten Staaten und sechs seiner wichtigsten Handelspartner, wobei der zugrundeliegende Schätzzeitraum ausschließlich Beobachtungen aus der Periode flexibler Wechselkurse umfaßt. In Abhängigkeit von der verwendeten Unsicherheitsvariable und der dafür gewählten Lag-Spezifikation ergeben sich in 6 von 12 Fällen signifikant negative Effekte. Zudem zeigt sich, daß die Importe der Vereinigten Staaten offenbar stärker als die Exporte durch Wechselkursrisiken beeinträchtigt werden. Dennoch ist auch diese Studie nicht frei von Mängeln, wobei unter anderem auf die funktionale Form und die Vernachlässigung von Substitutionsbeziehungen zu verweisen ist. Darüber hinaus werden in anderen Arbeiten in der Regel auch simultane Zusammenhänge außer acht gelassen.

In einer Reihe von Beiträgen konnte beispielsweise mittels statistischer Spezifikationstests eine Überlegenheit der logarithmisch-linearen Funktionsform gegenüber der im Zusammenhang mit der Überprüfung von Wechselkursunsicherheitseffekten häufiger verwendeten linearen Form nachgewiesen werden.[12] Zudem konkurrieren im bilateralen Kontext die Exporte eines Landes sowohl mit den im Importland hergestellten Gütern als auch mit den Exporten anderer Länder (vgl. Lefeldt 1978, S. 230ff.). Um eine Fehlspezifikation der zu schätzenden Gleichung zu vermeiden, ist deshalb die Berücksichtigung mehrerer Preisvariablen geboten. Schließlich hat schon Orcutt (1950) in einem grundlegenden Beitrag nachgewiesen, daß die Vernachlässigung einer simultanen Beziehung zwischen dem Preis und der nachgefragten Menge zu verzerrten Schätzergebnissen führen kann. Nur wenn die Preiselastizität des Exportangebots unendlich ist, kann auf die Spezifikation und Einbeziehung einer Angebotsfunktion verzichtet werden. Während bei der Schätzung von globalen Außenhandelsfunktionen - insbesondere bei Importfunktionen - das entsprechende ausländische Güterangebot als vollkommen elastisch in bezug auf den Preis angenommen werden

---

[12] Boylan/Cuddy/O'Muircheartaigh (1980; 1982), Khan/Ross (1977), Thursby/Thursby (1984).

kann, ist eine solche Annahme im bilateralen Kontext nicht ohne weitere Prüfung zulässig.

D. I. 2. b. Bilaterale Importfunktionen für fünf Industrieländer

Ausgehend von den genannten Einwänden werden im folgenden eine Reihe eigener Schätzungen vorgestellt. Analysiert werden die bilateralen Importe zwischen den fünf Industrieländern Bundesrepublik Deutschland, Frankreich, Großbritannien, Japan und Vereinigte Staaten, wobei als Grundlage ein von Goldstein/Khan (1978) entwickeltes Modell verwendet wird. Anders als bei der Schätzung traditioneller Import- oder Exportfunktionen (vgl. Leamer/Stern 1976; Goldstein/Khan 1985) wird in diesem Ansatz zusätzlich eine Angebotsfunktion berücksichtigt. Damit wird nicht nur die generelle Erfassung simultaner Preis-Mengen-Zusammenhänge ermöglicht, sondern auch der indirekte Einfluß der Wechselkursunsicherheit erfaßt, der bei einer preiselastischen Güternachfrage über einen erhöhten Außenhandelspreis zu einem verminderten Handelsvolumen führen kann.

Das im folgenden zu schätzende Modell hat sich bereits mehrfach in der empirischen Anwendung sowohl für globale als auch für bilaterale Handelsströme bewährt (vgl. z.B. Arize 1987). Es bedeuten:[13]

M_{ij} : Reale Importe des Landes i aus Land j, deflationiert mit dem Importpreisindex des Landes i.

YR_i : Reales Sozialprodukt des Landes i.

PX_{ij} : Preisindex der Importe des Landes i aus Land j. Da bilaterale Preisindizes generell nicht verfügbar sind, wird als Proxy-Variable der globale Exportpreisindex des Lieferlandes j (PX) für die Schätzung herangezogen.

---

[13] Quellenangaben zu den verwendeten Variablen finden sich im Anhang B.

P_i : Preisindex für im Land i hergestellte Güter, die mit den Importen aus Land j konkurrieren. In den Regressionsgleichungen werden dafür der implizite Deflator des Sozialprodukts (PY), der Konsumgüterpreisindex (PC) oder der Großhandelsverkaufspreisindex (PG) verwendet.

PW_i : Preisindex der Importe des Landes i aus anderen Ländern. Er drückt die Konkurrenzbeziehung zwischen den Exporten des Landes j und den Exporten anderer Länder aus. In den Regressionsgleichungen wird dafür auf den Weltexportpreisindex (PXW), den Exportpreisindex einer 22 Industriestaaten umfassenden Ländergruppe (PXI) oder den globalen Importpreisindex des Landes i (PM) zurückgegriffen.

U_{ij} : Wechselkursunsicherheitsvariable, berechnet auf der Basis des bilateralen und - unter Verwendung von Konsumgüterpreisindizes gebildeten - realen Wechselkurses zwischen der Währung des Landes i und der Währung des Landes j. Die Unsicherheitskennziffer tritt dabei in zwei Varianten auf: (i) Standardabweichung der 11 den einzelnen Quartalen unmittelbar vorausgehenden monatlichen Veränderungsraten (U12); (ii) Standardabweichung der 23 den einzelnen Quartalen unmittelbar vorausgehenden monatlichen Veränderungsraten (U24).

P_j : Produktionskostenindex der Exportgüter des Landes j, der durch den impliziten Deflator des Sozialprodukts (PY) oder den Großhandelsverkaufspreisindex (PG) approximiert wird.

YT_j : Produktionspotential des Exportlandes j. Als Proxy-Variable werden dafür die geschätzten Werte einer Regression des realen Sozialprodukts gegen eine Trendvariable verwendet.[14]

Das Modell umfaßt die folgenden drei Gleichungen:

---

[14] Für eine ähnliche Vorgehensweise vgl. Haynes/Stone (1983a; 1983b).

(2) $\ln M_{ij}^{D} = a_0 + a_1 \ln YR_i + a_2 \ln PX_{ij} + a_3 \ln P_i + a_4 \ln PW_i + a_5 U_{ij}$

(3) $\ln M_{ij}^{S} = b_0 + b_1 \ln PX_{ij} + b_2 \ln P_j + b_3 \ln YT_j + b_4 U_{ij}$

(4) $\ln M_{ij}^{D} = \ln M_{ij}^{S} = \ln M_{ij}$

Gleichung (2) ist eine traditionelle Importnachfragefunktion mit leichten Modifikationen hinsichtlich der einbezogenen Preisvariablen. Gleichung (3) spezifiziert das Exportangebot des jeweils betrachteten Handelspartners. Gleichung (4) stellt unter der Annahme einer ständigen Markträumung die Gleichgewichtsbedingung dar.

Gleichung (2) wird unter dieser Voraussetzung zu:

(5) $\ln M_{ij} = a_0 + a_1 \ln YR_i + a_2 \ln PX_{ij} + a_3 \ln P_i + a_4 \ln PW_i + a_5 U_{ij}$.

Wird (3) nach dem Exportpreis PX_{ij} aufgelöst, ergibt sich unter Verwendung von Gleichung (4):

(6) $\ln PX_{ij} = \beta_0 + \beta_1 \ln M_{ij} + \beta_2 \ln P_j + \beta_3 \ln YT_j + \beta_4 U_{ij}$,

mit

$\beta_0 = -(b_0/b_1)$, $\beta_1 = 1/b_1$, $\beta_2 = -(b_2/b_1)$, $\beta_3 = -(b_3/b_1)$ und

$\beta_4 = -(b_4/b_1)$.

Mit Ausnahme der Wechselkursunsicherheitsvariablen, die aufgrund der Bildung von Wachstumsraten in Form logarithmischer

Differenzen keine Dimension aufweisen,[15] sind alle Variablen in der Währung des jeweiligen Importlandes ausgedrückt. Zur Umrechnung der Preisindizes, die auf der Basis 1980 = 1,0 ausgewiesen sind, werden - sofern erforderlich - Durchschnittswechselkurse des Jahres 1980 verwendet.

Um die Möglichkeit zuzulassen, daß Anpassungsreaktionen auf Preisänderungen unter Umständen länger als eine Periode dauern, werden in Anlehnung an Koyck (1954) und Nerlove (1958) die um eine Periode verzögerten endogenen Variablen in das Modell aufgenommen,[16] sofern sich die geschätzten Koeffizienten als statistisch signifikant erweisen. Die Berücksichtigung der verzögerten endogenen Variable als zusätzlicher Regressor impliziert allerdings, daß sämtliche erklärende Variablen einem identischen Anpassungsprozeß mit im Zeitablauf geometrisch abnehmenden Gewichten folgen. Diese Annahme ist verschiedentlich als zu restriktiv kritisiert worden (vgl. Goldstein/Khan 1985, S. 1066ff.). Eine Alternative könnte deshalb in der Anwendung eines von Almon (1965) entwickelten Verfahrens liegen, das es erlaubt, für jeden Regressor ein individuelles Anpassungsmuster zu spezifizieren. Allerdings wird dieser Vorgehensweise ein hohes Maß an Willkür nachgesagt, und eine fehlerhafte Spezifikation hat darüber hinaus erhebliche Auswirkungen auf die Eigenschaften des Kleinst-Quadrate-Schätzers (Judge et al. 1985, S. 359f.). Auch im vorliegenden Fall werden diese Vermutungen insofern bestätigt, als bei einer ergänzend mit dem Almon-Verfahren durchgeführten Schätzung die gewählten Vorgaben hinsichtlich des Polynomgrades, der Anzahl der Lags und der vorgenommenen Endpunktrestriktionen einen maßgeblichen Einfluß auf die Größenordnung und die Vorzeichen der Preiselastizitäten

[15] Dadurch wird erreicht, daß die Symmetriebedingung erfüllt ist, wonach unabhängig davon, ob der bilaterale Wechselkurs in Einheiten der Währung des Landes i oder des Landes j ausgedrückt wird, die Unsicherheitsvariable stets denselben Wert annehmen muß.

[16] Beide Verfahren beruhen auf der Einbeziehung der verzögerten endogenen Variable, unterscheiden sich jedoch hinsichtlich der unterstellten Autokorrelationsstruktur der Störvariable (vgl. Koutsoyiannis 1977, S. 304ff.).

ausüben. Eine Unterscheidung, ob die ermittelte Lag-Struktur der tatsächlichen entspricht oder ob sie durch die Wahl der Vorgaben prädeterminiert wird, ist nicht möglich. Aus diesem Grund werden in den nachfolgenden Tabellen nur die Schätzungen vorgestellt, die auf dem Koyck/Nerlove-Modell basieren.

Die Verwendung von drei Preisindizes als erklärende Variablen in den Importnachfragefunktionen beinhaltet die Gefahr, Multikollinearitäten in das Regressionsmodell hineinzutragen. Mittels der Bildung von Preisverhältnisvariablen oder durch den Ausschluß einzelner Preisindizes wird deshalb versucht, die Zahl der erklärenden Preisvariablen zu verringern.

Die Gleichungen (5) und (6) werden mit der zweistufigen Kleinst-Quadrate-Methode geschätzt. Sofern sich die Proxy-Variablen für die Exportpreisindizes PX_{ij} nur in ihrer verzögerten Form als statistisch signifikant erweisen, wird auf die einstufige Kleinst-Quadrate-Methode zurückgegriffen. In den Fällen, in denen die Nullhypothese auf Abwesenheit von Autokorrelation in den Residuen bei gleichzeitigem Einschluß der verzögerten endogenen Variable abzulehnen ist, wird ein Bereinigungsverfahren gemäß Cochrane-Orcutt durchgeführt, wobei auch die um eine Periode verzögerten vorherbestimmten Variablen als Instrumente einbezogen werden. Denn nur so ist, wie Fair (1970) gezeigt hat, die Konsistenz der Kleinst-Quadrate-Schätzer gewährleistet.

In den Tabellen 7 bis 11 sind die auf dieser Grundlage erzielten Ergebnisse für die bilateralen Importnachfragefunktionen wiedergegeben. Der Schätzzeitraum umfaßt dabei Quartalsdaten von 1976 bis 1989. Somit ist selbst bei Heranziehung der für einen 2-Jahreszeitraum berechneten Wechselkursunsicherheitsvariable gewährleistet, daß nur Beobachtungen aus der Floatingperiode in die Schätzungen eingehen. Für die Importe der Bundesrepublik Deutschland aus Großbritannien muß der Schätzzeitraum dagegen um zwei Jahre verkürzt werden, da sich anderenfalls kein signifikanter Preiseinfluß nachweisen läßt. In drei Fällen wird zudem das reale Sozialprodukt durch das entsprechende (geschätzte) Produk-

Tabelle 7

Bilaterale Importfunktionen für die Bundesrepublik Deutschland

Importe der BRD aus ...	Frankreich 1976 II-1989 IV	Großbritannien 1977 II-1988 IV	Japan 1976 II-1989 IV	USA 1976 II-1989 IV
Absolutglied	C -8,05 (6,45)	C -5,54 (2,73)	C -10,55 (3,20)	C -4,95 (4,31)
Einkommens-variable	YR 1,75 (8,47)	YR 1,01 (2,82)	YT 1,86 (3,23)	YT 1,01 (4,58)
Preisvariable	PX/PY -1,07 (5,89)	PX/PXW -0,30 (1,87)	$(PX/PY)_{-1}$ -0,26 (2,00)	PX/PXI -0,25 (2,02)
Unsicherheits-variable	U24 -0,02 (0,56)	U24 -0,02 (0,41)	U24 -0,04 (2,21)	U12 -0,01 (0,66)
Saison-Dummy	S3 -0,06 (3,33)	S3 -0,12 (5,19)	S3 -0,13 (7,27)	S3 -0,11 (4,33)
verzögerte endogene Variable	-	M_{-1} 0,74 (9,79)	M_{-1} 0,68 (7,38)	M_{-1} 0,49 (4,30)
$\bar{R}^2$	0,93	0,94	0,98	0,80
DW	1,65	2,31	2,09	1,80
h	-	-1,22	-0,48	1,35
Rho	-	-0,28 (1,78)	-	-
Schätzmethode	TSLS	TSLS	OLS	TSLS

t-Werte der Schätzungen in Klammern; $\bar{R}^2$ ist das um die Zahl der Freiheitsgrade bereinigte Bestimmtheitsmaß; DW bezeichnet den Durbin-Watson-Koeffizienten, h den Durbin Koeffizienten; Rho ist der Koeffizient des autoregressiven Prozesses der Residuen nach Cochrane-Orcutt; TSLS (OLS) bezeichnet die zweistufige (einfache) Kleinst-Quadrate-Methode; Quellenangaben zu den verwendeten Daten finden sich im Anhang B.

Tabelle 8

Bilaterale Importfunktionen für Großbritannien

Importe Großbritanniens aus ...	Bundesrepublik Deutschland 1976 II-1989 IV	Frankreich 1976 II-1989 IV	Japan 1976 II-1989 IV	USA 1976 II-1989 IV
Absolutglied	C -5,13 (2,98)	C -7,20 (4,20)	C -2,91 (2,51)	C -1,91 (2,50)
Einkommens-variable	YR 1,30 (3,03)	YR 1,77 (4,26)	YR 0,67 (2,41)	YR 0,53 (2,78)
Preisvariable	$(PX/PXI)_{-1}$ -0,24 (2,20)	PX_{-1} -0,17 (1,62)	$(PX/PY)_{-2}$ -0,16 (2,09)	PX_{-1} PM -0,22 0,40 (2,04) (2,45)
Unsicherheits-variable	U12 0,008 (0,48)	U12 0,01 (0,38)	U12 0,01 (1,46)	U12 -0,02 (1,30)
Saison-Dummy	S3 -0,06 (3,33)	S3 -0,12 (5,19)	S3 0,02 (5,74)	S3 -0,07 (2,44)
verzögerte endogene Variable	M_{-1} 0,67 (6,37)	M_{-1} 0,48 (4,35)	M_{-1} 0,83 (12,46)	M_{-1} 0,55 (4,66)
$\bar{R}^2$	0,98	0,94	0,98	0,86
DW	1,93	1,99	1,82	1,89
h	0,42	0,04	0,75	0,85
Rho	-	-	-	-
Schätzmethode	OLS	OLS	OLS	OLS

Vgl. die Anmerkungen zu Tabelle 7.

Tabelle 9

Bilaterale Importfunktionen für die Vereinigten Staaten

Importe der USA aus ...	Bundesrepublik Deutschland 1976 III-1989 IV	Frankreich 1976 III-1989 IV	Großbritannien 1976 II-1989 IV	Japan 1976 II-1989 IV
Absolutglied	C	C	C	C
	-3,27 (2,64)	-2,96 (1,66)	-7,50 (4,10)	-4,60 (2,40)
Einkommens-variable	YR	YR	YR	YR
	0,51 (2,58)	0,48 (1,72)	1,24 (4,17)	0,80 (2,46)
Preisvariable	PX_{-1}	PX/PY	PX/PM	$(PX/PY)_{-1}$
	-0,29 (5,23)	-0,22 (3,52)	-0,30 (2,20)	-0,27 (3,20)
Unsicherheits-variable	U24	U24	U12	U24
	-0,009 (0,60)	-0,04 (2,80)	-0,004 (0,28)	-0,03 (1,98)
Saison-Dummy	S3	S3	S1	S2
	-0,08 (3,35)	-0,15 (2,43)	-0,07 (2,59)	0,04 (1,75)
verzögerte endogene Variable	M_{-1}	M_{-1}	M_{-1}	M_{-1}
	0,93 (18,31)	0,81 (8,90)	0,45 (3,79)	0,77 (9,37)
$\bar{R}^2$	0,95	0,93	0,89	0,97
DW	2,06	2,22	1,96	2,27
h	-0,22	-1,09	0,34	-1,26
Rho	-0,42 (3,09)	-0,56 (3,90)	-	-
Schätzmethode	OLS	TSLS	TSLS	OLS

Vgl. die Anmerkungen zu Tabelle 7.

Tabelle 10

Bilaterale Importfunktionen für Japan

Importe Japans aus ...	Bundesrepublik Deutschland 1976 III-1989 IV	Frankreich 1976 II-1989 IV	Großbritannien 1976 II-1989 IV	USA 1976 II-1989 IV
Absolutglied	C -29,46 (1,91)	C -14,52 (1,53)	C -3,75 (1,79)	C -1,22 (1,40)
Einkommens-variable	YR 3,10 (2,29)	YR 1,69 (1,95)	YR 0,53 (2,45)	YR 0,35 (2,90)
Preisvariable	$(PX/PY)_{-1}$ -0,69 (2,56)	PX/PY -0,99 (2,12)	PX/PY -0,48 (2,71)	PX/PY -0,24 (3,72)
Unsicherheits-variable	U24 -0,003 (0,10)	U24 0,03 (0,24)	U12 0,02 (0,59)	U24 -0,01 (0,48)
Saison-Dummy	S3 -0,04 (1,78)	-	S1 -0,15 (1,97)	S2 0,05 (1,96)
verzögerte endogene Variable	-	-	M_{-1} 0,54 (4,68)	M_{-1} 0,65 (6,97)
$\bar{R}^2$	0,97	0,87	0,76	0,93
DW	1,87	2,32	2,12	1,90
h	-	-	-0,85	0,49
Rho	0,96 (28,06)	0,79 (8,30)	-	-
Schätzmethode	OLS	TSLS	TSLS	TSLS

Vgl. die Anmerkungen zu Tabelle 7.

Tabelle 11

Bilaterale Importfunktionen für Frankreich

Importe Frankreichs aus ...	Bundesrepublik Deutschland 1976 II-1989 IV	Großbritannien 1976 II-1989 IV	Japan 1976 II-1989 IV	USA 1976 II-1989 IV
Absolutglied	C -13,89 (4,22)	C -7,18 (3,50)	C -16,80 (4,01)	C -6,98 (5,50)
Einkommens-variable	YR 2,36 (4,36)	YR 1,19 (3,47)	YT 2,68 (4,04)	YR 1,27 (5,68)
Preisvariable	PX -0,35 (3,25)	PX/PXI -0,32 (2,30)	PX/PY -0,45 (2,31)	PX/PM -0,21 (2,69)
Unsicherheits-variable	U12 0,02 (0,90)	U24 0,04 (2,20)	U12 -0,02 (0,82)	U12 0,01 (1,21)
Saison-Dummy	S3 -0,15 (7,77)	S3 -0,09 (4,39)	S3 -0,15 (4,35)	S3 -0,15 (8,33)
verzögerte endogene Variable	M_{-1} 0,52 (5,04)	M_{-1} 0,69 (7,77)	M_{-1} 0,47 (3,75)	M_{-1} 0,45 (4,66)
$\bar{R}^2$	0,92	0,96	0,95	0,93
DW	1,92	2,30	2,09	2,01
h	0,48	-1,47	-0,99	-0,06
Rho	-	-	-	-
Schätzmethode	TSLS	TSLS	TSLS	TSLS

Vgl. die Anmerkungen zu Tabelle 7.

tionspotential[17] ersetzt, um signifikante Einkommenseffekte zu erhalten. Da es sich bei den in der Statistik ausgewiesenen Importwerten zumeist um unbereinigte Daten handelt, werden zusätzlich drei saisonale Dummy-Variablen in das Regressionsmodell aufgenommen. Auf die Wiedergabe nicht signifikanter Dummy-Koeffizienten wird hier jedoch verzichtet.

Sämtliche Regressionsgleichungen erfüllen die üblichen statistischen Gütekriterien hinsichtlich der Höhe des multiplen Bestimmtheitsmaßes und der Abwesenheit von Autokorrelation in den Residuen. Die Koeffizienten der Einkommens- und Preisvariablen weisen das theoretisch erwartete Vorzeichen auf und sind - von wenigen Ausnahmen abgesehen - zumindest auf dem 10%-Niveau statistisch gesichert. Die Größenordnung der ermittelten Preiselastizitäten entspricht im wesentlichen dem Bild, das sich in den letzten Jahrzehnte herauskristallisiert hat. Danach ist die Marshall-Lerner-Bedingung zwar kurzfristig nicht erfüllt, aber langfristig ist in der Regel nicht mit anomalen Reaktionen der Handelsbilanzen auf etwaige Preisänderungen zu rechnen.

Was den Einfluß der Wechselkursunsicherheit anbetrifft, bestätigen die Ergebnisse das in den vorangegangenen Ausführungen deutlich zum Ausdruck gekommene ambivalente Bild. Die geschätzten Koeffizienten weisen zwar in der Mehrzahl ein negatives Vorzeichen auf, ein statistisch gesicherter Einfluß läßt sich aber nur in vier Fällen belegen. Hinzu kommt, daß die Importe Frankreichs aus Großbritannien offensichtlich positiv vom Wechselkursrisiko beeinflußt werden. Eine gewisse Bestätigung findet allenfalls Cushmans (1988) Ergebnis, wonach vor allem die Importe der Vereinigten Staaten durch die Wechselkursunsicherheit beeinträchtigt werden, da zwei der drei signifikant negativen Koeffizienten in den Importgleichungen für die Vereinigten Staaten auftreten.

In den Exportpreisfunktionen gemäß Gleichung (6) kann dagegen in keinem Fall ein signifikanter Einfluß der Wechselkursunsicher-

---

[17] Zur Berechnung dieser Variable vgl. die Ausführungen auf S. 90.

heit belegt werden. Deshalb wird hier auch auf eine Wiedergabe der Regressionsergebnisse verzichtet. Das von Hardy/Herrmann (1988) konstatierte Ergebnis, wonach Wechselkursunsicherheiten sich vornehmlich in erhöhten Exportpreise niederschlagen, kann demnach nicht bestätigt werden. Außerdem wäre selbst bei Vorliegen einer signifikanten Preisbeeinflussung ein handelshemmender Einfluß auf die Importe allenfalls langfristig denkbar, da die Importnachfrage kurzfristig generell preisunelastisch ist.

D. I. 3. Sektorale Handelsströme

Bei einer empirischen Analyse sektoraler Handelsströme treten im Hinblick auf das dazu benötigte Datenmaterial erhebliche Schwierigkeiten auf. Deshalb verwundert es nicht, daß bislang erst vier Studien vorliegen, die die Wirkungen unerwarteter Wechselkursveränderungen auf einer nach Gütergruppen disaggregierten Ebene untersuchen. Sie stammen von Coes (1979; 1981), Gosling (1986), Hardy/Herrmann (1988) und Maskus (1986a; 1986b). Die drei zuletzt genannten Beiträge sind dabei von besonderem Interesse, weil hier für die aggregierten Handelsströme keine oder nur geringe Wechselkursunsicherheitseffekte nachgewiesen werden, wohl aber für die sektoral disaggregierten Im- oder Exporte.

Bei Gosling (1986) werden die Exporte Großbritanniens sowohl insgesamt als auch nach 13 Gütergruppen differenziert untersucht. Die sektoralen Schätzgleichungen für die Exportmengen und -preise weisen vielfach signifikante Unsicherheitskoeffizienten mit dem "richtigen" Vorzeichen auf: Sie sind negativ in den Mengengleichungen und positiv in den Preisgleichungen. Allerdings verwendet Gosling ein Risikomaß, das auf nominalen Wechselkursen basiert. Geeigneter wäre jedoch eine Kennziffer, denen gütergruppenspezifische reale Wechselkurse zugrunde liegen. Dieser Einwand läßt sich auch gegenüber der Untersuchung von Hardy und Herrmann (1988) vorbringen, in der für vier Industrieländer Import- und Exportfunktionen geschätzt werden, die zusätzlich nach 22 Gütergruppen disaggregiert sind. Allerdings ist hier der Schätzzeitraum mit nur 11 jährlichen Beobachtungen extrem kurz, so daß den Ergebnissen eine gewisse Skepsis entgegenzubringen ist. Hinzu kommt, daß in den sektoralen Importfunktionen für die Bundesrepublik Deutschland, die Vereinigten Staaten und Großbritannien signifikante Unsicherheitseffekte nahezu ausschließlich mit einem positiven Vorzeichen auftreten.

Die bislang einzige empirische Untersuchung, in der Außenhandelsströme sowohl sektoral als auch regional nach Liefer- und Empfängerländern disaggregiert werden, stammt von Maskus (1986a; 1986b). Untersucht werden die nach insgesamt sieben Gütergruppen differenzierten Im- und Exporte der Vereinigten Staaten mit seinen vier wichtigsten Handelspartnern - die Bundesrepublik Deutschland, Großbritannien, Japan und Kanada. Maskus findet in 26 von 64 geschätzten Gleichungen negative und statistisch signifikante Wechselkursunsicherheitskoeffizienten. Allerdings werden die Regressionsergebnisse nicht dokumentiert. Zudem werden Kennziffern für die Wechselkursunsicherheit verwendet, die auf dem ersten Moment der Verteilung beruhen und insofern nicht in Einklang mit der Risiko-Nutzen-Theorie stehen. Außerdem wird ihre exakte Berechnungsweise nicht deutlich, so daß eine generelle Bewertung der Ergebnisse für Außenstehende nicht möglich ist.

Einen Sonderfall stellt die empirische Untersuchung von Coes (1979) dar. Denn hier werden die Wirkungen analysiert, die mit einer Reduzierung der Unsicherheit in bezug auf reale Wechselkursveränderungen verbunden sind. Dabei wird für die nach 13 Sektoren disaggregierten Exporte Brasiliens, das 1968 eine Stabilisierung des Cruzeiro/US-Dollar-Wechselkurses vorgenommen hat, aufgrund der dadurch verminderten Schwankungen des realen Wechselkurses eine exportsteigerndere Wirkung vermutet. Die verwendete Unsicherheitsvariable erweist sich in 11 der 13 sektoralen Exportgleichungen als statistisch signifikant, offen bleibt aber, ob nicht eher die Aufhebung zahlreicher der zuvor verhängten handelsbeschränkenden Maßnahmen, die mit der Wechselkursanbindung an den US-Dollar einherging, ursächlich für die vermehrten Exporte gewesen ist (vgl. Mussa 1981).

Nimmt man alle Ergebnisse zusammen, treten auf der sektoralen Ebene offenbar häufiger signifikante Wechselkursunsicherheitseffekte auf, so daß eine in diesem Sinne weitergehende Analyse vielversprechend erscheint. Ehe hier damit begonnen wird, soll jedoch zunächst über einige Studien berichtet werden, die als methodische Vorgehensweise die Querschnittsanalyse verwenden, denn die eigene Untersuchung wird sich ebenfalls dieser Technik bedienen, wobei es unter anderem das Ziel ist, einige Fehler, die in den bisherigen Arbeiten gemacht worden sind, nach Möglichkeit zu vermeiden.

D. II. Querschnittsanalysen

Die nachfolgenden Ausführungen sollen einen Überblick über empirische Untersuchungen geben, die den Einfluß der Wechselkursunsicherheit auf den internationalen Handel im Rahmen von Querschnittsanalysen aufzudecken versuchen. Während in Zeitreihenuntersuchungen ein eindeutig handelshemmender Einfluß der Wechselkursunsicherheit bislang nicht nachgewiesen werden konnte, bieten die Ergebnisse von Querschnittsanalysen insofern ein anderes Bild, als sie in der Mehrzahl einen negativen und gleichfalls statistisch signifikanten Einfluß unerwarteter Wechselkursveränderungen auf den internationalen Handel belegen.

In methodischer Hinsicht lassen sich die bislang vorliegenden Untersuchungen in drei Gruppen einordnen. Zur ersten zählen die Beiträge, die von vornherein auf die Erzielung einer möglichst hohen Erklärungskraft des gewählten Schätzansatzes - gemessen anhand des multiplen Bestimmtheitsmaßes - verzichten und sich statt dessen auf die Überprüfung einzelner Hypothesen beschränken.

Kenen (1979) hat beispielsweise einen Schätzansatz gewählt, in dem die Wachstumsraten der realen Exporte von 16 Industrieländern durch eine Trendvariable, eine Wechselkursvariable und eine Unsicherheitsvariable erklärt werden. Ein signifikanter Einfluß unerwarteter Wechselkursveränderungen ist jedoch nicht nachweisbar. Der Anteil der erklärten Varianz an der Gesamtvarianz der abhängigen Variable beträgt allerdings weniger als 10 Prozent und unterschreitet damit selbst das für Querschnittsanalysen ohnehin geringere Akzeptanzniveau. Noch rudimentärer ist der von Edwards (1989) verwendete Schätzansatz, wo die Wachstumsraten der realen Exporte von 23 Entwicklungsländern gegen eine Konstante und eine Wechselkursunsicherheitsvariable regressiert werden. Ein signifikanter Einfluß der Wechselkursunsicherheit ist auch hier nicht nachweisbar, und die "Erklärungskraft" des Modells ist ebenfalls äußerst gering. Ähnliches läßt sich auch über die Untersuchung von Thursby/Thursby (1985) berichten, in der der Einfluß der Wechselkursunsicherheit auf die Veränderungsrate des Anteils der Exporte am Sozialprodukt für 20 Industrieländer untersucht wird.

Diese drei Studien zählen zu den Ausnahmen, indem ein handelshemmender Effekt als Folge der Wechselkursunsicherheit nicht bestätigt wird. Es bleibt aber letztlich offen, ob dieses Ergebnis auf die Verwendung rudimentärer Schätzansätze oder auf die jeweiligen Besonderheiten der empirischen Untersuchungen zurückgeführt werden muß. Denn Kenen (1979) und Thursby/Thursby (1985) analysieren lediglich die ersten Jahre des Systems flexibler Wechselkurse, und Edwards (1989) befaßt sich nur mit den Handelsströmen zwischen Entwicklungsländern. Daß die Nichtberücksichtigung wichtiger erklärender Variablen im linearen Regressionsmodell zu verzerrten Schätzergebnissen führt, dürfte hinlänglich bekannt sein. Allerdings ist a priori keine Aussage darüber möglich, wie gravierend die Verzerrung ist, die dadurch in Kauf genommen wird (vgl. Pindyck/Rubinfeld 1981, S. 129).

Als Alternative zu der reinen Hypothesenüberprüfung mit rudimentären Schätzansätzen liegt es nahe, ein Modell zu verwenden, daß unabhängig vom Untersuchungsziel einen hohen Erklärungsgehalt für sich beanspruchen kann, und dieses dann durch die Einbeziehung einer Unsicherheitsvariablen zu erweitern. Eine Möglichkeit, die hierfür in Frage kommt, ist der Gravitationsansatz. Die theoretische Fundierung dieser Modellvariante ist jedoch bislang nicht abschließend geklärt (Deardorff 1984, S. 503), so daß in einer Reihe von Untersuchungen modelltheoretische Ansätze benutzt worden sind, die sich an der zeitreihenanalytischen Vorgehensweise orientieren.[18]

Der Gravitationsansatz zur Erklärung der räumlichen Verteilung des internationalen Handels resultiert aus einer Übertragung der Newtonschen physikalischen Gesetzmäßigkeit auf den internationalen Handel, wonach die Anziehungskraft zwischen zwei Polen direkt proportional zu ihren Massen und umgekehrt proportional zum Quadrat der Entfernung zwischen ihnen ist (Lefeldt 1978, S. 110). Die Anwendung eines physikalischen Gesetzes zur Erklärung der Höhe und der Richtung des internationalen Handels führt zu der Aussage, daß der Handelsstrom zwischen zwei Ländern von den ökonomischen Potentialen und der räumlichen Entfernung zwischen ihnen bestimmt wird.

Erstmalig verwendet wurde der Gravitationsansatz in zwei unabhängig voneinander entstandenen Arbeiten von Tinbergen (1962) und Pöyhonen (1963a; 1963b). Als Kennziffern der ökonomischen Potentiale werden dabei nominale Sozialproduktsdaten für die jeweiligen Handelspartner verwendet. Geschätzt wird eine in den Logarithmen lineare Funktion der Form

$$(7) \quad X_{ij} = a_0 Y_i^{a_1} Y_j^{a_2} D_{ij}^{a_3} ,$$

wonach die wertmäßige Höhe des Handelsstroms zwischen Land i und Land j (X_{ij}) positiv vom Exportpotential des Lieferlandes j (Y_j) und der Nachfrage im Empfängerland i (Y_i) und negativ von den Transportkosten abhängt (Tinbergen 1962, S. 263). Die Raumüberwindungskosten werden dabei durch die geographische Entfernung zwischen beiden Ländern (D_{ij}) approximiert.[19]

---

18 Vgl. die Ausführungen auf S. 107f.

19 Eine größere Anwendung erfuhr das Gravitationsmodell durch Linnemann (1966), der sich auch um eine theoretische Herleitung der Gravitationsgleichung als

Die Vernachlässigung von Preisvariablen in Gleichung (7) und die damit einhergehende Außerachtlassung von Substitutionsbeziehungen ist unter Umständen noch vertretbar. Sie resultiert aus der statischen Sichtweise des Modells, bei der es sich um die ex post-Analyse eines Gleichgewichtszustandes handelt. Preise spielen zwar für das Erreichen dieses Zustandes eine wichtige Rolle, sind aber als endogene Größen aufzufassen und deshalb in der reduzierten Form des Modells nicht mehr enthalten (Leamer/Stern 1976, S. 146). Allerdings zeigen die Ergebnisse zeitreihenanalytischer Untersuchungen, daß selbst bei Verwendung von Jahresdaten nicht in jedem Fall gewährleistet ist, daß sämtliche Anpassungsreaktionen auf Preisänderungen innerhalb einer Periode abgeschlossen sind (Goldstein/Khan 1985, S. 1050f., Table 4.2).

Schwerer wiegt der Vorwurf, daß die in Gleichung (7) unterstellte multiplikative Verknüpfung der erklärenden Variablen, die für das Gravitationsmodell essentiell ist (Rohweder 1989, S. 49), nicht aus einem Gleichgewichtsansatz abgeleitet werden kann, sondern auf einer ad hoc-Spezifikation beruht.

Trotz der fehlenden theoretischen Fundierung hat sich das Gravitationsmodell empirisch sehr gut bewährt: "In spite of their somewhat dubious theoretical heritage, gravity models have been extremely successful empirically" (Deardorff 1984, S. 503). Mithin liegt es nahe, den Gravitationsansatz durch die Einbeziehung einer Wechselkursunsicherheitsvariable zu erweitern.

Entsprechende Anwendungen des Gravitationsmodells haben Abrams (1980), Rohweder (1989) und Thursby/Thursby (1987) unternommen.[20] Gemeinsames Kennzeichen dieser Untersuchungen ist,

---

reduzierte Form eines "quasi-walrasianischen" Gleichgewichtsmodells (Linnemann 1966, S. 37) bemüht hat. Dies gelingt ihm jedoch erst durch die Heranziehung einiger restriktiver Annahmen (vgl. Rohweder 1989, S. 41ff.). Und auch neuere Versuche, dem Gravitationsmodell eine solide theoretische Fundierung zu geben, sind bislang unbefriedigend geblieben (vgl. Anderson 1979; Bergstrand 1985 und Bikker 1987).

20 Auf die Studie von Brada/Méndez (1988), die ebenfalls auf den Gravitationsansatz zur Erklärung der bilateralen Exporte zwischen 30 Industrie- und Entwicklungsländern zurückgreift, soll hier nicht näher eingegangen werden. Sie unterscheidet

daß sie ohne Ausnahme einen signifikanten Einfluß der Wechselkursunsicherheit auf den internationalen Handel belegen können.

Abrams (1980) findet in einer kombinierten Zeitreihen-Querschnittsuntersuchung, die sich über die Jahre 1973 bis 1976 erstreckt, einen signifikant negativen Einfluß der Wechselkursunsicherheit auf die bilateralen Exporte zwischen 19 Industrieländern. In methodischer Hinsicht ist diese Studie jedoch anfechtbar, weil die verwendeten Unsicherheitsvariablen nicht unabhängig von der Währungseinheit sind, in der der jeweils betrachtete bilaterale Wechselkurs ausgedrückt ist.

Die von Rohweder (1989) durchgeführte empirische Untersuchung verdient aus mehreren Gründen eine besondere Aufmerksamkeit. Sie ist erstens mit 86 einbezogenen Ländern relativ breit angelegt, und zweitens offenbaren die für die Jahre 1968, 1972, 1976, 1980 und 1983 durchgeführten Regressionen einige überraschende und zum Teil wenig plausible Ergebnisse. So ist in jedem der untersuchten Jahre ein statistisch signifikanter Einfluß der Wechselkursunsicherheit auf den bilateralen Handel nachweisbar. Das bedeutet: Auch in einem System fester Wechselkurse können Wechselkursrisiken einen handelshemmenden Einfluß ausüben. Des weiteren zeigt sich, daß der negative Effekt in den ersten Jahren der Floatingperiode am größten ausfällt und danach kontinuierlich abnimmt. Der 1983 gemessene handelsmindernde Einfluß unterschreitet in seiner quantitativen Bedeutung sogar den des Jahres 1968, was um so mehr überrascht als die berechneten Unsicherheitsindikatoren einen im Zeitablauf nicht unerheblichen Niveauanstieg erkennen lassen (vgl. Rohweder 1989, S. 98ff., Abbildungen IV.1-IV.11).

Noch weniger plausibel sind die Ergebnisse, die unter Verwendung einer auf realen Wechselkursen basierenden Unsicherheitsvariable erzielt werden. Obwohl sich diese Kennziffer im Niveau nur

---

sich von allen anderen dadurch, daß keine expliziten Risikokennziffern verwendet werden, sondern der Einfluß unterschiedlicher Wechselkurssysteme auf den bilateralen Handel mit Hilfe von Dummy-Variablen untersucht wird.

geringfügig von der entsprechenden nominalen Größe unterscheidet, geht von ihr ein deutlich geringerer handelsmindernder Einfluß aus als von der Unsicherheit in bezug auf die nominale Wechselkursentwicklung. Selbst Rohweder (1989, S. 127f.) fällt es schwer, hierfür eine überzeugende Begründung zu liefern.

Thursby/Thursby (1987) überprüfen in einem um mehrere erklärende Variablen erweiterten Gravitationsmodell den Einfluß der Wechselkursunsicherheit auf die Handelsstruktur von 17 Industrieländern. Für jedes der 17 Länder wird eine eigene Gleichung spezifiziert, in der die nominalen Exporte in die 16 anderen Länder für einen neun Jahre umfassenden Zeitraum erklärt werden. Für insgesamt acht Länder kann auf diese Weise ein signifikanter handelsmindernder Effekt der Wechselkursunsicherheit nachgewiesen werden. Darüber hinaus belegen einige zusätzlich durchgeführte Spezifikationstests, daß - bis auf wenige Ausnahmen - eine Diskriminierung zwischen Unsicherheitsmaßen, die auf realen beziehungsweise nominalen Wechselkursen basieren, nicht möglich ist.

Zu einer dritten Gruppe von Querschnittsanalysen zählen schließlich die Beiträge von De Grauwe (1987; 1988), De Grauwe/de Bellefroid (1987) und De Grauwe/Verfaille (1988). Anders als im Gravitationsmodell werden hier diejenigen Einflußfaktoren als erklärende Größen herangezogen, die in Einklang mit der Nachfragetheorie stehen und sich auch in Zeitreihenanalysen bewährt haben, nämlich Einkommens- und Preisvariablen. Außerdem werden in diesen Untersuchungen ausschließlich reale Größen verwendet.

Die Zielsetzung der von De Grauwe allein oder mit anderen durchgeführten Untersuchungen[21] unterscheidet sich insofern auch von den bisher behandelten Arbeiten, als hier die langfristigen

[21] Die vier Studien von De Grauwe (1987; 1988), De Grauwe/de Bellefroid (1987) und De Grauwe/Verfaille (1988) unterscheiden sich in bezug auf die Anzahl der einbezogenen Industrieländer und die untersuchten Zeiträume nur geringfügig voneinander. Aus diesem Grund erübrigt es sich, auf jede einzelne detailliert einzugehen.

Wirkungen der Wechselkursunsicherheit auf den internationalen Handel analysiert werden. Dazu werden die für einen längeren Zeitraum berechneten durchschnittlichen Wachstumsraten der realen bilateralen Exporte zwischen mehreren Industrieländern durch die entsprechenden Wachstumsraten des realen Sozialprodukts im Import- und Exportland, die Veränderungsraten des realen Wechselkurses, eine Reihe von Dummy-Variablen, welche die Zugehörigkeit zu verschiedenen Handelsunionen erfassen soll, und eine Wechselkursunsicherheitsvariable erklärt. Das Ziel der Untersuchungen liegt deshalb in der Beantwortung der Frage, warum die langfristigen Wachstumsraten der bilateralen Exporte zwischen zwei unterschiedlichen Zeiträumen (feste Wechselkurse in den sechziger Jahren und flexible Wechselkurse in den siebziger und achtziger Jahren) einerseits und zwischen den Ländern innerhalb der jeweils betrachteten Teilperioden andererseits voneinander abweichen (De Grauwe 1988, S. 71).

Die Regressionsergebnisse belegen, daß die Unsicherheit über die reale Wechselkursentwicklung einen signifikanten handelshemmenden Einfluß ausübt. Eine auf der Basis der geschätzten Regressionskoeffizienten durchgeführte Berechnung zeigt zudem, daß dieser Faktor für etwa 20 Prozent der beobachteten Wachstumsminderung im internationalen Handels verantwortlich ist. Die Auswirkungen der Wechselkursrisiken erreichen demnach auch durchaus ökonomisch relevante Größenordnungen.

D. III. Unternehmensbefragungen

Abschließend soll im folgenden kurz auf die Ergebnisse von Unternehmensbefragungen eingegangen werden. Sie können eine nützliche Rolle spielen, indem sie die aus ökonometrischen Untersuchungen gewonnenen Erkenntnisse ergänzen, wenn bei der Erhebung eine Reihe von Mindestanforderungen erfüllt sind (vgl. IMF 1984a, S. 20). Dazu zählen die Wahl eines möglichst großen und repräsentativen Stichprobenumfanges sowie die sorgfältige Formulierung der Fragen im Hinblick auf das Erkenntnisziel.

In dieser Beziehung mit Mängeln behaftet sind die Untersuchungen, die Blin et al. (1981) und die Group of Thirty (1980) durchgeführt haben. Befragt wurden ausschließlich große und stark diversifizierte Unternehmen zu den allgemeinen Auswirkungen schwankender Wechselkurse auf ihre Geschäftstätigkeit. Die Zahl der antwortenden Firmen liegt in beiden Fällen unter 30 und dürfte deshalb kaum repräsentativ sein. Den erhaltenen Antworten ist jedoch zu entnehmen, daß mehrheitlich offenbar keine Beeinträchtigung des Außenhandelsengagements oder der Investitionstätigkeit stattgefunden hat.

Ein repräsentativeres Meinungsbild liefert dagegen eine im Auftrag des Bundeswirtschaftsministeriums erstellte Untersuchung des HWWA-Instituts für Wirtschaftsforschung (Scharrer et al. 1978).[22] Die Ergebnisse basieren auf einer schriftlichen Befragung von über 700 deutschen ex- und importierenden Unternehmen aller Wirtschaftszweige und Größenklassen, auf die ungefähr 33 Prozent der deutschen Ausfuhren und 16 Prozent der deutschen Importe entfallen. Sie belegen zwar mehrheitlich eine Präferenz der Unternehmen für feste Wechselkurse, eine Beeinträchtigung der Geschäftstätigkeit aufgrund erhöhter Wechselkursrisiken wird aber in ca. 70 Prozent der Antworten verneint. Verantwortlich dafür dürfte vor allem der hohe D-Mark-Fakturierungsanteil sein, der mit knapp 87 Prozent im Export und 43 Prozent im Import vor allem im zuletzt genannten Bereich weit über dem vergleichbarer Länder liegt (Page 1977, S. 77, Table 1 und Page 1981, S. 60, Table 1).[23] Die Ergebnisse sind allerdings mit der Einschränkung zu versehen, daß der Zeitpunkt der Befragung Anfang 1976 in eine Periode fällt, in der die

[22] Eine Zusammenfassung der wichtigsten Ergebnisse geben Gehrmann et al. (1977).

[23] Für die westlichen Industrieländer liegt der Anteil der Exporte, der in heimischer Währung fakturiert wird, bei ungefähr 2/3. Diese empirische Regelmäßigkeit wird mittlerweile als "Grassmans (1973a; 1973b) law" bezeichnet.

Meinung vorherrschend war, daß die damaligen starken Veränderungen der Wechselkurse auf kurze Sicht und die ausgeprägten Auf- und Abwärtsbewegungen auf mittlere und längere Sicht allenfalls ein vorübergehendes Phänomen darstellen würden.

Der Auswertung einer 1987 durchgeführten Befragung von ca. 5000 Unternehmen des verarbeitenden Gewerbes in der Bundesrepublik Deutschland durch das IFO-Institut für Wirtschaftsforschung (Herrmann 1988; 1990) durfte deshalb ein besonderes Interesse sicher sein. Von den etwa 1000 antwortenden Unternehmen nannten lediglich 16 Prozent eine verstärkte Inlandsmarktorientierung als Abwehrstrategie gegen unerwartete Wechselkursveränderungen. Eine Verlagerung des Auslandsgeschäfts auf wechselkursstabilere Regionen, zu denen aus bundesdeutscher Sicht die Mitgliedsländer des Europäischen Währungssystems sowie Österreich und die Schweiz zählen, wird ebenfalls nur von einem geringen Anteil der beteiligten Unternehmen vorgenommen. Zudem wird in dieser Studie das schon in der HWWA-Untersuchung erhaltene Ergebnis eines sehr hohen D-Mark-Fakturierungsanteils sowohl bei den Exporten als auch bei den Importen von neuem bestätigt.[24]

Faßt man die Befragungsergebnisse zusammen, so scheinen Wechselkursrisiken für bundesdeutsche Unternehmen offenbar kein vordringliches Problem darzustellen. Jedoch ist nicht auszuschließen, daß aufgrund von Anpassungsreaktionen auf Seiten des jeweiligen ausländischen Handelspartners, der das Wechselkursrisiko in der Mehrzahl der Fälle zu tragen hat, letztlich doch ein handelsmindernder Effekt eintritt.

[24] Die Deutsche Bundesbank hat kürzlich neueres Datenmaterial über die Fakturierungsgewohnheiten im deutschen Außenhandel veröffentlicht (vgl. o.V. 1991). Demzufolge betrug der D-Mark-Anteil im Exportgeschäft 1990 77% und ist damit im Vergleich zu dem entsprechenden Wert des Jahres 1980 (82,5%) leicht gesunken, während der Anteil der in D-Mark fakturierten Importgeschäfte von 43% (1980) auf 54,3% (1990) stark zugenommen hat.

E. Eine empirische Analyse bilateraler und sektoral disaggregierter Handelsströme

Zieht man ein vorläufiges Resümee, dann sind folgende Aspekte hervorzuheben: (1) Ein eindeutig negativer Einfluß der Wechselkursunsicherheit auf das Welthandelsvolumen und die globalen Im- und Exporte der Industriestaaten ist bislang nicht nachweisbar. (2) Trotz aller methodischen Einwände, die gegen die Aussagefähigkeit der vorliegenden Querschnittsuntersuchungen im vorangegangenen Abschnitt angeführt wurden, liegen vereinzelte Hinweise dafür vor, daß die Wechselkursunsicherheit den bilateralen Handel beeinträchtigt. Mitunter wird dies auch als ein Indiz für eine handelsumlenkende Wirkung von unerwarteten Wechselkursveränderungen interpretiert (Rohweder 1989, S. 135). Sofern diese Ergebnisse keine reinen statistischen Artefakte darstellen, sollten handelshemmende Effekte vornehmlich auf der warenmäßig disaggregierten Ebene auftreten. Eine systematische Untersuchung dazu steht aber bislang noch aus.

Die im folgenden vorzustellende empirische Analyse soll dazu beitragen, diese Lücke auszufüllen. Im Mittelpunkt steht dabei die Frage, ob auf der Ebene sektoral disaggregierter Importe ein handelsmindernder Effekt von der Unsicherheit in bezug auf die reale Wechselkursentwicklung ausgeht. Sofern diese Frage zu bejahen ist, kann weitergehend die häufig geäußerte These überprüft werden, daß dieser Einfluß mit steigendem Aggregationsniveau verschwindet beziehungsweise statistisch nicht mehr nachweisbar ist. Das für die vorliegende Untersuchung verfügbare Datenmaterial ermöglicht es, diese Behauptung einer detaillierten Prüfung zu unterziehen, indem den auf der tiefsten Disaggregationsstufe erzielten Schätzergebnissen diejenigen gegenübergestellt werden, die auf höher aggregierten Außenhandelsdaten basieren.

Ziel jeder empirisch ausgerichteten disaggregierten Analyse ist es, sektorspezifische Charakteristika ausfindig zu machen. In unserem

Zusammenhang ist es deshalb von besonderem Interesse zu überprüfen, ob sich einzelne sektorale Handelsströme identifizieren lassen, die im Vergleich zu anderen stärker durch unerwartete Wechselkursveränderungen beeinflußt werden. Die im folgenden noch näher zu begründende methodische Vorgehensweise, für verschiedene Jahre sektorale Importfunktionen zu schätzen, erlaubt hierzu eine vorläufige Aussage. Darüber hinaus ermöglicht sie auch eine Antwort auf die Frage, ob einzelne Jahre erkennbar sind, in denen alle oder eine Mehrzahl sektoraler Handelsströme durch Wechselkursrisiken beeinflußt werden, beispielsweise deshalb, weil die Unsicherheit in diesen Jahren in allen Sektoren ein besonders hohes Niveau angenommen hat.

Schließlich ist zu untersuchen, welchen quantitativen Einfluß die Wechselkursunsicherheit im Fall einer signifikanten Beeinflussung ausübt, weil statistische Signifikanz allein nicht schon in jedem Fall mit ökonomischer Relevanz gleichzusetzen ist. Dies geschieht durch die Gegenüberstellung der tatsächlich realisierten durchschnittlichen Wachstumsrate der bilateralen Importe mit einer hypothetischen Veränderungsrate, die sich ergeben hätte, wenn die Wechselkursunsicherheit geringer ausgefallen wäre.

Die weitere Vorgehensweise ist damit bereits vorgezeichnet. Zunächst werden die zugrundegelegten Außenhandelsdaten beschrieben und die vorgenommenen Datentransformationen erläutert. Dies ist deshalb besonders wichtig, weil sich aus den Besonderheiten des Datenmaterials die Begründung für den verwendeten Schätzansatz ergibt. Im Anschluß daran wird das zur Anwendung kommende Regressionsmodell präsentiert und die Auswahl der erklärenden Variablen ausführlich diskutiert. Ein besonderes Gewicht erfährt dabei die Konstruktion der Wechselkursunsicherheitsvariablen, weil hier erstmals Unsicherheitsindikatoren berechnet werden, die auf sektorspezifischen realen Wechselkursen basieren. In dem darauffolgenden Kapitel wird eine Auswahl aus den erzielten Schätzergebnissen vorgestellt und kommentiert. Anschließend wird eine allgemeine Bewertung dieser Resultate vorgenommen und versucht, die zu Beginn aufgeworfenen Fragen zu beantworten. Der Quantifizierung des Einflusses der Wechselkursunsicherheit ist sodann ein weiterer Abschnitt gewidmet.

E. I. Das Datenmaterial

Eine empirische Analyse, in der die Handelsströme gleichzeitig nach Ländern und Gütergruppen disaggregiert sind, ist mit erheblichen Schwierigkeiten im Hinblick auf die Zusammenstellung des dazu benötigten Datenmaterials verbunden. Denn während für eine länderspezifische Untersuchung, die sich die Erklärung sektoraler Außenhandelstransaktionen zum Ziel gesetzt hat, meist auf eine disaggregierte Volkswirtschaftliche Gesamtrechnung zurückgegriffen werden kann, die miteinander kompatible Außenhandels- und Produktionsdaten sowie Preisindizes verfügbar macht, ist dies bei einer länderübergreifenden Analyse nicht möglich. Deshalb muß hier der arbeitstechnisch sehr aufwendige Versuch unternommen werden, aus Statistiken, die internationale Organisationen - etwa die Vereinten Nationen, der Internationale Währungsfonds und die Organisation für wirtschaftliche Zusammenarbeit und Entwicklung - veröffentlichen, und aus den von den nationalen statistischen Ämtern bereitgestellten Angaben eine brauchbare Datenbasis aufzubauen.

Eine Hauptschwierigkeit resultiert daraus, daß Außenhandels- und Produktionsdaten bis vor kurzem nur in zwei verschiedenen und nicht unmittelbar miteinander kompatiblen Gütersystematiken verfügbar waren. Die Organisation für wirtschaftliche Zusammenarbeit und Entwicklung (OECD) veröffentlicht bilaterale und nach Gütergruppen disaggregierte nominale Import- und Exportdaten in der gütersystematischen Abgrenzung des Internationalen Warenverzeichnisses für den Außenhandel (Standard International Trade Classification, abgekürzt SITC),[1] während die Vereinten Nationen

---

[1] OECD: Foreign Trade Statistics, Series B (Trade by Country), Paris und OECD: Foreign Trade Statistics, Series C (Trade by Commodity), Paris.

reale Produktionsindizes nur gemäß der International Standard Industrial Classification (ISIC) bereitstellen.[2] Mittlerweile konnte diese Lücke weitgehend geschlossen werden, denn sowohl das HWWA-Institut für Wirtschaftsforschung als auch die OECD stellen jetzt miteinander kompatible Außenhandels- und Produktionsdaten in der Abgrenzung der ISIC zur Verfügung.[3]

Der Unterschied zwischen den beiden Systematiken besteht darin, daß die SITC produktorientiert ist, während die ISIC aktivitätsbezogen angelegt ist. Im Prinzip ist darin kein gravierendes Problem zu sehen, denn bei einem hinreichenden Disaggregationsgrad läßt sich jede ökonomische Aktivität so definieren, daß aus ihr die Herstellung genau eines Gutes resultiert. In der Praxis bilden die statistische Basis jedoch Betriebseinheiten, die eine (möglichst homogene) Gruppe von Produkten herstellen. Die Schwierigkeit liegt demnach darin, daß selbst auf der tiefsten SITC-Disaggregationsebene (Vier- und Fünfsteller) Güter vorhanden sind, die zwei oder mehreren ISIC-Sektoren zugeordnet werden können. Hier bieten sich zwei Vorgehensweisen an. Entweder kann eine schwerpunktmäßige Zuordnung des betreffenden Gutes auf einen ISIC-Sektor vorgenommen werden, oder es erfolgt eine Aufteilung auf die in Frage kommenden Sektoren.[4] Der zweiten Vorgehensweise ist von der OECD und dem HWWA-Institut gleichermaßen der Vorzug gegeben worden (Berthet-Bondet/Blades/Pin 1988, S. 4; Langer 1986, S. 27). Dennoch unterscheiden sich die daraus hervorgehenden disaggregierten Außenhandelsdaten voneinander, weil im HWWA-Institut eine Gleichaufteilung der nicht eindeutig zuordenbaren SITC-Außenhandelsdaten auf die relevanten ISIC-Sektoren vorgenommen wurde, während die OECD einer anteilsmäßigen

---

[2] United Nations: Industrial Statistics Yearbook, New York.

[3] Eine Übersicht über die einbezogenen Länder und die methodische Vorgehensweise beim Aufbau der HWWA-Welthandelsmatrix gibt Langer (1986). Über die OECD-Datenbank COMTAP (Compatible Trade and Production Data Base) informieren Berthet-Bondet/Blades/Pin (1988).

[4] Der Anteil der auf mehrere ISIC-Sektoren (Dreisteller) aufzuteilenden SITC-Daten beträgt 5,1 Prozent (Langer 1986, S. 27).

Aufteilung den Vorzug gegeben hat, was vordergründig betrachtet die geeignetere Methode zu sein scheint. Allerdings ist zu bezweifeln, ob diese Vorgehensweise tatsächlich zu besseren Ergebnissen führt, denn die verwendeten Gewichtungsfaktoren basieren auf Angaben, die nur für das Jahr 1975 ermittelt wurden und die zudem ausschließlich den Handel der EG-Mitgliedsländer untereinander berücksichtigen (Berthet-Bondet/Blades/Pin 1988, S. 4). Ein Vergleich zwischen den HWWA- und den OECD-Daten zeigt jedoch, daß sich - von vereinzelten Sektoren abgesehen, in denen zum Teil erhebliche Diskrepanzen feststellbar sind - die Unterschiede in durchaus noch tolerierbaren Größenordnungen bewegen. Bei den bilateralen Exportwerten fallen die Differenzen zwar insgesamt etwas größer aus als bei den bilateralen Importwerten (Langer 1986, S. 37), aber derartige Unstimmigkeiten müssen einfach hingenommen werden, wenn eine länderübergreifende Analyse, und nur für diesen Zweck lassen sich die Daten sinnvollerweise nutzen, vorgenommen werden soll.

Den hier durchgeführten Untersuchungen liegen die HWWA-Daten zugrunde. Es handelt sich dabei um bilaterale und auf der tiefsten Stufe (Dreisteller-Ebene) nach 28 Sektoren disaggregierte jährliche Importwerte zu laufenden (US-Dollar) Preisen von 1975 bis 1987 zwischen den zehn Industrieländern Belgien/Luxemburg, Bundesrepublik Deutschland, Frankreich, Großbritannien, Italien, Japan, Kanada, Niederlande, Schweden und Vereinigte Staaten. Mit dieser Länderauswahl wird versucht, einen möglichst großen Anteil des Welthandels zu erfassen, ohne zugleich die Datenbeschaffungsprobleme prohibitiv werden zu lassen.

Die in der ISIC-Systematik verwendete Sektoreneinteilung und -abgrenzung ist in Tabelle 12 wiedergegeben. Es handelt sich dabei nur um einen Auszug, weil die ISIC alle ökonomischen Aktivitäten in neun Abschnitte (Major Divisions) einteilt,[5] aber den nachfol-

---

[5] Bei diesen Abschnitten handelt es sich um (1) Agriculture, Hunting, Forestry and Fishing, (2) Mining and Quarrying, (3) Manufacturing, (4) Electricity, Gas and Water, (5) Construction, (6) Wholesale and Retail Trade and Restaurants and

Tabelle 12

Auszug aus der International Standard Industrial Classification (ISIC) of all Economic Activities

Major Divison 3: Manufacturing

Division	Major group	Title of category
31		**Manufacture of Food, Beverages and Tobacco**
	311/312	Food manufacturing
	313	Beverage industries
	314	Tobacco manufactures
32		**Textile, Wearing Apparel and Leather Industries**
	321	Manufacture of textiles
	322	Manufactures of wearing apparel, except footwear
	323	Manufacture of leather and products of leather, leather substitutes and fur, except footwear and wearing apparel
	324	Manufacture of footwear, except vulcanised or moulded rubber or plastic footwear
33		**Manufacture of Wood and Wood Products, including Furniture**
	331	Manufacture of wood and wood and cork products, except furniture
	332	Manufacture of furniture and fixtures, except primarily of metal
34		**Manufacture of Paper and Paper Products; Printing and Publishing**
	341	Manufacture of paper and paper products
	342	Printing, publishing and allied industries
35		**Manufacture of Chemicals and Chemical, Petroleum, Coal, Rubber and Plastic Products**

Division	Major group	Title of category
	351	Manufacture of industrial chemicals
	352	Manufacture of other chemical products
	353	Petroleum refineries
	354	Manufacture of miscellaneous products of petroleum and coal
	355	Manufacture of rubber products
	356	Manufacture of plastic products not elsewhere classified
36		**Manufacture of Non-Metallic Mineral Products, except Products of Petroleum and Coal**
	361	Manufacture of pottery, china and earthenware
	362	Manufacture of glass and glass products
	369	Manufacture of non-metallic mineral products not elsewhere classified
37		**Basic Metal Industries**
	371	Iron and steel basic industries
	372	Non-ferrous metal basic industries
38		**Manufacture of Fabricated Metal Products, Machinery and Equipment**
	381	Manufacture of fabricated metal products, except machinery and equipment
	382	Manufacture of machinery except electrical
	383	Manufacture of electrical apparatus, appliances and supplies
	384	Manufacture of transport equipment
	385	Manufacture of professional and scientific and measuring and controlling equipment not elsewhere classified, and of photographic and optical goods
39	**390**	**Other Manufacturing Industries**

Quelle: OECD, Industrial Structure Statistics, Part IV (Definitions of ISIC), Paris 1991, S. 91ff.

genden Untersuchungen nur Importwerte zugrunde liegen, die dem Abschnitt 3 (Industrieerzeugnisse) zurechenbar sind. Die 28 ISIC-Sektoren auf der Dreisteller-Ebene (Gütergruppen 311 bis 390) werden zu acht übergeordneten Hauptgruppen (Gütergruppen 31 bis 38) aggregiert, die wiederum zusammengefaßt den Abschnitt 3 (Industrieerzeugnisse) bilden. Die Wirkungen der Wechselkursunsicherheit können somit auf drei unterschiedlichen Aggregationsebenen untersucht werden.

Die Grundlage für die Spezifikation von Außenhandelsfunktionen bilden die Konsum- und die Produktionstheorie, in der jeweils eine funktionale Abhängigkeit der nachgefragten Menge vom Einkommen, von verschiedenen Preisen und anderen Einflußfaktoren unterstellt wird. Dementsprechend soll hier die empirische Analyse auch nur mit realen Werten, d.h. in einer um den Einfluß der Preisveränderungen bereinigten Weise, durchgeführt werden. In einem nächsten Schritt gilt es deshalb, adäquate Außenhandelspreisindizes für die Deflationierung auszuwählen. Dies erweist sich als die eigentliche Schwierigkeit beim Aufbau der Datenbasis. Da bilaterale Preisindizes selbst für die aggregierten Importe und Exporte generell nicht verfügbar sind, muß auf globale Außenhandelspreisindizes zurückgegriffen werden. Aber auch diese sind nicht für alle einbezogenen Länder in der benötigten Disaggregationstiefe und zudem nicht immer als "echte" Preisindizes, sondern oftmals nur in Form von sogenannten Indizes der Durchschnittswerte (unit values) verfügbar. Im Gegensatz zu Preisindizes, die in der Regel nach der Formel von Laspeyres berechnet werden und bei denen jeweils ein Warenkorb der Basisperiode verwendet wird, werden die Indizes der Durchschnittswerte ermittelt, indem die statistisch erhobenen Außenhandelswerte durch die dazugehörigen Mengengrößen dividiert und die daraus resultierenden Größen anschließend nach der Formel von Paasche als Indizes ausgedrückt werden. Anders als ein Laspeyres-Preisindex kann sich der (Paasche-) Index der Durch-

---

Hotels, (7) Transport, Storage and Communication, (8) Financing, Insurance, Real Estate and Business Services, (9) Community, Social and Personal Services.

schnittswerte deshalb auch dann ändern, wenn die Zusammensetzung des Warenkorbes variiert, ohne daß sich ein einziger Preis verändert hat. Allerdings ist zu erwarten, daß die Abweichungen zwischen einem Index der Durchschnittswerte und einem "echten" Preisindex um so geringer ausfallen, je homogener die in einer Gütergruppe zusammengefaßten Waren in bezug auf ihre Art und Qualität sind (Walter 1983, S. 688).

Für die Bundesrepublik Deutschland, Frankreich und Schweden können für nahezu alle Gütergruppen der ISIC-Systematik implizite Import- und Exportpreisindizes aus den "Industrial Structure Statistics" der OECD entnommen werden, und das niederländische statistische Amt hat für diese Untersuchung eigens aufbereitete Außenhandelspreisindizes zur Verfügung gestellt.[6] Für die anderen Länder liegen dagegen keine sektoral disaggregierten Preisindizes in der ISIC-Abgrenzung vor. In diesen Fällen wird - soweit möglich - auf andere disaggregierte Systematiken zurückgegriffen. So hat das US-amerikanische Arbeitsministerium dankenswerterweise sämtliche für die Vereinigten Staaten vorliegenden sektoralen Außenhandelspreisindizes zur Verfügung gestellt. Von den drei dort zur Auswahl stehenden Güterklassifikationen wird die SITC ausgewählt, weil sie die größte Übereinstimmung mit der ISIC aufweist und, im Gegensatz zu den anderen Gütersystematiken, die Verfügbarkeit disaggregierter Außenhandelspreisindizes am größten ist. Für Belgien/Luxemburg, Großbritannien und Italien muß dagegen auf eine Güterklassifikation zurückgegriffen werden, die im Rahmen der Europäischen Gemeinschaft Verwendung findet (NACE-CLIO). Die disaggregierten NACE-CLIO-Daten für diese drei Länder und die US-amerikanischen Außenhandelspreisindizes werden dann der jeweiligen ISIC-Gütergruppe zugeordnet, wobei gewisse Ungenauigkeiten in Kauf zu nehmen sind, da keine exakte Zuordnungsvorschrift zur Verfügung steht. Das gleiche gilt auch für die im Falle Japans verwendeten Import- und Export-Unit Values, die einer

---

[6] Präzise Quellenangaben zu den verwendeten Preisindizes finden sich im Anhang B. An dieser Stelle soll nur die allgemeine Vorgehensweise skizziert werden.

Publikation des dortigen Handelsministeriums entnommen sind. Lediglich für Kanada liegen keine sektoralen Außenhandelspreisindizes vor. Auf Anfrage teilte das kanadische statistische Amt mit, daß eine Berechnung von Preisindizes gemäß der ISIC-Nomenklatur zwar prinzipiell möglich ist, aber mit einem sehr hohen Arbeitsaufwand und dementsprechend hohen Kosten verbunden wäre.

Die vorliegenden Preisindizes werden - soweit erforderlich - auf eine einheitliche Basis (1980 = 100) gebracht und gemäß Gleichung (1) aus der jeweiligen Landeswährung in US-Dollar umgerechnet:

$$(1) \quad P_{US\text{-}\$} = \frac{P * S_{80}}{S},$$

wobei $P_{US\text{-}\$}$ den Außenhandelspreisindex in US-Dollar (1980 = 100), P den korrespondierenden Preisindex in der jeweiligen Landeswährung, S den Wechselkurs der Währung des betrachteten Landes gegenüber dem US-Dollar in der üblichen Preisnotierung und S_{80} den entsprechenden Durchschnittswechselkurs des Jahres 1980 bezeichnet.

Mit den auf diese Weise berechneten Außenhandelspreisindizes auf US-Dollar-Basis werden insgesamt 3330 nominale Handelsströme (je 90 bilaterale Importwerte zwischen den einbezogenen zehn Ländern in den 28 Gütergruppen 311 bis 390 und den acht Gütergruppen 31 bis 38 sowie der aggregierten Gütergruppe 3: "Industrieerzeugnisse") deflationiert. Von wenigen Ausnahmen abgesehen, erfolgt die Preisbereinigung jeweils mit dem Importpreisindex des Empfängerlandes. Der Deflationierung mit dem Importpreisindex wird deshalb der Vorzug vor der ebenfalls möglichen Bereinigung mit dem Exportpreisindex des Lieferlandes gegeben, weil es sich bei den vorliegenden Importwerten mit Ausnahme der Importe Kanadas um c.i.f-Werte handelt und die Importpreise in der Regel ebenfalls als c.i.f.-Größen ausgedrückt sind.

Die Einfuhren Kanadas werden dagegen mit dem Exportpreisindex des jeweiligen Lieferlandes deflationiert. Diese Vorgehensweise wird auch in den Fällen angewendet, in denen für bestimmte

Sektoren einiger Länder keine Importpreisindizes verfügbar sind. Sofern auf der tiefsten Disaggregationsebene für einen bestimmten bilateralen Handelsstrom weder ein Importpreisindex noch ein Exportpreisindex zur Verfügung steht, wird auf den Preisindex der nächst höheren Aggregationsstufe und - wenn auch dieser nicht vorliegt - auf den Gesamtimportpreisindex zurückgegriffen.

Zeitreihen mit jährlichen sektoralen Außenhandelspreisindizes stehen für die einzelnen Länder wie folgt zur Verfügung:

- Bundesrepublik Deutschland, Frankreich, Schweden: 1975 - 1987
- Niederlande: 1978 - 1988
- Belgien/Luxemburg, Großbritannien: 1979 - 1988
- Italien: 1980 - 1988
- Japan, Vereinigte Staaten: 1980 - 1988, für einzelne Gütergruppen auch 1975 - 1988.

Aufgrund fehlender Preisindizes für die siebziger Jahre umfassen die berechneten Zeitreihen der realen Importe den Zeitraum 1980 bis 1987. Lediglich für die aggregierten bilateralen Importe in der Gütergruppe 3 stehen Zeitreihen mit jährlichen Angaben von 1975 bis 1987 zur Verfügung, weil für alle Länder zumindest ein entsprechender Gesamtimportpreisindex greifbar ist.

E. II. Der Schätzansatz

Da das Fehlen einer hinreichenden Anzahl von Beobachtungen eine Zeitreihenanalyse für die realen disaggregierten Handelsströme unmöglich macht,[7] kommt als Auswertungsmethode nur die Querschnittsanalyse in Betracht. Diese ist aber keinesfalls nur als

---

[7] Die ökonometrische Schätzung jedes einzelnen bilateralen Handelsstroms in Form der Zeitreihenanalyse würde unter der Voraussetzung, daß dafür eine hinreichende Beobachtungszahl vorliegt, zu 3330 Schätzgleichungen führen, deren Ergebnispräsentation darüber hinaus den Rahmen dieser Arbeit sprengen müßte.

eine Verlegenheitslösung anzusehen, denn im Gegensatz zu einer Zeitreihenuntersuchung wird damit eine unmittelbare Überprüfung der Hypothese möglich, daß die Wechselkursunsicherheit die Struktur des internationalen Handels beeinflußt. Ein Beispiel soll dies verdeutlichen. Wenn die Ausgangsfrage lautet, warum die Wachstumsrate der Importe des Landes A aus Land B innerhalb eines gegebenen Zeitraums die Veränderungsrate der Importe des Landes C aus dem Land B übersteigt, dann kann dafür neben anderen Einflußfaktoren auch die Unsicherheit bezüglich des realen Wechselkurses zwischen den Währungen der Länder A und B im Vergleich zur Wechselkursunsicherheit zwischen den Währungen der Länder B und C eine wichtige Erklärungsgröße sein. Die unter Umständen aus einer erhöhten Wechselkursunsicherheit resultierenden handelshemmenden Effekte lassen sich deshalb auch im Rahmen einer Querschnittsanalyse ausfindig machen.

Die Schätzung von bilateralen Außenhandelsfunktionen im Rahmen einer Querschnittsanalyse ist in der empirisch orientierten Literatur weit verbreitet. So sind damit beispielsweise die Handelseffekte von allgemeinen Zollsatzsenkungen und der Errichtung von Zollunionen untersucht worden. Verwendet werden dabei in der Regel Niveaugrößen, was aber im vorliegenden Fall nicht möglich ist, weil in die Modellgleichung neben anderen Variablen auch der reale Wechselkurs als erklärende Größe eingeht. Die übliche Vorgehensweise, die bilateralen Handelsströme in einer gemeinsamen Währung - zumeist dem US-Dollar - auszudrücken, ist deshalb generell nicht anwendbar. Denn sobald Preisrelationen ins Spiel kommen, ergäbe sich in diesem Fall die wenig sinnhafte Erklärung eines (beispielsweise) in US-Dollar ausgedrückten Handelsstroms durch den realen D-Mark/Pfund-Wechselkurs. Dieses Dimensionsproblem kann deshalb nur durch die Bildung von Wachstumsraten ausgeräumt werden.

Das verwendete Modell zur Erklärung der bilateralen Importe lautet formal:

$$(2)\quad M_{ijk} = a_1 * M_{ik} + a_2 * A_{jk} + a_3 * W_{ijk} + a_4 * U_{ijk} + a_5 * DUMMY$$

$i,j = 1,2,...,10$, mit $i \neq j$

$k = 1,2,...28$ (Gütergruppen 311 bis 390) bzw. $k = 1,2,...,8$ (Gütergruppen 31 bis 38) bzw. $k = 1$ (Gütergruppe 3).

Die einzelnen Variablen haben dabei folgende Bedeutung:

M_{ijk} = Wachstumsrate der realen Importe des Landes i aus Land j in der Gütergruppe k.

M_{ik} = Wachstumsrate der realen Gesamtimporte des Landes i in der Gütergruppe k.

A_{jk} = Wachstumsrate der realen Industrieproduktion des Lieferlandes j im Sektor k.

W_{ijk} = Wachstumsrate des realen Wechselkurses zwischen der Währung des Landes i und der Währung des Landes j für den Sektor k.

U_{ijk} = Wechselkursunsicherheitsvariable zwischen Land i und Land j für den Sektor k.

DUMMY = Dummy-Variable : $\begin{cases} 1, \text{ falls Importland i EG-Mitglied ist} \\ 0, \text{ sonst} \end{cases}$

Die Berechnung der Wachstumsraten erfolgt in allen Fällen durch die Bildung von logarithmischen Differenzen. Die Zeitreihen mit jährlichen Veränderungsraten umfassen daher für die disaggregierten Handelsströme auf der zwei- und dreistelligen Disaggregationsebene die Periode von 1981 bis 1987, während für die aggregierten Importe in der Gütergruppe 3 jährliche Beobachtungen für den Zeitraum von 1976 bis 1987 vorliegen.

Bevor die auf der Basis von Gleichung (2) erzielten Schätzergebnisse auszugsweise vorgestellt und kommentiert werden, soll im folgenden zunächst die Auswahl der erklärenden Variablen begründet und ihre jeweilige Konstruktion beziehungsweise das dazu herangezogene Datenmaterial erläutert werden.

E. II. 1. Die Aktivitätsvariablen

Die Verwendung der Wachstumsrate der realen Gesamteinfuhren des jeweiligen Importlandes als Aktivitäts- oder Skalenvariable ist nicht selbstverständlich, sondern bedarf einer näheren Begründung. Bei der Spezifikation traditioneller Importfunktionen (vgl. z.B. Goldstein/Khan 1985) wird als Indikator der wirtschaftlichen Aktivität im Einfuhrland zumeist das reale Bruttoinlandsprodukt oder eine verwandte Größe herangezogen. Aber die Verwendung dieser Größen wird schon für aggregierte Importmodelle verschiedentlich als nicht angemessen kritisiert, denn es wird damit implizit unterstellt, daß sämtliche darin enthaltene Endnachfragekomponenten einen gleich großen Einfluß auf die Höhe der Importe ausüben (vgl. Westphal 1983, S. 218). Dieser Einwand scheint um so berechtigter zu sein, je stärker die Einfuhren warenmäßig disaggregiert sind. Deshalb ist es in diesem Fall üblich, die Aktivitätsvariable in gleicher Weise zu disaggregieren wie die Importe, indem für die Importgüter, die über den Handel direkt von den privaten Haushalten nachgefragt werden, eine funktionale Abhängigkeit von dem jeweils in Betracht kommenden Ausgabenanteil am privaten Konsum unterstellt wird und für die Güter, die als Vorprodukte fungieren (sog. intermediäre Importe) sektorale Bruttoproduktionswerte als erklärende Größen herangezogen werden (vgl. z.B. Price/Thornblade 1972).

Aber auch diese Vorgehensweise ist als unbefriedigend einzuschätzen, weil die Trennung zwischen den direkten und den indirekten Importen sowie die Zuordnung der Vorleistungsimporte zu den inländischen Produktionssektoren allein auf Plausibilitätsüberlegungen beruht. Exaktere Angaben könnte nur eine Zeitreihe von Importmatrizen geben, welche die nach ausländischen Liefersektoren aufgegliederten Importdaten unter Benutzung eines Importverwendungsschlüssels den inländischen Verwendungs- beziehungsweise Empfängersektoren zuordnen. Dieser Weg stößt aber schon in Untersuchungen, die sich auf die sektoral disaggregierten Importe eines Landes aus dem Ausland insgesamt beschränken, auf erhebliche Schwierigkeiten (vgl. Röhling 1984 und Scheiper 1984). In einer länderübergreifenden Analyse ist er angesichts des Fehlens kompatibler Input-Output-Rechnungen völlig ausgeschlossen. Die einzige noch verbleibende Möglichkeit wäre zu unterstellen, daß es sich bei den Importen ausschließlich um Vorleistungsprodukte handelt, die jeweils nur im korrespondierenden inländischen Sektor Verwendung finden. Dies würde aber erfordern, daß die Importmatrizen ausschließlich auf der Hauptdiagonalen besetzt sind, wenn man eine funktionale Abhängigkeit der sektoralen Importe von den in der ISIC-Abgrenzung verfügbaren disaggregierten realen Produktionswerten unterstellen will.

Angesichts derartiger Problem wird hier die Veränderungsrate der Gesamtimporte der jeweils betrachteten Gütergruppe des Einfuhrlandes als Aktivitätsvariable herangezogen. Diese Vorgehensweise erfolgt jedoch nicht ohne jedwede theoretische Fundierung, denn sie kann sich auf einen Ansatz von Armington (1969) stützen, wo die Produkte nach ihrem Herstellungsort unterschieden werden und ein zweistufiger Entscheidungsprozeß zur Bestimmung der bilateralen Importe unterstellt wird. Auf der ersten Stufe wird die Gesamthöhe der Einfuhr in Abhängigkeit vom Einkommen, dem (globalen) Importpreisindex und dem Preisindex inländischer Konkurrenzprodukte festgelegt. Auf der zweiten Stufe wird dagegen über die Aufteilung der Einfuhr auf die einzelnen Lieferländer entschieden. Die bilaterale Importnachfrage ist in diesem Allokationsmodell abhängig von der - auf der zweiten Entscheidungsebene vorgegebenen - Gesamthöhe der Einfuhr, von bilateralen Importpreisindizes und von sonstigen Einflußfaktoren.[8]

---

8 Empirische Anwendungen des Armington-Modells stammen u.a. von Barten

E. II. 2. Die Angebotsdeterminanten

Während in einer Untersuchung, die im Rahmen eines Zwei-Länder-Konzeptes die Veränderung der gesamten Importe eines (kleinen) Landes im Zeitablauf erklären will, von einer unendlichen Elastizität des ausländischen Exportangebots ausgegangen werden kann, ist diese Annahme im bilateralen Kontext nicht mehr aufrechtzuerhalten. Das gilt um so mehr, je stärker die Einfuhren warenmäßig disaggregiert sind: "the imports of a particular commodity from a particular supplying country may be significantly affected by changes in supply conditions in that country" (Rhomberg 1970, S. 8). Daher sind in diesem Fall Angebotseinflüsse bei der Spezifikation des Importmodells mit zu berücksichtigen.

Die Formulierung eines Modells, in dem die (warenmäßig disaggregierten) bilateralen Importe gleichermaßen durch Nachfragedeterminanten im Importland, Angebotseinflüsse im Lieferland und durch Einflußfaktoren in anderen potentiellen Lieferländern bestimmt werden, kommt dieser Anforderung sehr nahe. Allerdings steht dem die Nichtverfügbarkeit des dazu benötigten statistischen Datenmaterials entgegen, so daß eine derartige Vorgehensweise nicht möglich ist. Die meist übliche nachfrageorientierte Betrachtungsweise zur Erklärung der bilateralen Handelsströme soll hier deshalb zumindest durch die Einbeziehung einer ausländischen Angebotsvariable in den Schätzansatz (2) ergänzt werden.

Nicht geklärt ist damit jedoch, in welcher Form Exportangebotseinflüsse in die Schätzgleichung integriert werden können. Unter Bezugnahme der auf Adam Smith zurückgehenden "Vent for Surplus"-Theorie (vgl. Rose 1986, S. 269), wonach neben anderen Faktoren auch etwaige Überschußkapazitäten Außenhandelsaktivitäten begründen,[9] könnte etwa mit - unter Umständen zeitlich ver-

---

(1971), Geraci/Prewo (1982), Hickman/Lau (1973) und Scheiper (1984). Kohli (1985) hat ein Allokationsmodell entwickelt und empirisch geschätzt, das auf der Produktionstheorie beruht, d.h. in dem unterstellt wird, daß es sich bei den Importen ausschließlich um Vorleistungsgüter handelt.

9 Im Gegensatz zur klassischen Theorie, in der unterstellt wird, daß jedes Land

zögerten - Indizes gearbeitet werden, die den Auslastungsgrad des Produktionspotentials im Exportland wiedergeben. Je geringer die Produktionskapazitäten ausgelastet sind, desto größer müßte unter sonst gleichen Bedingungen der Angebotsüberschuß im Exportland sein und desto ausgeprägter wäre demnach das Bemühen, diesen Überschuß durch einen vermehrten Export abzubauen. Der Außenhandel übernimmt in dieser Sichtweise die Rolle eines "Ventils" für im Inland nicht vollständig absetzbare Güter.

Da statistische Angaben über die Kapazitätsauslastung, die zu dem hier verwendeten Disaggregationsschema kompatibel sind, nicht zur Verfügung stehen, werden als Angebotsvariablen Indizes der sektoralen realen Industrieproduktion herangezogen. Diese werden von den Vereinten Nationen und der OECD für die hier berücksichtigten Länder und in der gütersystematischen Abgrenzung der ISIC veröffentlicht.[10] In den Fällen, in denen für einige Sektoren keine Produktionsindizes verfügbar sind, wird auf den entsprechenden Index der benachbarten Gütergruppe oder den Index des übergeordneten Sektors zurückgegriffen.

E. II. 3. Die Preisvariablen

Die Einbeziehung von Preisvariablen in das Regressionsmodell (2) bedarf keiner näheren Begründung, zumindest dann nicht, wenn als Auswertungsmethode die Zeitreihenanalyse gewählt wird. In einer Querschnittsanalyse stellt sich die Situation jedoch anders dar. Legt man das Gravitationsmodell zugrunde, dann werden Außen-

auf dem effizienten Rand der Transformationskurve produziert und der Übergang von der Autarkiesituation zum Außenhandel zu einer Verschiebung des Produktionspunktes entlang der Transformationskurve führt, wird im "Vent for Surplus"-Ansatz angenommen, daß es in der Autarkiesituation unterbeschäftigte Faktoren gibt, die nach der Aufnahme von Außenhandel Exportgüter produzieren, ohne daß dadurch die Produktion anderer Güter eingeschränkt werden muß.

10 United Nations: Industrial Statistics Yearbook, Volume I (General Statistics), New York; OECD: Indicators of Industrial Activity, Paris.

handelsfunktionen in der Regel ohne Berücksichtigung von Preisvariablen geschätzt, was mit dem Anspruch begründet wird, lediglich Gleichgewichtssituationen zu untersuchen, in denen sämtliche Mengenreaktionen auf Preisänderungen bereits abgeschlossen sind (Leamer/Stern 1976, S. 146f.). Darüber hinaus werden auch praktische Gründe angeführt, denn bei den üblichen Preisindizes handelt es sich um Meßzahlen, die nur die preisliche Veränderung des betrachteten Güterbündels in der Berichtsperiode gegenüber der Basisperiode ausdrücken, nicht aber die in einer Querschnittsanalyse benötigten länderübergreifenden Preisniveaurelationen widerspiegeln (Taplin 1967, S. 441).

Für den hier verwendeten Schätzansatz sind jedoch beide Argumente nicht relevant. Der Annahme einer ständigen Markträumung widersprechen eine Reihe von Untersuchungen, wonach durch Preisveränderungen verursachte Mengenreaktionen aufgrund verschiedener Wirkungsverzögerungen noch nach vier oder fünf Jahren nachweisbar sind (Junz/Rhomberg 1973). Selbst die Anhänger des Gravitationsmodells empfehlen daher, eine empirische Analyse mit Durchschnittsdaten aus mehreren Jahren durchzuführen (Leamer/Stern 1976, S. 147). Der zweite Einwand ist in unserem Zusammenhang dagegen schon deshalb hinfällig, weil die empirische Untersuchung unter Rückgriff auf jährliche Veränderungsraten durchgeführt wird.

Zur Berechnung der sektorspezifischen realen Wechselkurse werden Erzeugerpreisindizes (Producer Prices) herangezogen, die als einzige disaggregierte Preisindizes für alle einbezogenen Länder in der ISIC-Abgrenzung verfügbar sind. Die Konstruktion der für die Schätzung benötigten Querschnittsreihen erfolgt anschließend in mehreren Schritten, die im folgenden näher erläutert werden sollen.

In einem ersten Schritt werden 90 bilaterale nominale Wechselkurse zwischen den Währungen der 10 Länder als Kreuzkurse der D-Mark gegenüber den Währungen der neun anderen Länder berechnet. Dabei werden Monatsdaten von Januar 1975 bis Dezember 1987 zugrundegelegt. Im nächsten Schritt werden die sektorspezifischen realen Wechselkurse wie folgt berechnet:

$$(3)\quad R_{ijk} = \frac{S_{ij} * P_{jk}}{P_{ik}}, \quad i,j = 1,...,10 \;, \; i \neq j \;;$$

$$k = 1,...,28 \;\; \text{bzw.} \;\; k = 1,...,8 \;\; \text{bzw.} \;\; k = 1 \,.$$

Dabei bedeuten:

S_{ij} = nominaler Wechselkurs zwischen den Währungen der Länder i und j ausgedrückt in Einheiten der Währung des Importlandes i für eine Einheit der Währung des Exportlandes j.

P_{jk} = Erzeugerpreis des Exportlandes j in der Gütergruppe k, ausgedrückt in der Währung des Landes j (1980 = 100).

P_{ik} = Erzeugerpreis des Importlandes i in der Gütergruppe k, ausgedrückt in der Währung des Landes i (1980 = 100).

In den Fällen, in denen für einzelne Länder keine Erzeugerpreisindizes auf der dreistelligen ISIC-Ebene vorhanden sind, wird analog zur Vorgehensweise bei der Deflationierung der nominalen Importwerte verfahren. Sofern über den gesamten Zeitraum keine Preisindizes vorliegen, wird auf den Preisindex der übergeordneten Gütergruppe zurückgegriffen oder, wenn auch dieser nicht vorliegt, auf den Erzeugerpreisindex der Gütergruppe 3 (Industrieerzeugnisse). Sind dagegen bestimmte Preisindizes nur über Teilzeiträume verfügbar - zumeist ab Januar 1980, in wenigen Fällen auch erst ab Januar 1983 -, werden die realen Wechselkurse auch nur für diese Zeiträume berechnet.[11]

Insgesamt werden auf diese Weise 3330 Zeitreihen mit monatlichen bilateralen realen Wechselkursen von - soweit möglich - Januar 1975 bis Dezember 1987 gebildet, wobei die Symmetriebedingung

$$R_{ijk} = 1 / R_{jik}$$

---

[11] Auf welche Weise in diesen Fällen die Querschnittsreihen gebildet werden, wird im folgenden noch detailliert erläutert.

gilt. Da der ökonometrischen Untersuchung jährliche Veränderungsraten zugrunde liegen, werden auch die realen monatlichen Wechselkurse mittels einer Durchschnittsbildung auf Jahresbasis umgerechnet und anschließend Wachstumsraten in Form logarithmischer Differenzen gebildet. Dadurch lautet die Symmetriebedingung nunmehr:

$$W_{ijk} = -W_{jik} ,$$

wobei W_{ijk} (W_{jik}) die Veränderungsrate des realen Wechselkurses zwischen den Währungen der Länder i und j (zwischen den Währungen der Länder j und i) für den Sektor k bezeichnet.

In einem letzten Schritt werden aus den Zeitreihen mit Jahresdaten Querschnittsreihen mit jeweils 90 Beobachtungen zusammengestellt, und zwar in der aggregierten Gütergruppe 3 für jedes der Jahre 1975 bis 1987 und in den disaggregierten Gütergruppen für die Jahre 1980 bis 1987. Für 1975 beziehungsweise 1980 werden ebenfalls Veränderungsraten der bilateralen Wechselkurse berechnet, obwohl sich die ökonometrische Untersuchung auf den Zeitraum 1976 bis 1987 beziehungsweise 1981 bis 1987 beschränkt, weil a priori nicht ausgeschlossen werden kann, daß eine Reaktion der Importnachfrage auf eine Veränderung des realen Wechselkurses erst mit einer zeitlichen Verzögerung stattfindet. Diese Vorgehensweise hat jedoch mit der Schwierigkeit fertig zu werden, daß die Erzeugerpreisindizes in der aggregierten Gütergruppe 3 erst ab 1975 verfügbar sind, für die Berechnung der Veränderungsraten des Jahres 1975 gegenüber 1974 aber Daten ab Januar 1974 benötigt werden. In diesem Fall wird auf die jährlichen Veränderungsraten der Konsumgüterpreisindizes zurückgegriffen. Bei den disaggregierten Reihen stellen sich ähnliche Probleme ein, wenn für einzelne Gütergruppen Erzeugerpreisindizes nicht über den gesamten Zeitraum verfügbar sind, sondern nur über eine Teilperiode. Hier werden in der Querschnittsreihe die fehlenden Veränderungsraten durch die Wachstumsraten der jeweils übergeordneten Gütergruppe ersetzt.

Abschließend bleibt noch auf eine problematische Annahme hinzuweisen, die der Schätzgleichung (2) zugrunde liegt. Es wird dort unterstellt, daß die Importe des Landes i aus Land j nur vom realen Wechselkurs zwischen den Währungen dieser beiden Länder beeinflußt werden, nicht aber von den realen Wechselkursen zwischen der Währung des Importlandes und den Währungen anderer potentieller Exportländer. Diese Prämisse stellt mithin eine erhebliche Restriktion im Hinblick auf etwaige Substitutionsmöglichkeiten dar. Sie muß aber in Kauf genommen werden, da die erforderliche zusätzliche Berechnung einer zweiten Preisvariablen, etwa in Form des gewogenen realen Wechselkurses des Importlandes gegenüber allen anderen Exportländern, angesichts der gewählten Disaggregationstiefe arbeitstechnisch nicht möglich ist. Eine geeignete Proxy-Variable steht ebenfalls nicht zur Verfügung. So haben Versuche mit den (nicht sektorspezifischen) effektiven realen Wechselkursen, wie sie der Internationale Währungsfonds berechnet,[12] gezeigt, daß diese Variable keinen signifikanten Einfluß auf die bilaterale Importnachfrage ausübt.

E. II. 4. Die Wechselkursunsicherheitsvariablen

Analog zur Berücksichtigung sektorspezifischer Preisvariablen werden hier Wechselkursunsicherheitsindikatoren verwendet, die auf sektorspezifischen realen Wechselkursen basieren. Damit unterscheidet sich die methodische Vorgehensweise von anderen disaggregierten empirischen Studien (vgl. Abschnitt D. I. 3, S. 100ff.), wo der Verzicht auf die Berechnung derartiger Unsicherheitsindikatoren zumeist mit dem Argument verteidigt wird, daß die Wechselkursunsicherheit ein makroökonomisches Phänomen darstellt, von dem alle Sektoren der Volkswirtschaft in gleicher Weise betroffen werden (Hardy/Herrmann 1988, S. 114f.). Sofern die kurzfristigen Wirkungen der Wechselkursunsicherheit analysiert werden, ist diesem Argument kaum zu widersprechen. Denn in der kurzen Frist

---

[12] International Monetary Fund: International Financial Statistics, Washington.

sind es vornehmlich Schwankungen der nominalen Wechselkurse, von denen Unsicherheiten ausgehen. Langfristig ist hingegen vor allem die Unsicherheit bezüglich der realen Wechselkursentwicklung bedeutsam, und dementsprechend sollten in einer sektoral ausgerichteten Untersuchung auch sektorspezifische Unsicherheitsmaße Verwendung finden.

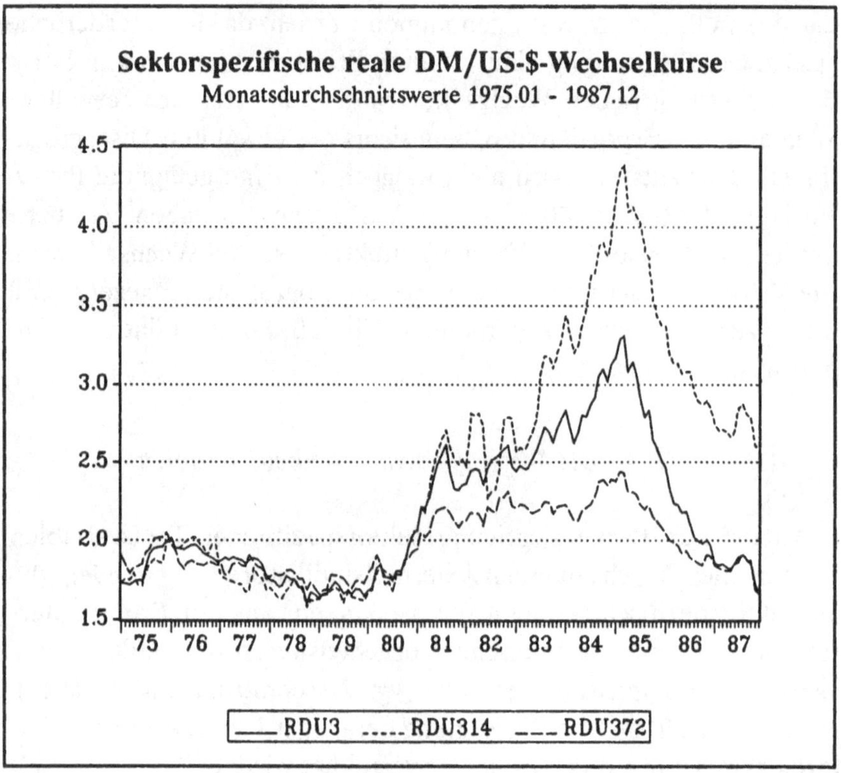

Abbildung 10

Daß die reale Wechselkursentwicklung für einzelne Sektoren durchaus unterschiedlich ausfallen kann, belegen die in Abbildung 10 wiedergegebenen sektorspezifischen realen DM/US-$-Wechselkurse. Von den insgesamt 28 realen DM/US-$-Relationen auf der dreistelligen ISIC-Ebene werden die beiden Sektoren 314 (Erzeugnisse der tabakverarbeitenden Industrie) und 372 (NE-Metallerzeugnisse) ausgewählt, weil die Unterschiede hier am größten ausfallen. Als Vergleichsgröße wird auch der reale Wechselkurs für den aggregierten Sektor 3 (Industrieerzeugnisse) abgebildet, der demgegenüber ein Verlaufsmuster aufweist, wie es auch für den unter Verwendung von Konsumgüterpreisindizes berechneten realen DM/US-$-Kurs charakteristisch ist (vgl. Abb. 2, S. 69).

Während sich in den siebziger Jahren die reale Kursentwicklung für alle Sektoren relativ gleichförmig darstellt, sind in den achtziger Jahren deutliche Unterschiede festzustellen. Einen detaillierteren Einblick in das Zeitreihenverhalten der drei ausgewählten sektorspezifischen Kurse vermitteln die in Tabelle 13 zusammengestellten Kenngrößen, wobei als Vergleichsmaßstab jetzt auch der nominale DM/US-$-Kurs mit einbezogen wird.[13]

Der reale US-Dollar-Wechselkurs für den Sektor 314 weist, gemessen anhand der Standardabweichung monatlicher Veränderungsraten, die größte Variabilität auf und mußte darüber hinaus als einziger der hier betrachteten Austauschrelationen im Durchschnitt des zugrundeliegenden Zeitraums einen Anstieg gegenüber dem US-Dollar hinnehmen.[14] Die Korrelationskoeffizienten belegen zwar eine gleichförmige Entwicklung zwischen dem nominalen Wechselkurs und dem unter Verwendung eines aggregierten Preisindizes berechneten realen Kurs, sie zeigen aber auch, daß die sektorspezifischen realen Kurse ein von der nominalen Kursentwicklung relativ unabhängiges Zeitreihenverhalten aufweisen.

---

[13] Auf die Wiedergabe des nominalen DM/US-Wechselkurses wird in Abbildung 10 verzichtet, weil die zeitliche Entwicklung nahezu identisch mit dem realen Wechselkurs für den aggregierten Sektor 3 verläuft (vgl. Abb. 2, S. 69).

[14] Vgl. die Vorzeichen der Mittelwerte in Tabelle 13.

Tabelle 13

Deskriptive Maße für einzelne reale DM/US-$-Wechselkurse

Monatliche Veränderungsraten 1975.02 - 1987.12

Wechselkurs: [a]	Mittelwert	Standardabweichung	Korrelationskoeffizienten	
WDU	-0,24	2,73	WDU, RDU3 0,96	RDU3, RDU314 0,62
RDU3	-0,02	2,78	WDU, RDU314 0,62	RDU3, RDU372 0,73
RDU314	0,27	3,84	WDU, RDU372 0,73	RDU314, RDU372 0,40
RDU372	-0,09	2,57		

a) WDU bezeichnet die monatlichen Veränderungsraten des nominalen DM/US-$-Wechselkurses. RDU3, RDU314 und RDU372 sind die unter Verwendung sektorspezifischer Erzeugerpreisindizes (Sektoren 3, 314 und 372) gebildeten monatlichen Veränderungsraten realer DM/US-$-Wechselkurse.

Ausgehend von den monatlichen realen Wechselkurszeitreihen werden für jeden bilateralen Wechselkurs zwei Unsicherheitsmaße berechnet, die wiederum in jeweils drei Ausprägungen auftreten. In der empirischen Untersuchung kommen somit insgesamt sechs Unsicherheitsindikatoren zur Anwendung:

A1: Standardabweichung der monatlichen Veränderungsraten innerhalb eines Zwei-Jahreszeitraums, d.h. Standardabweichung der 23 monatlichen Wachstumsraten dieser Periode. Die Standardabweichung ist wie folgt definiert:

$$\hat{\sigma}_{1_{ijk}} = \sqrt{\frac{1}{T-1}\sum (W_{ijk_t} - \bar{W}_{ijk})^2} \,,$$

$$\text{mit } \bar{W}_{ijk} = \frac{1}{T}\sum W_{ijk_t} \,.$$

Dabei bezeichnet

$$W_{ijk_t} = \ln R_{ijk_t} - \ln R_{ijk_{t-1}}$$

die Veränderungsrate des realen Wechselkurses zwischen Land i und Land j für den Sektor k.

A2: wie A1, jedoch unter Zugrundelegung eines Drei-Jahreszeitraums.

A3: wie A1, jedoch unter Zugrundelegung eines Vier-Jahreszeitraums.

B1: Standardfehler der Regressionsgleichung:

$$\ln R_{ijk_t} = a_0 + a_1 * \ln R_{ijk_{t-1}} + e_t \,.$$

Diese Gleichung wird für alle bilateralen Wechselkurse und für jeweils zwei Jahre umfassende Zeiträume geschätzt. Der Standardfehler der Schätzung berechnet sich wie folgt:

$$\hat{\sigma}_{2_{ijk}} = \sqrt{\frac{1}{T-2}\sum (\ln R_{ijk_t} - \hat{a}_0 - \hat{a}_1 \ln R_{ijk_{t-1}})^2}$$

$$= \sqrt{\frac{1}{T-2}\sum \hat{e}_t^2} \,,$$

wobei $\hat{a}_0$ und $\hat{a}_1$ die aus der obigen Regressionsgleichung resultierenden Schätzwerte für a_0 und a_1 und $\hat{\epsilon}_t$ die (geschätzten) Residuen bezeichnen.

B2: wie B1, jedoch unter Zugrundelegung eines Drei-Jahreszeitraums.

B3: wie B1, jedoch unter Zugrundelegung eines Vier-Jahreszeitraums.

Die Einbeziehung der in dieser Weise berechneten Unsicherheitsindikatoren in die Schätzgleichung (2) soll im folgenden kurz anhand eines Beispiels verdeutlicht werden. In die Importfunktion für das Jahr 1987 (Wachstumsraten der bilateralen Importe 1987 gegenüber 1986)[15] gehen als Kennziffern der Unsicherheit bezüglich der realen Wechselkursentwicklung in der Variante A1 die Standardabweichungen monatlicher Veränderungsraten der bilateralen Wechselkurse von 1986.02 bis 1987.12 ein, in der Variante A2 die Standardabweichungen von 1985.02 bis 1987.12 und in der Variante A3 die Standardabweichungen von 1984.02 bis 1987.12. In analoger Weise wird mit den Unsicherheitsmaßen in den Varianten B1, B2 und B3 verfahren.

In den Fällen, in denen für einige Länder auf der dreistelligen ISIC-Ebene monatliche Erzeugerpreisindizes zur Berechnung der realen Wechselkurse nicht über den gesamten Zeitraum verfügbar sind, werden die Unsicherheitsindikatoren der nächst höheren Aggregationsstufe in die Querschnittsreihen aufgenommen. Wenn beispielsweise für einen Sektor Erzeugerpreisindizes erst ab Januar 1980 vorliegen, werden die Unsicherheitsindikatoren A2 und B2 erstmals für das Querschnittsjahr 1982 und die Indikatoren A3 und B3 erstmals für das Querschnittsjahr 1983 berechnet. Die daraus resultierenden Lücken in den Querschnittsreihen werden anschlie-

---

[15] Diese Vorgehensweise ist für alle Gütergruppen identisch. Deshalb wird hier auf die explizite Benennung einer Gütergruppe verzichtet.

ßend durch die Werte der Unsicherheitsindikatoren der übergeordneten ISIC-Gruppe ausgefüllt.

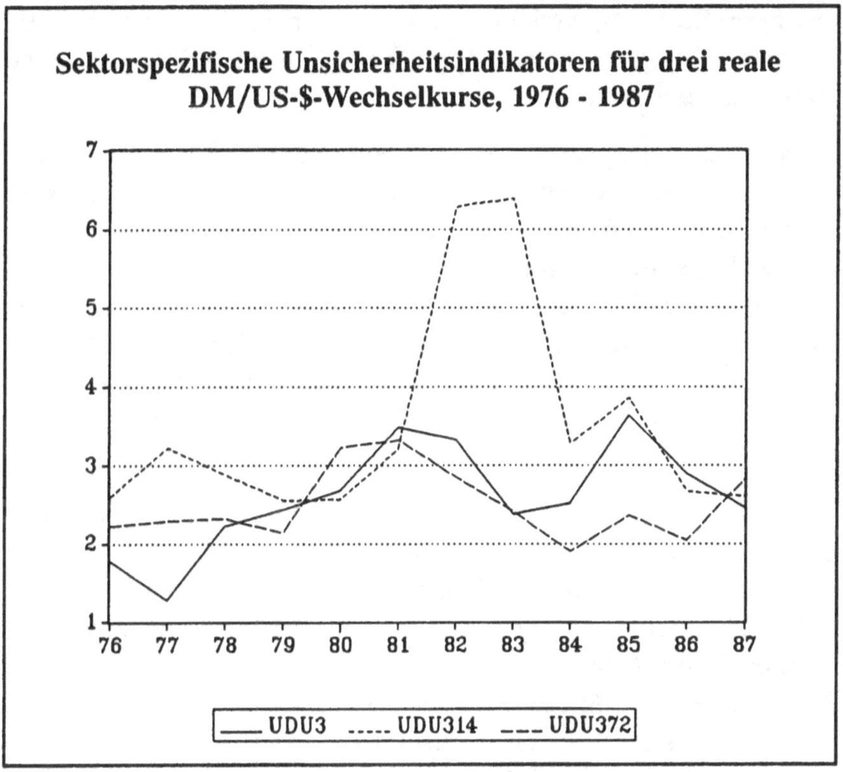

Abbildung 11

Der zeitliche Verlauf des Unsicherheitsindikators A1 ist in Abbildung 11 - wiederum beispielhaft für den DM/US-$-Kurs - graphisch dargestellt.[16] Das Schaubild läßt die Unterschiede hinsichtlich der

[16] UDU3, UDU314 und UDU372 bezeichnen die Unsicherheitsindikatoren für die sektorspezifischen realen DM/US-$-Kurse (Sektoren 3, 314 und 372).

realen Wechselkursunsicherheit, die zwischen den einzelnen Sektoren bestehen, deutlich erkennen. So war der Sektor 314 zu Beginn der achtziger Jahre einer wesentlich höheren Unsicherheit ausgesetzt als die beiden anderen in der Abbildung berücksichtigten Sektoren. Dieser Befund unterstreicht nochmals die Notwendigkeit, in einer disaggregierten empirischen Analyse sektorspezifische Variablen zu verwenden.

Die Begründung für die Wahl jeweils dreier, zeitlich verschieden abgegrenzter Grundzeitperioden, für die die Unsicherheit gemessen wird, liegt in der Absicht, unter anderem die langfristigen Wirkungen der Wechselkursunsicherheit zu untersuchen. Da a priori keine Informationen darüber zur Verfügung stehen, wie weit zeitlich zurückliegende Wechselkursveränderungen die Entscheidungen von im Außenhandel engagierten Unternehmen beeinflussen, ist es zweckmäßig, mit unterschiedlichen Periodenabgrenzungen zu arbeiten.

Die Verwendung zweier unterschiedlich definierter Unsicherheitsmaße - in Form der Standardabweichung monatlicher Veränderungsraten und des Standardfehlers eines autoregressiven Prozesses 1.Ordnung - bedarf hingegen einer näheren Erläuterung. Im zweiten Kapitel dieser Arbeit wurde bereits darauf hingewiesen, daß die Standardabweichung der Wechselkursveränderungsraten nur dann ein geeignetes Maß zur Quantifizierung der Unsicherheit ist, wenn die Wechselkurse einem Random Walk-Prozeß folgen. Mit Hilfe mehrerer statistischer Testverfahren konnte darüber hinaus gezeigt werden, daß die nominalen und realen Wechselkurse der Währungen der in diese Untersuchung einbezogenen Länder ein approximatives Random Walk-Verhalten aufweisen. Damit ist zwar noch nicht der Beweis erbracht, daß die Random Walk-Hypothese auch für die hier verwendeten sektoralen realen Wechselkurse gilt, es spricht jedoch einiges dafür, daß eine derartige Annahme nicht unbegründet ist. Denn in einer Reihe von Untersuchungen über das Zeitreihenverhalten realer Wechselkurse, denen andere Preisindizes zugrunde liegen, haben sich ähnliche Resultate ergeben,[17] und mehrheitlich hat sich mittlerweile die Einschätzung durchgesetzt, daß die reale Wechselkursentwicklung vor allem durch die nominale Kursentwicklung dominiert wird (Marston 1989, S. 151).[18] Da für die nominalen Wechselkurse die Random Walk-Hypothese in den meisten Studien nicht abgelehnt werden kann, ist bei kurzfristig relativ starren Güterpreisen auch für die reale Kursentwicklung ein solches Zeitreihenverhalten zu erwarten. Allerdings ist diese Argumentation vornehmlich spekulativ, denn eindeutige Aussagen lassen sich nur auf der Basis detaillierter statistischer Tests treffen, die aber - angesichts der mehr als 1500 verschiedene Zeitreihen umfassenden bilateralen Wechselkurse - den Rahmen dieser Arbeit sprengen würden.

Aus diesem Grund wird die Wechselkursunsicherheit zusätzlich mit einem zweiten Maß erfaßt, das kein Random Walk-Verhalten der realen Wechselkurse unterstellt. Die Marktteilnehmer gehen in diesem Fall bei ihrer Erwartungsbildung von der historischen Wechselkursentwicklung in dem vorangegangen Zwei-, Drei-, oder Vier-Jahreszeitraum aus und bestimmen auf der Basis der Regressionsgleichung

$$(4)\quad \ln R_t = a_0 + a_1 * \ln R_{t-1} + e_t$$

den erwarteten Wechselkurs.[19] Das mit dieser Prognose verbundene Risiko wird anschließend mittels der quadrierten Abstände des tatsächlichen Wechselkurses von dem prognostizierten Wert quantifiziert.

Der Zusammenhang zwischen den beiden verwendeten Unsicherheitsmaßen läßt sich mit Hilfe der Autoregressionsgleichung (4)

---

[17] Vgl. die im Abschnitt C zitierte Literatur.

[18] Eine Ausnahme stellt allerdings der sogenannte Gleichgewichtsansatz der Wechselkursentwicklung dar. Vgl. dazu die Ausführungen im Abschnitt C dieser Arbeit.

[19] Da hier lediglich die grundsätzliche Vorgehensweise diskutiert wird, sind die länder- und sektorspezifischen Indizes vernachlässigt worden.

verdeutlichen. Im ersten Fall - der Standardabweichung der Wechselkursveränderungsraten - wird unterstellt, daß die Koeffizienten a_0 und a_1 die Werte Null und Eins annehmen. Gleichung (4) wird dann zu

$$(5)\quad \ln R_t = \ln R_{t-1} + \epsilon_t$$

oder

$$(6)\quad W_t = \epsilon_t,\ \text{mit}\ W_t = \ln R_t - \ln R_{t-1}\ .$$

Die Standardabweichung kann in diesem Fall auch wie folgt ausgedrückt werden:

$$\hat{\sigma}_1 = \sqrt{\frac{1}{T-1}\sum (W_t - \bar{W})^2} = \sqrt{\frac{1}{T-1}\sum \hat{\epsilon}_t^2}\ .$$

Dies bedeutet inhaltlich, daß der Anteil der erklärten Variation an der Gesamtvariation von vornherein Null beträgt. Die von den Individuen erwartete zukünftige Wechselkursveränderungsrate entspricht der in dem vorangegangenen Zwei-, Drei- oder Vier-Jahreszeitraum realisierten durchschnittlichen Wachstumsrate, und das mit dieser Prognose verbundene Risiko wird in Form der quadrierten Abstände der tatsächlichen von der erwarteten Veränderungsrate ausgedrückt. Demgegenüber kann beim zweiten Unsicherheitsmaß gemäß der Regressionsgleichung (4) zumindest ein Teil der Wechselkursveränderung prognostiziert werden. Zwischen den beiden Maßen gilt deshalb die Beziehung: $\hat{\sigma}_1 \geq \hat{\sigma}_2$.[20] Je besser sich die Wechselkursentwicklung durch das Random Walk-Modell beschreiben läßt, desto geringer sind die Unterschiede zwischen den Unsicherheitskennziffern. $\hat{\sigma}_1$ stellt somit ein Maß für die maximale Wechselkursunsicherheit dar, die entscheidungsrele-

---

20 Da die Anzahl der Freiheitsgrade für die Berechnung der Standardabweichungen bzw. der Standardfehler um Eins voneinander abweichen, gilt diese Beziehung streng genommen nur für den Fall, daß in Gleichung (4) auf die Einbeziehung eines Absolutgliedes verzichtet wird.

vant ist, wenn unterstellt wird, daß die gesamte Kursveränderung unerwartet ist. Andere Maße, die voraussetzen, daß zumindest ein Teil der Wechselkursveränderung auf der Basis der historischen Entwicklung vorhersagbar ist und die bemüht sind, den erwarteten Anteil an der Gesamtvarianz mittels eines Regressionsmodells herauszurechnen, müssen deshalb einen kleineren Wert annehmen.[21]

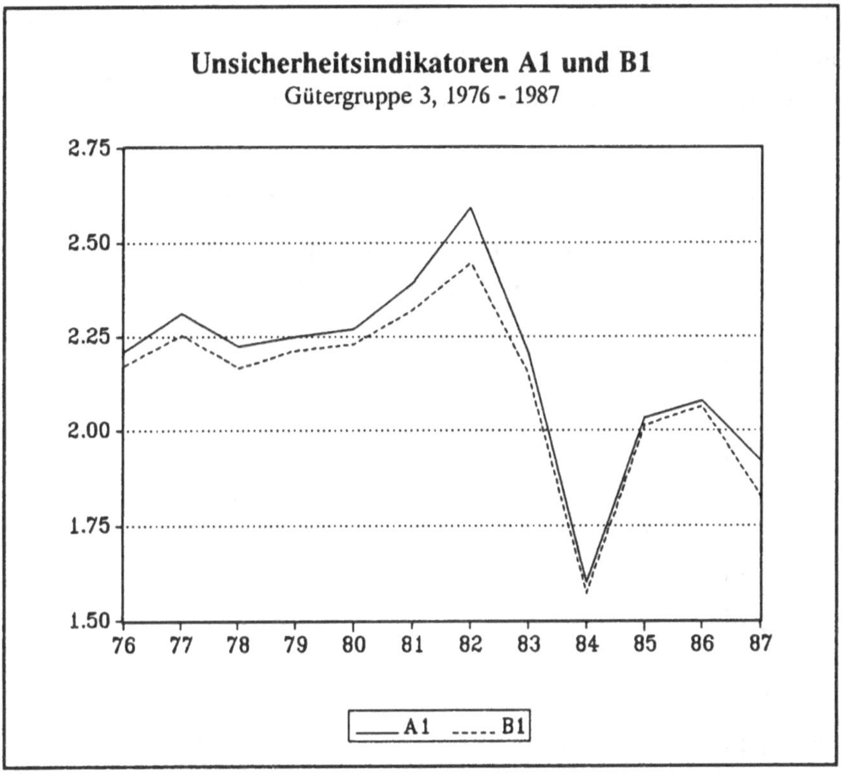

Abbildung 12

[21] In der Literatur werden verschiedene Alternativen zu der Regressionsgleichung (4) verwendet. Zumeist wird dabei anstelle der verzögerten endogenen Variable eine Trendvariable berücksichtigt (vgl. Kenen/Rodrik 1986).

Beide Maße erfüllen darüber hinaus die in anderen Untersuchungen häufig nicht beachtete Konsistenzbedingung, daß unabhängig davon, ob zum Beispiel der DM/US-$-Wechselkurs oder der US-$/DM-Kurs in die Berechnung eingeht, der Unsicherheitsindikator stets den gleichen Wert annehmen muß, um zu gewährleisten, daß die Schätzergebnisse unbeeinflußt von der Währungseinheit bleiben, in der der jeweilige Wechselkurs ausgedrückt ist. Bei den Varianten A1, A2 und A3 ist dies durch die Verwendung von Wachstumsraten, die als logarithmische Differenzen berechnet sind, sichergestellt und in den Versionen B1, B2 und B3 dadurch, daß den Regressionen logarithmierte Niveaugrößen zugrunde liegen.

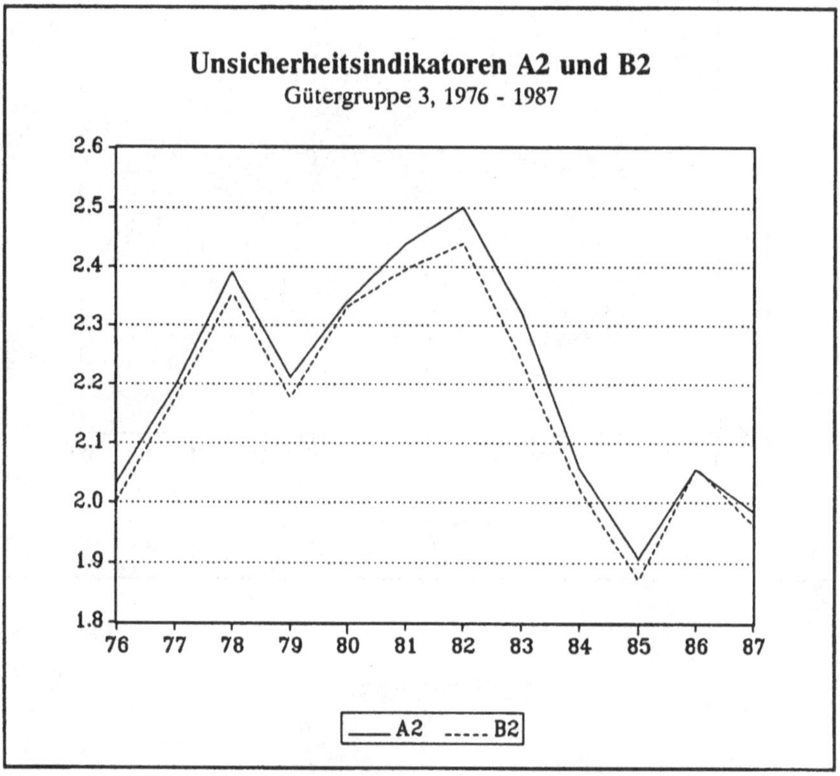

Abbildung 13

Die zeitliche Entwicklung der sechs Unsicherheitskennziffern für die Gütergruppe 3 ist in den Abbildungen 12 bis 14 graphisch dargestellt. Bei den jährlichen Werten handelt es sich um Durchschnittsgrößen aus den 45 bilateralen Wechselkursen zwischen den Währungen der hier berücksichtigten zehn Länder. Dabei werden

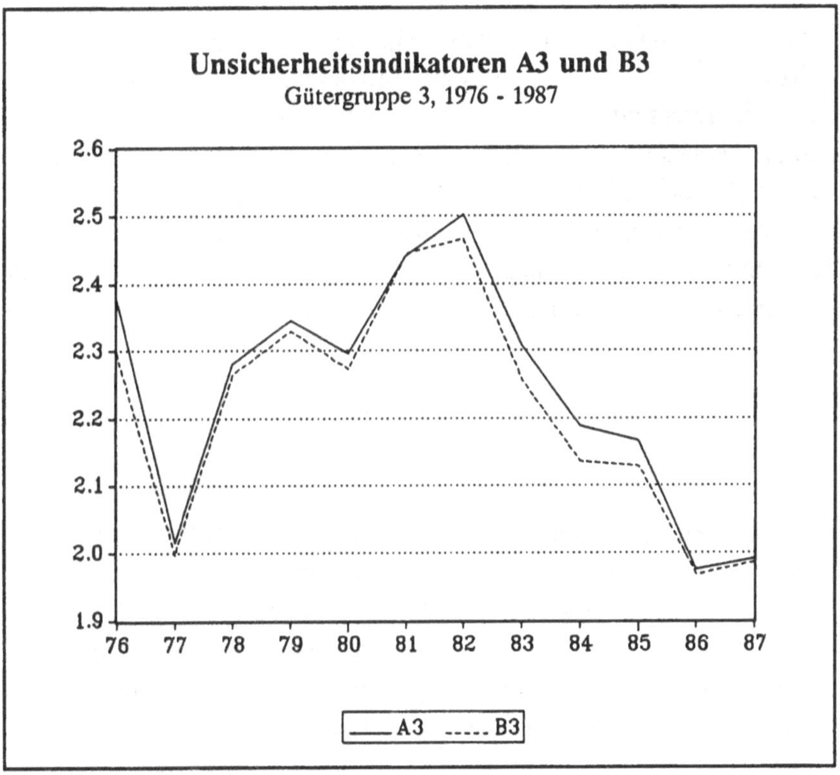

Abbildung 14

jeweils die beiden korrespondierenden Maße einander gegenübergestellt, d.h. diejenigen, denen die gleiche Periodenabgrenzung zugrunde liegt. Der direkte Vergleich zeigt, daß die mit Hilfe des zweiten Maßes erfaßte Wechselkursunsicherheit (Indikatoren B1,

B2 und B3) immer einen kleineren Wert annimmt als die auf der Basis des Random Walk-Modells quantifizierte Unsicherheit, aber auch, daß die Unterschiede zwischen beiden Maßen äußerst gering ausfallen. Dies bedeutet, daß die zeitliche Entwicklung der bilateralen Wechselkurse zwischen den Währungen der zehn Länder offenbar sehr gut durch einen Random Walk-Prozeß beschrieben werden kann.

Darüber hinaus ist zu erkennen, daß die sechs Unsicherheitsindikatoren eine ähnliche zeitliche Entwicklung mit einer geringfügigen Phasenverschiebung aufweisen. Ausgehend von der Hypothese, daß die Wechselkursunsicherheit einen handelshemmenden Einfluß ausübt, ist deshalb zu vermuten, daß ein solcher Effekt für die bilateralen Importe in dieser Gütergruppe am ehesten zu Beginn der achtziger Jahre vorlag, denn die mit Hilfe der drei Indikatoren gemessene Wechselkursunsicherheit erreichte in den Jahren 1981/82 einen maximalen Wert.

E. II. 5. Sonstige Einflußfaktoren

Neben den bislang diskutierten Variablen zur Erklärung der jährlichen Veränderungsrate bilateraler Handelsströme sind noch eine Reihe weiterer Einflußgrößen zu berücksichtigen. Dazu zählen unter anderen Transportkosten sowie verschiedene nicht-preisliche Faktoren wie die ökonomischen, politischen und kulturellen Beziehungen zwischen den jeweils betrachteten Handelspartnern (Lefeldt 1978, S. 61).

In einer Querschnittsuntersuchung werden diese Faktoren in der Regel durch ein Distanzmaß, die Bevölkerungsgröße, das Pro-Kopf-Einkommen als Proxy-Variable für die Präferenzstruktur der Importnachfrager sowie durch eine Reihe von Dummy-Variablen für die Zugehörigkeit beziehungsweise Nicht-Zugehörigkeit der betrachteten Handelspartner zu einer Zollunion erfaßt. In einer Zeitreihenanalyse fehlen derartige Variablen üblicherweise, was darauf zurückzuführen ist, daß sich die genannten Einflußgrößen im Zeitablauf überhaupt nicht (wie die ökonomische Distanz) oder nur geringfügig (wie die Bevölkerungsgröße) ändern. Hinzu kommt, daß sich die Real-Einkommensentwicklung im Einfuhrland und das Verhältnis der Importpreise zu den Preisen von im Inland hergestellten Gütern als die beiden Hauptdeterminanten der mengenmäßigen Importentwicklung herausgestellt haben.

Da die hier vorgenommene empirische Untersuchung ihrem Charakter nach eine Querschnittsanalyse darstellt, sollten die genannten Faktoren mit berücksichtigt werden. Allerdings ist die abhängige Variable als jährliche Veränderungsrate definiert, so daß die dargelegten Argumente gegen eine Einbeziehung von Variablen in das Regressionsmodell sprechen, die sich im Zeitablauf nur wenig ändern. Die Schätzgleichung (2) stellt zu diesen beiden Positionen insofern einen Kompromiß dar, als eine Dummy-Variable als zusätzliche erklärende Variable aufgenommen wird. Sie nimmt den Wert Eins an, wenn es sich sowohl beim Import- als auch beim Exportland um ein EG-Mitgliedsland handelt und den Wert Null in allen anderen Fällen.[22]

Gegen die Einbeziehung dieser Dummy-Variable ließe sich indessen ebenfalls einwenden, daß die EG-Mitgliedschaft eines Landes nicht jährlichen Veränderungen ausgesetzt ist, so daß davon auch keine den bilateralen Handelsaustausch beeinflussende Wirkung ausgehen dürfte. Dem können jedoch zwei Argumente entgegengestellt werden. Zum einen haben sich Dummy-Variablen für die EG-Mitgliedschaft auch in Querschnittsanalysen als statistisch signifikant erwiesen, die auf jährlichen Veränderungsraten basieren (vgl. De Grauwe 1987; 1988). Zum anderen sind die auf Viner (1950, S. 41ff.) zurückgehenden handelsfördernden (trade-creating) und handelsumlenkenden (trade-diverting) Effekte einer Zollunion

---

[22] Von den zehn einbezogenen Industrieländern gehören Belgien/Luxemburg, die Bundesrepublik Deutschland, Frankreich, Großbritannien, Italien und die Niederlande der Europäischen Gemeinschaft an. Dies bedeutet, daß von insgesamt 90 Beobachtungen die Dummy-Variable in 30 Fällen den Wert Eins und in 60 Fällen den Wert Null annimmt.

zu beachten.[23] Ein handelsfördernder Effekt resultiert aus dem Umstand, daß durch den Verzicht der Mitgliedsländer auf die gegenseitige Verhängung von Einfuhrzöllen und den Abbau von sonstigen Handelshemmnissen Güter, die vor der Errichtung der Zollunion von den einzelnen Ländern selbst produziert und nicht gehandelt wurden, nur noch in dem Land hergestellt werden, in dem die komparativen Kosten für die Produktion jetzt am günstigsten sind. Demgegenüber ergibt sich ein handelsumlenkender Effekt daraus, daß Güter, die vor der Errichtung der Zollunion aus einem Nichtmitgliedsland importiert wurden, aufgrund des gemeinsamen Außenzolls nun von einem Mitgliedsland bezogen werden.

Zusätzlich kommen noch einige dynamische Aspekte ins Spiel. So ist zu erwarten, daß die Produzenten in den Mitgliedsländern einer Zollunion aufgrund der Vergrößerung des potentiellen Absatzmarktes jetzt eher in der Lage sind, die aus (bereichsweise) zunehmenden Skalenerträgen resultierenden Kostenvorteile zu realisieren, und wegen des Abbaus der innergemeinschaftlichen Zollschranken ist darüber hinaus mit einem verstärktem Wettbewerb zu rechnen. Insbesondere die beiden zuletzt genannten Punkte lassen vermuten, daß für einige der in diese Untersuchung einbezogenen Länder zusätzliche - aus der Mitgliedschaft in der Europäischen Gemeinschaft resultierende - handelsbeeinflussende Faktoren wirksam sind.

---

[23] Der hier verwendeten Abgrenzung unterschiedlicher wirtschaftlicher Integrationsstufen liegt eine Klassifizierung zugrunde, wie sie beispielsweise Gandolfo (1986, S. I.147f.) vornimmt. Danach ist eine Zollunion dadurch charakterisiert, daß die Mitgliedsländer untereinander auf die Erhebung von Zöllen verzichten und gegenüber Drittstaaten eine gemeinsame Zollpolitik betreiben. Ein gemeinsamer Markt setzt weitergehend die Freizügigkeit aller Produktionsfaktoren voraus, und eine Wirtschaftsunion ist darüber hinaus durch eine Harmonisierung der Wirtschaftspolitik gekennzeichnet.

E. III. Ausgewählte Ergebnisse

Nachdem in den vorangegangen Abschnitten das Datenmaterial, das der empirischen Analyse zugrunde liegt, und die Konstruktion der verwendeten Variablen ausführlich diskutiert wurde, soll nunmehr eine Auswahl der auf der Basis der Regressionsgleichung

$$(2)\quad M_{ijk} = a_1 * M_{ik} + a_2 * A_{jk} + a_3 * W_{ijk} + a_4 * U_{ijk} + a_5 * DUMMY$$

$i,j = 1,2,...,10$, mit $i \neq j$

$k = 1,2,...28$ (Gütergruppen 311 bis 390) bzw. $k = 1,2,...,8$ (Gütergruppen 31 bis 38) bzw. $k = 1$ (Gütergruppe 3)

erzielten Ergebnisse vorgestellt und kommentiert werden.[24] Aus Gründen der Übersichtlichkeit erfolgt die vollständige Dokumentation der Schätzergebnisse in einem gesonderten Anhang. In den nachfolgenden Tabellen 15 und 16 (S. 153ff. und S. 166) wird deshalb für jede Gütergruppe auf der drei- und zweistelligen ISIC-Ebene lediglich eine Regressionsgleichung wiedergegeben, die allerdings als durchaus repräsentativ für die übrigen Gleichungen ist. Für die aggregierte Gütergruppe 3 sind dagegen in Tabelle 17 (S. 167f.) sämtliche Ergebnisse für die Querschnittsjahre 1976 bis 1987 festgehalten.

Bevor auf die Resultate detaillierter eingegangen wird, sind noch einige Anmerkungen über die zu erwartenden Vorzeichen der erklärenden Variablen und die Vorgehensweise bei der ökonometrischen Untersuchung voranzustellen.

Die Koeffizienten a_1 und a_2 in Gleichung (2) erfassen den Einfluß der wirtschaftlichen Aktivität im Einfuhrland beziehungsweise des Exportangebots im Ausfuhrland auf die Importe des Landes i

[24] Zur inhaltlichen Bedeutung der in Gleichung (2) verwendeten Variablen vgl. S. 123.

aus Land j. Für beide Parameter ist aufgrund der zuvor geführten Diskussion ein positives Vorzeichen zu erwarten.

Da eine Abwertung der Währung des Landes i gegenüber der Währung des Landes j im allgemeinen zu einer tendenziellen Verteuerung der Importe in der Währung des Landes i führt, ist bei einer nicht vollkommen preisunelastischen Güternachfrage mit einer Verringerung der mengenmäßigen Einfuhren aus dem Land j zu rechnen. Die Wechselkursvariable (W_{ijk}) sollte deshalb einen negativen Einfluß auf die Veränderungsrate der bilateralen Importe ausüben. Zahlreiche empirische Untersuchungen haben jedoch gezeigt, daß durch Preisveränderungen hervorgerufene Mengenreaktionen häufig erst mit einer zeitlichen Verzögerung wirksam werden.[25] Um einer derartigen Möglichkeit Rechnung zu tragen, wird in Gleichung (2) anstelle der zeitlich gleichlaufenden Wechselkursveränderungsrate auch die um eine Periode verzögerte Wachstumsrate des realen Wechselkurses berücksichtigt.[26]

Für die Wechselkursunsicherheitsvariable ist demgegenüber a priori keine Aussage über das zu erwartende Vorzeichen möglich, da sich aus theoretischer Sicht eine eindeutig handelshemmende Wirkung der Wechselkursunsicherheit nicht begründen läßt. Ein negativer und statistisch signifikanter Unsicherheitskoeffizient in (2) würde jedoch die Hypothese stützen, daß von der Unsicherheit bezüglich der realen Wechselkursentwicklung ein handelsmindernder Einfluß ausgeht.

Die zuvor diskutierten handelsfördernden Effekte einer Zollunion lassen für die Dummy-Variable ein positives Vorzeichen erwarten. Allerdings ist auch ein signifikant negativer Regressionskoeffizient durchaus plausibel, denn in ähnlichen empirischen Untersuchungen

---

25 Vgl. Junz/Rhomberg (1973) und die Ergebnisse in den Tabellen 7 bis 11, S. 94ff.

26 Weitere Versuche mit der um zwei Perioden verzögerten Wechselkursvariable bzw. mit der zeitlich gleichlaufenden Veränderungsrate und der um eine Periode verzögerten Wechselkursvariable haben in keinem Fall zu statistisch signifikanten Resultaten geführt.

hat sich eine Dummy-Variable für die EG-Mitgliedschaft häufig als negative Einflußgröße der bilateralen Handelsentwicklung herausgestellt (De Grauwe 1987; 1988). Als Grund wird dabei auf die Sozialproduktsentwicklung in den EG-Staaten verwiesen, die sich seit Anfang der achtziger Jahre von der in anderen westlichen Industrieländern deutlich unterscheidet und sich auch auf den Außenhandel ausgewirkt hat.

Tabelle 14

Makroökonomische Indikatoren für EG- und Nicht-EG-Länder

Wachstumsraten a) der realen bilateralen Importe in der Gütergruppe 3	EG-Länder b)	Nicht-EG-Länder c)	EG-Länder aus Nicht-EG-Ländern	Nicht-EG-Länder aus EG-Ländern
1976 - 1979	9,25	7,06	7,52	6,14
1981 - 1987	5,81	8,54	4,90	9,67

Wachstumsraten a) des realen Sozialprodukts	EG-Länder b)	Nicht-EG-Länder c)
1976 - 1979	3,19	3,87
1981 - 1987	1,71	3,02

Quelle: Zu den verwendeten Außenhandelsdaten vgl. die Angaben im Anhang B. Die Sozialproduktsdaten sind den "Main Economic Indicators" der OECD entnommen.

a) Durchschnittswerte der jährlichen Veränderungsraten in Prozent.

b) Belgien/Luxemburg, Bundesrepublik Deutschland, Frankreich, Großbritannien, Italien, Niederlande.

c) Japan, Kanada, Schweden, Vereinigte Staaten.

Die in Tabelle 14 für verschiedene Perioden gegenübergestellten Werte einiger makroökonomischer Variablen bestätigen diese Behauptung. So ist die durchschnittliche Wachstumsrate der bilateralen Importe in der aggregierten Gütergruppe 3 für die hier berücksichtigten EG-Mitgliedsländern in den achtziger Jahren deutlich geringer ausgefallen als in der zweiten Hälfte der siebziger Jahre. Daß es sich dabei um eine durchweg EG-spezifische Entwicklung handelt, belegt der Vergleich mit den durchschnittlichen Wachstumsraten der bilateralen Importe zwischen den vier anderen Nicht-EG-Staaten. Ein ähnliches Bild ergibt sich auch für die Außenhandelsentwicklung zwischen den beiden Ländergruppen. Während die Importe der EG-Staaten aus den Nicht-EG-Ländern seit 1981 mit einer im Vergleich zur ersten Teilperiode verminderten Rate gewachsen sind, konnten die Exporte der EG-Länder in Nicht-Mitgliedsländer demgegenüber deutlich gesteigert werden.

Der handelsfördernde Effekt einer zunehmenden wirtschaftlichen Integration in West-Europa ist - diesem Befund zufolge - in den achtziger Jahren weitgehend ausgeblieben, wofür vor allem die seit 1981 zu beobachtenden vergleichsweise geringen Zuwachsraten des realen Sozialprodukts in diesen Ländern verantwortlich sein dürften (vgl. auch De Grauwe 1987). Die Frage, ob für die tiefer disaggregierten Handelsströme eine ähnliche Entwicklung charakteristisch ist, kann mit dem in Tabelle 14 zusammengestellten Datenmaterial allerdings nicht beantwortet werden. Zu erwarten ist aber, daß sich die Dummy-Variable zumindest in einigen sektoralen Importfunktionen als negative Einflußgröße erweist.

Gleichung (2) wird mit der einfachen Kleinst-Quadrate-Methode für die bilateralen Importe auf der drei- und zweisstelligen ISIC-Ebene für jedes der Jahre 1981 bis 1987 und für die aggregierten Importe in der Gütergruppe 3 für die Querschnittsjahre 1976 bis 1987 geschätzt. Wie in nahezu jeder ökonometrischen Untersuchung, stellt sich ein nach den üblichen Kriterien bewertetes akzeptables Schätzergebnis oftmals erst nach mehreren Versuchen ein. Auch im vorliegenden Fall wird Gleichung (2) für jede Gütergruppe und für jedes Querschnittsjahr in mehreren Versionen geschätzt. Die in den nachfolgenden Tabellen dokumentierten Ergebnisse sind deshalb als "beste" Schätzresultate aus einer Reihe von Regressionen zu interpretieren. Die hierbei vorgenommenen Modellvariationen betreffen die Unterdrückung nicht signifikanter Variablen, die Einbeziehung der um eine Periode verzögerten Veränderungsrate des realen Wechselkurses und die Verwendung unterschiedlicher Wechselkursunsicherheitsindikatoren. Konkret wird so vorgegangen, daß Gleichung (2) zunächst unter Einschluß der Unsicherheitsvariablen A1 geschätzt wird.[27] Sofern sich die Exportangebotsvariable A_{jk} und (oder) die Dummy-Variable nicht als signifikante Einflußgrößen erweisen, werden diese beiden Variablen aus dem Regressionsmodell ausgeschlossen.

Im weiteren wird - soweit erforderlich - anstelle der zeitlich gleichlaufenden Wechselkursveränderungsrate die um eine Periode verzögerte Wachstumsrate des realen Wechselkurses als erklärende Variable in das Regressionsmodell aufgenommen. Von wenigen Ausnahmen abgesehen, ergibt sich damit für alle Gütergruppen eine zufriedenstellende Erklärung der bilateralen Importe durch die Aktivitätsvariable und die Wechselkursveränderungsrate. In einem nächsten Schritt wird die Modellgleichung unter Einbeziehung jeweils einer der fünf anderen Unsicherheitsvariablen (A2, A3, B1, B2 und B3) neu geschätzt. Dabei stellt sich für alle Gütergruppen und Querschnittsjahre das einheitliche Ergebnis ein, daß das Vorzeichen der Unsicherheitskoeffizienten in keinem Fall von dem jeweils verwendeten Maß zur Erfassung der Wechselkursunsicherheit abhängt. Lediglich die Größenordnungen der geschätzten Koeffizienten und der dazugehörigen t-Statistiken verändern sich geringfügig. In den nachfolgenden Tabellen sind deshalb zumeist die Ergebnisse wiedergegeben, die unter Einbeziehung der Wechselkursunsicherheitsvariable A1 erzielt werden. In den wenigen Fällen, in denen geringfügige Unterschiede zwischen den verwendeten Unsicherheitsindikatoren zu verzeichnen sind, wird diejenige Unsicher-

27 Zur inhaltlichen Abgrenzung der verwendeten Unsicherheitsvariablen vgl. S. 134ff.

heitsvariable in die endgültige Regressionsgleichung aufgenommen, die - unabhängig vom Vorzeichen des Koeffizienten - den jeweils größten (absoluten) Wert der t-Statistik aufweist.

Abschließend ist noch darauf hinzuweisen, daß für einige Gütergruppen und Querschnittsjahre keine verwertbaren Resultate erzielt werden können, weil weder die Aktivitäts- noch die Wechselkursvariable einen signifikanten Beitrag zur Erklärung der Veränderungsrate der bilateralen Importe zu leisten vermögen. Auf der am tiefsten disaggregierten dreistelligen ISIC-Ebene ist das in 67 von insgesamt 196 möglichen Importfunktionen der Fall und auf der höher aggregierten zweistelligen ISIC-Ebene in 16 von insgesamt 56 möglichen Gleichungen. Für die bilateralen Importe in der aggregierten Gütergruppe 3 ergeben sich demgegenüber für alle Querschnittsjahre akzeptable Regressionsresultate.[28]

In Tabelle 15 ist für jede Gütergruppe der am tiefsten disaggregierten ISIC-Ebene (Dreisteller) jeweils eine Regressionsgleichung wiedergegeben. Zusätzlich sind in der unteren Hälfte die Werte einiger Teststatistiken angegeben, auf deren Interpretation im folgenden noch ausführlich eingegangen wird.

In allen Gleichungen ist ein positiv auf die Importe des Landes i aus Land j wirkender Effekt der wirtschaftlichen Aktivität im Einfuhrland, gemessen anhand der Veränderungsrate der Gesamtimporte in der jeweiligen Gütergruppe, statistisch nachweisbar. Die Größenordnung der geschätzten Koeffizienten, die in der Mehrzahl um Eins variiert, erreicht dabei ein durchaus plausibles Niveau. Ein anderes Bild ergibt sich hingegen für die Exportangebotsvariable. Zwar weisen die ermittelten Koeffizienten immer das erwartete positive Vorzeichen auf, aber ein statistisch gesicherter Einfluß ist nur für wenige Gütergruppen zu belegen, so daß in den meisten sektoralen Importfunktionen bei der endgültigen Schätzung auf diese Variable verzichtet wird.

---

[28] Eine mögliche Erklärung dafür dürfte in der Variabilität der abhängigen Variable liegen, die mit zunehmenden Aggregationsniveau abnimmt. Vgl. auch die Ausführungen auf S. 161ff.

Tabelle 15

Disaggregierte Importfunktionen: ISIC-Dreisteller

Gütergruppe:	311	313	314	321	322	323	324
Jahr:	1985	1987	1984	1983	1982	1983	1982
Aktivitätsvariable	0,48 (2,73)	0,79 (4,01)	0,51 (5,23)	1,04 (6,50)	1,49 (3,36)	1,31 (4,71)	0,75 (4,21)
Angebotsvariable	-	2,93 (4,30)	4,14 (1,93)	-	-	-	-
Realer Wechselkurs	W_{-1} -0,87 (5,48)	W_{-1} -0,47 (3,71)	W -1,19 (1,96)	W -0,60 (2,46)	W_{-1} -1,21 (5,80)	W -0,64 (1,45)	W_{-1} -0,52 (2,37)
Unsicherheitsvariable	A1 0,05 (0,10)	A1 -0,07 (0,05)	A1 10,80 (4,04)	A1 -0,24 (0,40)	A1 -5,25 (4,58)	A1 -3,50 (2,38)	A1 -3,28 (2,52)
Dummyvariable	7,20 (4,35)	-7,14 (2,19)	-	-	17,00 (2,63)	-	-
$\bar{R}^2$	0,38	0,51	0,37	0,38	0,56	0,38	0,29
F(k-1;n-k)-Statistik	(3;76) 16,96	(4;37) 11,68	(3;22) 5,86	(2;83) 27,53	(3;38) 18,57	(2;39) 13,64	(2;77) 17,04
LM-Test	13,34*	4,12	1,06	4,65	4,53	3,30	7,13
Ausschlußkriterium	30%	7 Länder	7 Länder	50%	7 Länder	7 Länder	90%

t-Werte der Schätzungen in Klammern; $\bar{R}^2$ ist das um die Zahl der Freiheitsgrade bereinigte Bestimmtheitsmaß; F(k-1;n-k)-Statistik bezeichnet den F-Test für das multiple Bestimmtheitsmaß, wobei k die Anzahl der erklärenden Variablen und n die Zahl der Beobachtungen angibt; LM-Test ist ein Lagrange-Multiplikator-Test für das Auftreten heteroskedastischer Störvariablen; das Ausschlußkriterium kennzeichnet die in der Regression berücksichtigten Länder bzw. solche Beobachtungen, die von der Schätzung ausgeschlossen sind, weil sie eine vorgegebene Größenordnung (prozentuale Veränderungsrate gegenüber dem Vorjahr) überschreiten. So bedeutet beispielsweise die Angabe "30%", daß alle Beobachtungen, die ihrem absoluten Wert nach diesen Vorgabewert überschreiten, von der Schätzung ausgeschlossen sind. Die Angabe "7 Länder" kennzeichnet, daß der Stichprobenumfang auf die bilateralen Importe zwischen den sieben großen Industrieländer beschränkt ist. Ein Querstrich bedeutet, daß der Schätzung alle 90 Beobachtungen zugrunde liegen.

Tabelle 15 (Fortsetzung)

Gütergruppe:	331	332	341	342	351	352	353
Jahr:	1984	1983	1983	1987	1983	1983	1983
Aktivitäts-variable	1,27 (3,88)	1,06 (6,72)	5,00 (3,65)	1,20 (4,14)	1,04 (3,34)	1,54 (5,09)	2,47 (3,84)
Angebots-variable	-	-	-	4,15 (4,95)	-	-	-
Realer Wechselkurs	W_{-1} -0,96 (4,57)	W -0,71 (3,14)	W -1,27 (3,30)	W 0,81 (2,34)	W -1,08 (3,11)	W 0,32 (1,14)	W_{-1} -1,27 (1,32)
Unsicherheits-variable	A1 1,50 (1,64)	A3 -1,58 (1,86)	A2 -8,98 (2,63)	A3 -13,09 (5,69)	A1 -0,98 (0,71)	A1 -0,75 (0,51)	A1 -11,10 (3,00)
Dummy-variable	7,14 (1,74)	-	-	-	-	-	32,01 (1,77)
$\bar{R}^2$	0,55	0,68	0,50	0,48	0,23	0,34	0,33
F(k-1;n-k)-Statistik	(3;38) 17,68	(2;38) 43,05	(2;39) 20,81	(3;38) 13,73	(2;87) 14,44	(2;39) 11,55	(3;38) 7,59
LM-Test	3,37	2,71	17,07*	8,71	1,67	3,03	4,94
Ausschluß-kriterium	7 Länder	7 Länder	7 Länder	7 Länder	-	7 Länder	7 Länder

Tabelle 15 (Fortsetzung)

Gütergruppe:	354	355	356	361	362	369	371
Jahr:	1981	1986	1982	1983	1983	1984	1981
Aktivitäts-variable	1,17 (5,22)	1,28 (5,93)	0,97 (3,90)	0,62 (3,82)	1,97 (4,20)	1,04 (3,42)	0,83 (3,86)
Angebots-variable	-	-	-	-	-	-	3,26 (2,67)
Realer Wechselkurs	W_{-1} -0,69 (2,19)	W 0,03 (0,23)	W_{-1} -0,34 (2,17)	W_{-1} -0,42 (1,93)	W -0,90 (2,24)	W_{-1} -1,03 (2,31)	W -2,59 (7,41)
Unsicherheits-variable	A2 1,46 (1,10)	A1 -2,55 (2,38)	A1 -1,89 (2,00)	A1 -1,19 (1,71)	A2 -5,23 (2,40)	A1 -1,55 (0,55)	A1 2,28 (1,06)
Dummy-variable	-	6,80 (2,42)	7,73 (1,62)	-	-	-	-
$\bar{R}^2$	0,27	0,41	0,34	0,26	0,30	0,36	0,72
F(k-1;n-k)-Statistik	(2;61) 12,92	(3;86) 21,79	(3;38) 8,08	(2;75) 13,99	(2;39) 9,84	(2;39) 12,64	(3;38) 35,38
LM-Test	4,05	8,13	6,20	3,42	5,36	1,71	2,95
Ausschluß-kriterium	100%	-	7 Länder	50%	7 Länder	7 Länder	7 Länder

Tabelle 15 (Fortsetzung)

Gütergruppe:	372	381	382	383	384	385	390
Jahr:	1981	1986	1987	1981	1986	1983	1981
Aktivitäts-variable	1,31 (2,99)	1,90 (3,96)	1,19 (6,01)	0,71 (4,30)	2,39 (3,44)	0,58 (2,12)	0,48 (2,33)
Angebots-variable	-	-	-	-	-	-	-
Realer Wechselkurs	W -2,10 (3,48)	W_{-1} -2,06 (2,33)	W_{-1} -0,21 (3,06)	W_{-1} -0,62 (3,32)	W_{-1} -2,13 (1,42)	W_{-1} -0,60 (2,71)	W -1,13 (2,92)
Unsicherheits-variable	A3 10,73 (3,53)	A2 -2,85 (2,15)	A3 -2,78 (3,45)	A1 0,90 (1,00)	A1 -4,73 (2,75)	A1 0,95 (1,21)	A1 -2,89 (1,49)
Dummy-variable	-19,42 (1,78)	-	-	-8,99 (2,23)	-	-	-
$\bar{R}^2$	0,51	0,26	0,33	0,50	0,35	0,30	0,40
F(k-1;n-k)-Statistik	(3;38) 15,42	(2;39) 8,09	(2;77) 19,99	(3;38) 14,86	(2;39) 12,17	(2;39) 9,69	(2;39) 14,55
LM-Test	5,38	0,49	3,62	3,59	10,61*	3,50	19,41*
Ausschluß-kriterium	7 Länder	7 Länder	35%	7 Länder	7 Länder	7 Länder	7 Länder

Die Einbeziehung sektorspezifischer realer Wechselkurse zur Erklärung des bilateralen Handels hat sich durchweg bewährt. Dies belegen die in der Mehrzahl mit einem negativen Vorzeichen signifikanten Regressionskoeffizienten. Die Hypothese, daß eine Veränderung des realen Wechselkurses erst mit zeitlicher Verzögerung wirksam wird, findet dabei insofern eine gewisse Bestätigung, als sich in etwa der Hälfte der sektoralen Importfunktionen nur mit der Wechselkursvariable der Vorperiode ein statistisch gesicherter Preiseffekt einstellt. Bemerkenswert ist zudem, daß bei einigen Gütergruppen Veränderungen des realen Wechselkurses offenbar nicht bedeutsam sind oder sogar eine anomale Reaktion auslösen, d.h. eine Zunahme der Importe bewirken, obwohl sich die Einfuhren durch eine reale Abwertung verteuert haben beziehungsweise trotz einer realen Aufwertung die mengenmäßigen Einfuhren vermindern.

Im Mittelpunkt des Interesses der ökonometrischen Untersuchung steht jedoch die Frage nach dem Einfluß der Wechselkursunsicherheit. Betrachtet man die Ergebnisse in ihrer Gesamtheit, dann liegt ein überragender handelshemmender Einfluß der Wechselkursunsicherheit nicht vor. Obwohl sich die Unsicherheitsvariablen in einigen sektoralen Importfunktionen als signifikant negative Einflußgröße erweisen, kann aber auch in diesen Fällen nicht von einer gütergruppenspezifischen Besonderheit gesprochen werden, denn die im Anhang A vollständig dokumentierten Regressionsergebnisse belegen, daß die Vorzeichen und die Größenordnungen der Unsicherheitskoeffizienten im Zeitablauf stark variieren. Vielmehr ergibt sich oftmals das Bild, daß in einem Querschnittsjahr ein statistisch gesicherter negativer Einfluß der Wechselkursunsicherheit vorliegt, während in anderen Jahren von ihr entweder überhaupt keine signifikante Beeinflussung oder sogar ein positiver Effekt ausgeht. Gewisse sektorspezifische Auffälligkeiten sind allenfalls für die Gütergruppen 313 (Getränke), 314 (Erzeugnisse der tabakverarbeitenden Industrie) und 372 (NE-Metalle) auszumachen, in denen sich entweder für alle Jahre (Gütergruppen 314 und 372) oder für die Mehrzahl der Querschnittsjahre (Gütergruppe 313) signifikant positive Unsicherheitskoeffizienten ergeben.[29]

Die Mitgliedschaft zur Europäischen Gemeinschaft, die im Regressionsmodell durch eine Dummy-Variable erfaßt wird, erweist sich - ähnlich wie das Exportangebot - nur in wenigen Gütergruppen beziehungsweise Querschnittsjahren als signifikante Determinante des bilateralen Handels. Eine gewisse Bestätigung findet jedoch die oben formulierte Vermutung, daß die handelsfördernden Effekte der zunehmenden wirtschaftlichen Integration in West-Europa in den achtziger Jahren weitgehend ausgeblieben sind, denn in einigen sektoralen Importfunktionen geht von der EG-Mitgliedschaft ein handelshemmender Einfluß aus.

Die in der unteren Hälfte von Tabelle 15 aufgeführten Werte der verschiedenen Teststatistiken sind wie folgt zu interpretieren: Das um die Zahl der Freiheitsgrade bereinigte multiple Bestimmtheitsmaß der Regression macht eine Aussage über den Anteil an der Gesamtvarianz der abhängigen Variablen, der mit dem Regressionsmodell erklärt werden kann. Im vorliegenden Fall liegt dieser Anteil im Durchschnitt aller sektoralen Importfunktionen bei etwa 40 Prozent. Sofern man die üblicherweise in Zeitreihenuntersuchungen realisierten Werte von 90 oder mehr Prozent als Vergleichsmaßstab heranzieht, scheint dies wenig befriedigend zu sein.

Dem können jedoch drei Argumente entgegengehalten werden: Erstens gilt es zu beachten, daß die abhängige Variable hier als Wachstumsrate definiert ist, so daß damit ein eventuell vorhandener Trendfaktor von vornherein ausgeschaltet wird, der in Zeitreihenanalysen oftmals für die relativ hohen Werte des Bestimmtheitsmaßes verantwortlich ist (Pindyck/Rubinfeld 1981, S. 64). Zweitens sollen mit dem verwendeten Regressionsmodell keine Prognosen erstellt werden, wofür eine möglichst gute ex post-Erklärungskraft zwar keine hinreichende, wohl aber eine notwendige Voraussetzung

---

29 Eine weiterführende Auswertung und Zusammenfassung der Regressionsergebnisse hinsichtlich des Einflusses der Wechselkursunsicherheit wird im folgenden noch gesondert vorgenommen.

ist. Die Zielsetzung der empirischen Analyse ist demgegenüber vielmehr auf die Überprüfung verschiedener Hypothesen gerichtet. Von größerer Bedeutung als die Erzielung eines möglichst hohen Bestimmtheitsmaßes sind deshalb die Werte der t-Statistiken. Und drittens kann schließlich darauf verwiesen werden, daß in Querschnittsuntersuchungen relativ niedrige Werte des Bestimmtheitsmaßes eher die Regel sind, weil die zu erklärende Variable ein höheres Maß an Variabilität aufweist als dies üblicherweise in Zeitreihenanalysen der Fall ist.[30] Ein mit dem Regressionsmodell erklärter Varianzanteil von durchschnittlich 40 Prozent sollte deshalb nicht als Indiz für eine unbefriedigende Erklärungskraft oder eine fehlerhafte Modellspezifikation interpretiert werden (vgl. Pindyck/Rubinfeld 1981, S. 64).

Bei diesen relativ geringen Werten ist jedoch eine Überprüfung der statistischen Signifikanz des (unbereinigten) multiplen Bestimmtheitsmaßes erforderlich. Dies geschieht mit Hilfe eines F-Tests, bei der die Nullhypothese, daß alle Regressionskoeffizienten gleichzeitig Null sind beziehungsweise, daß die gewählte Modellspezifikation keinen Beitrag zur Erklärung der Variation der abhängigen Variable leistet, verworfen werden sollte. Die empirischen Werte der in den Tabellen wiedergegebenen F-Statistiken erlauben eine Ablehnung dieser Nullhypothese in allen Importfunktionen bei einer Irrtumswahrscheinlichkeit von mindestens fünf Prozent.

---

30 Die wenigen bislang vorliegenden Untersuchungen, die mit der vorliegenden vergleichbar sind, stammen von Edwards (1989), Kenen (1979), De Grauwe (1987; 1988), De Grauwe/de Bellefroid (1987) und De Grauwe/Verfaille (1988). Während die Werte des multiplen Bestimmtheitsmaßes in den beiden erst genannten Studien deutlich hinter den hier erzielten Größenordnungen zurückbleiben, haben De Grauwe bzw. De Grauwe und andere mit einer Ausnahme bemerkenswert hohe Werte von über 70 Prozent erzielt. Allerdings handelt es sich dabei um Werte, die nicht um die Zahl der Freiheitsgrade bereinigt sind. Angesichts der dabei vorgenommenen Einbeziehung einer Vielzahl von Dummy-Variablen sind derartige Ergebnisse nicht überraschend. Wird dagegen das multiple Bestimmtheitsmaß um die Zahl der Freiheitsgrade bereinigt, beträgt der erklärte Varianzanteil weniger als 30 Prozent (vgl. De Grauwe/Verfaille 1988, Table 3.5, S. 91) und liegt damit noch unter den meisten hier erreichten Werten.

Der Lagrange-Multiplikator (LM)-Test stellt einen Test für das Auftreten heteroskedastischer Störvariablen dar. Das heißt, es wird geprüft, ob die Varianz der Störvariablen über alle Beobachtungen konstant ist. Im Ablehnungsfall resultieren daraus zwei schwerwiegende Konsequenzen (vgl. Pindyck/Rubinfeld 1981, S. 141). Zum einen räumt der Kleinst-Quadrate-Schätzer den Beobachtungen mit einer großen Fehlervarianz ein größeres Gewicht ein als Beobachtungen mit einer geringen Fehlervarianz. Diese implizite Gewichtung führt dazu, daß der OLS-Schätzer zwar weiterhin die Eigenschaften der Konsistenz und Unverzerrtheit aufweist, aber er ist nun nicht mehr effizient. Die zweite und hier besonders nachteilige Konsequenz resultiert aus dem Umstand, daß die t- und F-Tests ihre Aussagefähigkeit verlieren, weil die geschätzten Varianzen der Regressionskoeffizienten nicht länger unverzerrte Schätzer der wahren Varianzen sind. Da das Auftreten heteroskedastischer Störvariablen in Querschnittsanalysen wahrscheinlicher ist als in Zeitreihenuntersuchungen, kommt der Überprüfung der Homoskedastizitätsannahme deshalb eine besondere Bedeutung zu.

Der hier zur Anwendung kommende LM-Test hat gegenüber anderen Verfahren den Vorteil, daß er keine vorherige Spezifikation der Heteroskedastizitätstruktur verlangt und deshalb allgemeiner ist als etwa der Goldfeld-Quandt- oder der Park-Glejser-Test. Der Test wird durchgeführt, indem die quadrierten Residuen der Ausgangsgleichung gegen eine Konstante und einen Vektor von m erklärenden Variablen regressiert werden. In einem zweiten Schritt wird die Teststatistik TR^2 berechnet, wobei T die Anzahl der Beobachtungen und R^2 das multiple Bestimmtheitsmaß dieser Regression bezeichnet. Die Teststatistik ist bei Gültigkeit der Nullhypothese, d.h. bei Abwesenheit von heteroskedastischen Störvariablen, Chi-Quadrat-verteilt mit m Freiheitsgraden (Engle 1984). Als erklärende Variablen sollten dabei die Einflußgrößen herangezogen werden, die aufgrund einer a priori-Vermutung für die mögliche Verletzung dieser Modellannahme verantwortlich sind. Da im vorliegenden Fall keinerlei a priori-Kenntnisse vorliegen, welche Variablen hierfür in Frage kommen, werden alle exogenen Variablen der Ausgangsgleichung miteinbezogen.

Die Ergebnisse des LM-Tests zeigen, daß die Homoskedastizitätsannahme nur in wenigen Gleichungen bei einer Irrtumswahrscheinlichkeit von fünf Prozent abgelehnt werden kann. In diesen Fällen wird die Ausgangsgleichung unter Anwendung eines von White (1980) entwickelten Verfahrens neu geschätzt. Dieses besitzt den Vorteil, daß es keine formale Spezifikation der Heteroskedastizitätsstruktur erfordert und damit die Nachteile vermeidet, die aus einer unter Umständen fehlerhaften Spezifizierung resultieren. Darüber hinaus ermöglicht dieses Verfahren auch die Berechnung unverzerrter Konfidenzintervalle für die geschätzten Parameter (White 1980, S. 827f.) Es wird mitunter auch schon dann angewendet, wenn lediglich der Verdacht für das Vorliegen heteroskedastischer Störvariablen besteht (vgl. z.B. Thursby/Thursby 1987).

In der unteren Zeile der Tabelle findet sich eine Angabe zu der Anzahl der in der endgültigen Regressionsgleichung berücksichtigten Länder beziehungsweise das Selektionskriterium, das zur Identifikation und zum Ausschluß von Ausreißen im Datensatz herangezogen wird. Zum Verständnis dieser Vorgehensweise muß folgendes vorausgeschickt werden: Der betragsmäßig kleinste Importwert, der in der hier verwendeten Außenhandelsdatenmatrix ausgewiesen wird, beträgt 100.000 US-Dollar. Berücksichtigt man, daß statistische Angaben dieser Art in der Regel immer mit Fehlern behaftet sind, dann ist zu erwarten, daß kleine Außenhandelswerte davon relativ stärker betroffen sind als große Werte. Die Schwankungsbreiten der jährlichen Wachstumsraten der bilateralen Importe stützen diese Vermutung insofern, als Veränderungsraten von $\pm$ 100 Prozent auf der am weitesten disaggregierten Dreisteller-Ebene keine Seltenheit sind. Obwohl der Kleinst-Quadrate-Schätzer ein robuster Schätzer ist, beeinflussen solch extreme Ausreißer die Schätzergebnisse und vermindern insbesondere das multiple Bestimmtheitsmaß (Pindyck/Rubinfeld 1981, S. 64). Im vorliegenden Fall wird versucht, dieses Problem durch den Ausschluß bestimmter Beobachtungen aus dem Datensatz zu lösen. Anhand eines Residuenplots können die Ausreißer sehr leicht identifiziert werden. In der anschließenden Neuschätzung werden letztere dann durch die Vorgabe eines Selektionskriteriums von der Regression ausgeschlossen. So bedeutet beispielsweise die Angabe "30%", daß alle Wachstumsraten der bilateralen Importe, die ihrem Absolutbetrag nach diesen Wert überschreiten, von der Schätzung ausgeschlossen sind. Die Vorzeichen und die Signifikanzen der Regressionskoeffizienten ändern sich dadurch nicht, lediglich das multiple Bestimmtheitsmaß steigt nicht unerheblich an.

Der gleiche Effekt kann auch durch den Ausschluß der drei Länder Belgien/Luxemburg, Niederlande und Schweden erreicht werden, denn es sind vor allem diese "kleinen" Länder, deren sektorale Importwerte eine im Vergleich zu anderen Ländern hohe Variabilität aufweisen. In der aggregierten Gütergruppe 3 können dagegen keine Ausreißer mehr identifiziert werden, so daß die Importfunktionen in diesem Fall unter Einbeziehung aller 90 Beobachtungen geschätzt werden.

Die Veränderungen der Regressionsergebnisse, die durch diese Vorgehensweise hervorgerufen werden, sollen exemplarisch für die Gütergruppe 38 demonstriert werden. Bei einer Regression unter Einbeziehung aller Beobachtungen ergibt sich folgendes Resultat:

Gütergruppe 38: Querschnittsjahr 1985, 90 Beobachtungen

$$M_{ij} = \underset{(4{,}38)}{0{,}83} * M_i - \underset{(3{,}63)}{0{,}69} * W_{ij} + \underset{(1{,}11)}{0{,}91} * A1$$

$\bar{R}^2 = 0{,}18 \quad F(2;87) = 10{,}70$

Gegenüberstellung der geschätzten und tatsächlichen Veränderungsraten bilateraler Importe

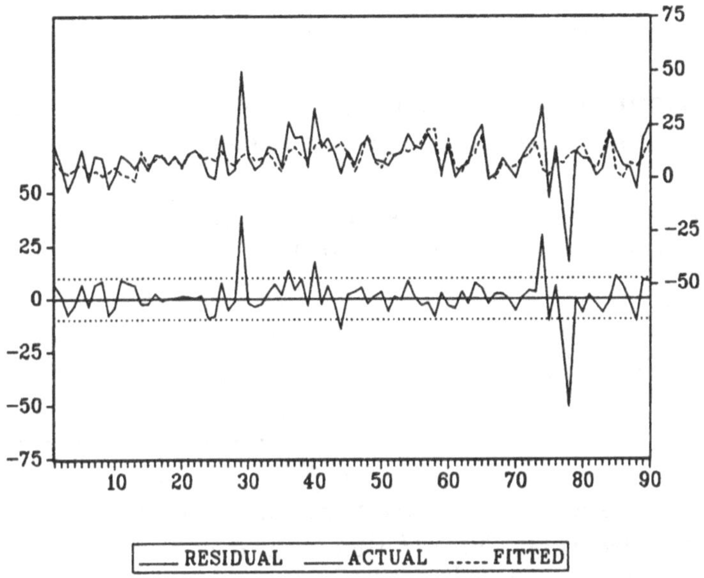

Abbildung 15

Bis auf die Wechselkursunsicherheitsvariable sind alle erklärenden Variablen mit den jeweils erwarteten Vorzeichen statistisch gesichert. Der Anteil der erklärten Varianz an der Gesamtvarianz der abhängigen Variablen beträgt weniger als 20 Prozent, ist aber gemäß dem F-Test signifikant von Null verschieden. Die in Abbildung 15 vorgenommene graphische Gegenüberstellung der geschätzten Werte mit den tatsächlichen Veränderungsraten beziehungsweise die Differenz zwischen beiden, die Residuen, läßt zwei Beobachtungen erkennen, die eindeutig als Ausreißer zu identifizieren sind. Es handelt sich dabei um die Importe Kanadas aus Belgien/Luxemburg und die Importe der Niederlande aus Kanada

(Beobachtungen Nr. 29 und Nr. 78). Werden diese beiden Importwerte durch die Vorgabe eines Selektionskriteriums in Höhe von 35 Prozent aus der Regression ausgeschlossen, ergibt sich:

Gütergruppe 38: Querschnittsjahr 1985, 88 Beobachtungen (Ausschlußkriterium: 35% ⇒ 2 Ausreißer)

$$M_{ij} = \underset{(7{,}48)}{1{,}01} * M_i - \underset{(3{,}29)}{0{,}44} * W_{ij} + \underset{(0{,}77)}{0{,}45} * A1$$

$$\bar{R}^2 = 0{,}35 \quad F(2;85) = 24{,}74$$

Die Regressionskoeffizienten haben sich nur geringfügig verändert, aber der Anteil der erklärten Varianz an der Gesamtvarianz liegt jetzt deutlich über dem bisher erreichten Wert. Der gleiche Effekt stellt sich ein, wenn die Schätzung von vornherein auf die großen sieben Industrieländer (G-7) beschränkt wird:

Gütergruppe 38: Querschnittsjahr 1985, 42 Beobachtungen (Ausschlußkriterium: 7 Länder)

$$M_{ij} = \underset{(3{,}06)}{0{,}72} * M_i - \underset{(3{,}19)}{0{,}54} * W_{ij} + \underset{(1{,}18)}{0{,}87} * A1$$

$$\bar{R}^2 = 0{,}40 \quad F(2;39) = 14{,}50$$

Der Wert des multiplen Bestimmtheitsmaßes ist jetzt nochmals leicht gestiegen, ohne daß sich die Regressionskoeffizienten wesentlich geändert haben.

Da es das Hauptziel der vorliegenden Untersuchung ist zu überprüfen, ob handelshemmende Effekte der Wechselkursunsicherheit vornehmlich auf der warenmäßig disaggregierten Ebene wirksam sind, wird in Tabelle 16 auch für jede der acht Gütergruppen auf der zweistelligen ISIC-Ebene eine Regressionsgleichung wiedergegeben.[31] Die Ergebnisse bieten ein ähnliches Bild wie die auf der am weitesten disaggregierten Dreisteller-Ebene: Die Aktivitätsvariable ist in allen Fällen positiv und statistisch signifikant, wobei die Koeffizientenwerte um Eins variieren. Die Veränderungsrate des Exportangebots im Ausfuhrland übt auch hier nur in wenigen Fällen einen Einfluß auf die Wachstumsrate der bilateralen Importe aus. Der reale Wechselkurs erweist sich, wenn auch in vielen Gleichungen erst mit zeitlicher Verzögerung, als signifikanter Einflußfaktor der Importnachfrage, und die Ergebnisse hinsichtlich der Unsicherheitsvariablen entsprechen insofern denen der Dreisteller-Ebene, als ein überragender Einfluß der Wechselkursunsicherheit auch hier nicht zu belegen ist. Die mit steigendem Aggregationsniveau abnehmende Variabilität der abhängigen Variable schlägt sich auch in den im Durchschnitt höheren Werten des multiplen Bestimmtheitsmaßes nieder.

In Tabelle 17 sind die Schätzresultate wiedergegeben, denen die am weitesten aggregierten Außenhandelsdaten zugrunde liegen. Aufgrund der Datensituation ist es jetzt möglich, für jedes der Jahre 1976 bis 1987 Regressionen durchzuführen. Der einzige nennenswerte Unterschied zu den sektoralen Importfunktionen, den es zu beachten gilt, betrifft die Wechselkursunsicherheitsvariable. Während auf den beiden disaggregierten Ebenen immerhin einige Gütergruppen identifiziert werden können, für die eine Beeinträchtigung durch unerwartete Wechselkursveränderungen zumindest nicht

---

[31] Eine vollständige Dokumentation der Regressionsergebnisse für die Zweisteller-Ebene findet sich in Tabelle A2 im Anhang A.

Tabelle 16

Disaggregierte Importfunktionen: ISIC-Zweisteller

Gütergruppe:	31	32	33	34	35	36	37	38
Jahr:	1987	1983	1987	1987	1983	1983	1982	1985
Aktivitätsvariable	1,43 (7,18)	0,98 (3,27)	0,80 (4,07)	1,16 (5,84)	0,65 (2,05)	0,67 (4,13)	1,24 (3,97)	0,72 (3,06)
Angebotsvariable	2,09 (1,78)	-	2,68 (2,86)	-	-	-	-	-
Realer Wechselkurs	W -0,52 (2,00)	W_{-1} -0,77 (2,08)	W -0,67 (3,79)	W_{-1} -0,17 (2,18)	W -1,71 (3,86)	W_{-1} -0,42 (2,62)	W -0,96 (1,83)	W_{-1} -0,54 (3,19)
Unsicherheitsvariable	A1 -4,01 (2,11)	A1 -2,94 (3,08)	A1 -3,08 (2,07)	A1 -0,97 (0,95)	A1 -0,08 (0,06)	A1 -0,37 (0,56)	A1 -0,93 (1,37)	A1 0,87 (1,18)
Dummyvariable	-	7,28 (2,21)	-	-	-	-	-	-
$\bar{R}^2$	0,40	0,46	0,60	0,30	0,32	0,54	0,40	0,40
F(k-1;n-k)-Statistik	(3;38) 10,04	(3;38) 12,63	(3;38) 21,27	(2;87) 20,29	(2;87) 21,70	(2;39) 24,59	(2;87) 30,41	(2;39) 14,50
LM-Test	8,94	2,09	5,98	3,05	6,21	0,71	11,54*	2,11
Ausschlußkriterium	7 Länder	7 Länder	7 Länder	-	-	7 Länder	-	7 Länder

Vgl. die Anmerkungen zu Tabelle 15.

Tabelle 17

Importfunktionen für die Gütergruppe 3, 1976 - 1987

Jahr:	1976	1977	1978	1979	1980	1981
Aktivitätsvariable	0,54 (3,68)	1,03 (5,27)	0,50 (2,02)	0,64 (4,45)	1,05 (5,57)	0,87 (6,24)
Angebotsvariable	-	-	1,31 (2,32)	-	0,73 (2,31)	1,48 (3,24)
Realer Wechselkurs	W_{-1} -0,67 (4,98)	W_{-1} -0,37 (2,87)	W -0,02 (0,12)	W_{-1} -0,20 (1,71)	W_{-1} -0,54 (2,89)	W 0,03 (0,34)
Unsicherheitsvariable	A1 0,67 (0,85)	A1 0,007 (0,02)	A1 1,35 (1,22)	A1 0,16 (0,30)	A1 0,13 (0,20)	A1 -0,12 (0,29)
Dummyvariable	5,62 (2,81)	-	-	3,09 (2,53)	-5,78 (2,47)	-
$\bar{R}^2$	0,38	0,27	0,35	0,18	0,48	0,41
F(k-1;n-k)-Statistik	(3;86) 19,25	(2;87) 17,29	(3;86) 16,89	(3;86) 7,30	(4;76) 19,17	(3,77) 19,23
LM-Test	6,71	1,67	15,35*	10,32*	7,02	7,56

t-Werte der Schätzungen in Klammern; $\bar{R}^2$ ist das um die Zahl der Freiheitsgrade bereinigte Bestimmtheitsmaß; F(k-1;n-k)-Statistik bezeichnet den F-Test für das multiple Bestimmtheitsmaß, wobei k die Anzahl der erklärenden Variablen und n die Zahl der Beobachtungen angibt; LM-Test ist ein Lagrange-Multiplikator-Test für das Auftreten heteroskedastischer Störvariablen.

Tabelle 17 (Fortsetzung)

Jahr:	1982	1983	1984	1985	1986	1987
Aktivitäts-variable	0,90 (7,21)	0,91 (4,70)	1,13 (9,65)	0,82 (4,49)	1,20 (9,68)	0,82 (8,71)
Angebots-variable	-	-	-	-	-	0,57 (1,68)
Realer Wechselkurs	W_{-1} -0,20 (2,95)	W_{-1} -0,24 (1,83)	W 0,11 (0,79)	W_{-1} -0,41 (2,70)	W 0,31 (4,87)	W 0,34 (2,44)
Unsicherheits-variable	A3 -0,68 (1,66)	A1 0,05 (0,08)	A1 -0,16 (0,19)	A1 0,62 (1,20)	A1 0,62 (0,79)	A1 0,89 (1,35)
Dummy-variable	3,09 (2,71)	-	-	2,25 (1,90)	-	-
$\bar{R}^2$	0,39	0,31	0,62	0,13	0,38	0,47
F(k-1;n-k)-Statistik	(3;86) 19,64	(2;87) 20,57	(2;87) 70,88	(3;86) 5,22	(2;87) 27,64	(3;86) 27,72
LM-Test	8,55	4,25	5,02	8,27	2,04	6,14

ausgeschlossen werden kann, ist dieser Einfluß offenbar zu gering, um auch auf dem hochaggregierten Niveau sichtbar zu werden. Denn mit Ausnahme des Jahres 1982, für das ein nahezu signifikanter negativer Unsicherheitskoeffizient ermittelt wird, ist in allen anderen Jahren kein statistisch gesicherter Einfluß der Wechselkursunsicherheit nachweisbar. Die Vermutung, daß Wechselkursrisiken offensichtlich nur in einigen wenigen Gütergruppen handelshemmend wirken, wird mit diesen Ergebnissen zumindest vorläufig bestätigt.

Abschließend sollen die erzielten Schätzresultate bezüglich der Unsicherheitsvariablen einer näheren Betrachtung unterzogen werden. Dazu wird in Tabelle 18 eine Aufgliederung der Regressionskoeffizienten nach ihren Vorzeichen und ihrer statistischen Signifikanz vorgenommen.

Die Ergebnisse auf beiden Disaggregationsebenen bieten ein nahezu identisches Bild. In etwas mehr als der Hälfte aller Importfunktionen weisen die jeweiligen Unsicherheitskoeffizienten ein negatives Vorzeichen auf, und in 20 Prozent aller Fälle ist ein negativ wirkender und zugleich statistisch gesicherter Einfluß der Wechselkursunsicherheit zu belegen. Für einen nahezu gleich großen Anteil an der Gesamtzahl aller sektoralen Handelsfunktionen ist jedoch auch ein signifikant positiver Einfluß unerwarteter Wechselkursveränderungen nachweisbar.

Da den hier erzielten Ergebnissen zufolge kein dominierender negativer Einfluß der Wechselkursunsicherheit vorliegt, der alle Gütergruppen gleichermaßen betrifft, soll zusätzlich geprüft werden, ob einzelne Jahre erkennbar sind, in denen die Wechselkursunsicherheit einen im Vergleich zu anderen Jahren überdurchschnittlichen Einfluß ausübt. Dazu wird die (absolute) Anzahl der geschätzten Unsicherheitskoeffizienten nach Querschnittsjahren differenziert und in Abbildung 16 graphisch dargestellt, wobei wiederum eine Aufteilung nach den Vorzeichen und der statistischen Signifikanz erfolgt.

Tabelle 18

Vorzeichen und Signifikanzen der Unsicherheitskoeffizienten im Überblick

ISIC-Dreisteller				ISIC-Zweisteller			
negatives Vorzeichen		positives Vorzeichen		negatives Vorzeichen		positives Vorzeichen	
absolut	in Prozent a)	absolut	in Prozent a)	absolut	in Prozent a)	absolut	in Prozent a)
70	54	59	46	18	45	22	55
statistisch signifikant b)		statistisch signifikant b)		statistisch signifikant b)		statistisch signifikant b)	
absolut	in Prozent a)	absolut	in Prozent a)	absolut	in Prozent a)	absolut	in Prozent a)
26	20	26	20	8	20	6	15

Die Angaben basieren auf den im Anhang A dokumentierten Regressionsergebnissen.

a) bezogen auf die Gesamtzahl der im Anhang A dokumentierten Schätzergebnisse: 129 Gleichungen auf der Dreisteller-Ebene und 40 Gleichungen auf der Zweisteller-Ebene.

b) Absolutbetrag der t-Statistiken größer als 1,70. Dies entspricht in den meisten Fällen einem Signifikanzniveau von mindestens 10 Prozent.

Betrachtet man zunächst die negativen Unsicherheitskoeffizienten beziehungsweise die statistisch signifikant negativen Koeffizienten, dann ist ein leichter Trend zu erkennen: ein Anstieg der Zahl in den ersten drei Jahren, gefolgt von einem deutlichen Rückgang in den darauffolgenden drei Jahren und ein wiederum sprunghafter Anstieg im Jahr 1987. Einen dazu inversen Trend weisen dagegen die positiven und signifikant positiven Unsicherheitskoeffizienten auf.

Vorzeichen und Signifikanzen der Unsicherheitskoeffizienten differenziert nach Jahren: ISIC-Zwei- und Dreisteller

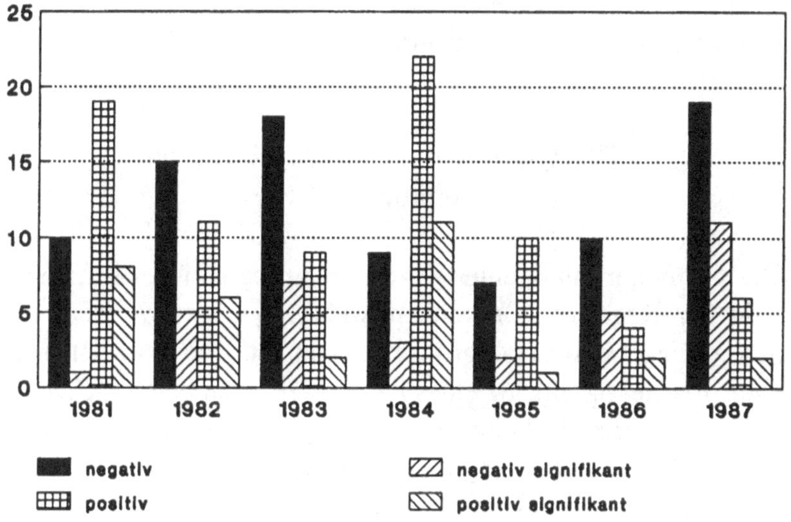

Abbildung 16

Zusammenfassend bleibt festzuhalten: (1) Ein handelshemmender Effekt der Wechselkursunsicherheit ist für die aggregierten Importe in der Gütergruppe 3 in keinem der hier analysierten Querschnittsjahre nachweisbar. (2) Auf den warenmäßig disaggregierten Ebenen beeinflußt die Wechselkursunsicherheit in signifikanter, wenngleich aber in zum Teil gegensätzlicher Weise den bilateralen Handel. Eine auf alle Gütergruppen gleichermaßen einwirkende Beeinflussung ist allerdings nicht zu belegen. (3) Die häufig geäußerte These einer vornehmlich einzelne sektorale Handelsströme beeinflussenden Wirkung der Wechselkursunsicherheit, die bei der Verwendung aggregierter Außenhandelsdaten nicht mehr erkennbar wird, findet damit eine gewisse (vorläufige) Bestätigung.

Die Frage, ob die ermittelten negativen Effekte der Wechselkursunsicherheit auch ökonomisch relevante Größenordnungen erreichen, ist damit aber noch nicht beantwortet. Sie soll deshalb im folgenden näher untersucht werden.

E. IV. Quantifizierung des Einflusses der Wechselkursunsicherheit

Die Größenordnung eines geschätzten Regressionskoeffizienten läßt in der Regel nicht erkennen, welche quantitative Bedeutung dem jeweiligen Einflußfaktor beizumessen ist. Das Vorzeichen und die statistische Signifikanz eines Parameters erlauben lediglich eine Aussage über die Wirkungsrichtung des Faktors. Mitunter ist das Interesse aber auch darauf gerichtet, weiterführende Informationen über den quantitativen Einfluß einer erklärenden Variable zu erhalten. Mit Hilfe der regressionstechnisch ermittelten Schätzgleichung ist eine solche Abschätzung möglich, indem man sich den Umstand zunutze macht, daß die Mittelwerte der erklärenden Variablen auf der Regressionsgeraden liegen. Sofern auf der rechten Seite der Modellgleichung die Mittelwerte der exogenen Variablen eingesetzt und mit ihren jeweiligen Regressionskoeffizienten multipliziert werden, ergibt sich der Mittelwert der abhängigen Variablen. Auf diese Weise kann auch die Differenz berechnet werden, die sich einstellt, wenn eine oder mehrere der erklärenden Variablen in der Vergangenheit andere Mittelwerte angenommen hätten.

Auf diesem Prinzip beruht die in Tabelle 19 vorgenommene Gegenüberstellung der tatsächlichen Wachstumsraten der bilateralen Importe mit jeweils einer (hypothetischen) Veränderungsrate, die realisiert worden wäre, wenn die Wechselkursunsicherheit in dem betrachteten Zeitraum einen geringeren Wert angenommen hätte. Die berechnete hypothetische Veränderungsrate hängt allerdings maßgeblich von dem dabei willkürlich vorgegebenen Alternativwert

Tabelle 19

Abschätzung des quantitativen Einflusses der Wechselkursunsicherheit

ISIC-Dreisteller							
Gütergruppe	Jahr	tatsächliche Wachstumsrate	hypothetische Wachstumsrate	Gütergruppe	Jahr	tatsächliche Wachstumsrate	hypothetische Wachstumsrate
311	1987	1,94	3,49	355	1986	4,61	8,20
321	1987	3,25	4,87	356	1982	2,22	5,44
322	1982	-9,30	0,95	361	1983	-3,13	-1,64
322	1984	9,82	12,40	361	1984	5,01	5,99
323	1983	-1,64	3,44	362	1983	4,38	12,90
324	1982	0,27	6,02	381	1986	3,63	7,79
332	1983	5,86	8,89	381	1987	2,32	9,61
332	1987	8,67	12,20	382	1987	2,85	5,56
341	1983	14,90	28,81	383	1982	-0,61	1,12
342	1982	2,76	5,04	383	1987	6,72	13,20
342	1987	1,39	20,52	384	1986	6,23	13,03
353	1983	0,47	27,89	385	1986	2,94	4,95
355	1981	-5,34	-1,73	390	1986	3,00	4,80
ISIC-Zweisteller							
Gütergruppe	Jahr	tatsächliche Wachstumsrate	hypothetische Wachstumsrate	Gütergruppe	Jahr	tatsächliche Wachstumsrate	hypothetische Wachstumsrate
31	1985	3,50	4,81	33	1987	10,71	15,19
31	1987	7,03	13,39	34	1985	0,71	2,59
32	1983	-0,66	2,86	36	1984	9,87	11,34
32	1987	4,11	8,09	36	1987	1,81	4,05

Grundlage für die Berechnung der hypothetischen Wachstumsraten sind die im Anhang A dokumentierten Regressionsergebnisse. Berücksichtigt sind dabei nur signifikant negative Unsicherheitskoeffizienten (Kriterium: t-Wert > 1,70).

ab, so daß die daraus abgeleiteten Erkenntnisse entsprechend spekulativ sind. Diese Vorgehensweise ist jedoch durchaus legitim, wenn es darum geht, eine annähernde Vorstellung von der quantitativen Bedeutung der Wechselkursunsicherheit zu erhalten.

Da hier die Periode flexibler Wechselkurse analysiert wird, wäre es naheliegend, als Vergleichsgrößen die Standardabweichungen der sektorspezifischen realen Wechselkursveränderungsraten des Zeitraums fester Wechselkurse zu verwenden. Für die sechziger Jahre stehen jedoch keine disaggregierten Preisindizes zur Verfügung. Deshalb muß auf die Verwendung gütergruppenspezifischer Referenzgrößen verzichtet werden. Statt dessen wird in jeder Importfunktion, für die ein signifikant negativer Unsicherheitskoeffizient ermittelt worden ist, anstelle der tatsächlichen Mittelwerte der jeweiligen Unsicherheitsvariablen der Wert 1,05 eingesetzt. Dieser Wert entspricht der durchschnittlichen Standardabweichung der - unter Verwendung von Konsumgüterpreisindizes berechneten - bilateralen realen Wechselkurse zwischen den Währungen von zehn Industrieländern für die sechziger Jahre (vgl. Tabelle 5, S. 76).

Die Gegenüberstellung der hypothetischen Veränderungsraten der bilateralen Importe mit den tatsächlichen Wachstumsraten zeigt, daß unter diesen Voraussetzungen in einigen Gütergruppen deutlich höhere Wachstumsraten realisiert worden wären. Dies bedeutet, daß ein negativer Einfluß der Wechselkursunsicherheit damit nicht nur für einige Gütergruppen statistisch belegt werden kann, sondern auch eine quantitativ durchaus bedeutende Größenordnung erreicht. Die größte Differenz ergibt sich dabei in der Gütergruppe 353 (Öl-Raffinerieerzeugnisse), wo unter diesen Annahmen eine im Durchschnitt um 27,4 Prozentpunkte höhere Wachstumsrate der bilateralen Importe realisiert worden wäre. Auf Niveaugrößen umgerechnet impliziert dies, daß im Jahr 1983 das durchschnittliche reale Importvolumen in dieser Gütergruppe um 45 Mio. US-Dollar (in Preisen von 1980) höher ausgefallen wäre. Anstelle eines durchschnittlichen Volumens in Höhe von 168 Mio. US-Dollar hätte sich ein Wert von 213 Mio. US-Dollar ergeben.

Erwartungsgemäß verringert sich dieser Einfluß mit steigendem Aggregationsniveau, wie die in der unteren Hälfte von Tabelle 19 angegebenen Werte für die Zweisteller-Ebene belegen. Denn die Differenzen zwischen den beiden Veränderungsraten fallen hier deutlich geringer aus. Die durchschnittliche Differenz zwischen der tatsächlichen und der hypothetischen Wachstumsrate beträgt auf dieser Disaggregationsstufe 3,2 Prozentpunkte, während es auf der Dreisteller-Ebene 5,8 Prozentpunkte sind.

F. Schlußbetrachtung

In der vorliegenden Arbeit wurde der Einfluß der Wechselkursunsicherheit auf den internationalen Handel auf verschiedenen Aggregationsstufen und im Rahmen unterschiedlicher methodischer Ansätze untersucht. Da die einzelnen Ergebnisse in den jeweiligen Kapiteln relativ ausführlich kommentiert wurden, sollen abschließend die wesentlichen Resultate noch einmal kurz zusammengefaßt und einige weiterführende Aspekte diskutiert werden.

(i) Ein eindeutiger handelshemmender Einfluß der Wechselkursunsicherheit auf das Welthandelsvolumen ist bislang nicht nachweisbar. Dies belegen auch die im dritten Kapitel durchgeführten zeitreihenanalytischen Untersuchungen.

(ii) Für die globalen Ein- und Ausfuhren der Industrieländer ergeben sich ähnliche Ergebnisse, wenn Wechselkursunsicherheitseffekte im Rahmen von Zeitreihenanalysen untersucht werden. Bezieht man dagegen die Resultate von Querschnittsuntersuchungen mit ein, dann liegen vereinzelt Hinweise dafür vor, daß die Wechselkursunsicherheit langfristig die Struktur des internationalen Handels, das Handelsmuster, in signifikanter Weise beeinflußt.

(iii) Mit Hinblick auf bilaterale Handelsströme vermitteln die bislang vorliegenden Ergebnisse ein ambivalentes Bild: In einigen Untersuchungen kann ein signifikanter handelsmindernder Einfluß der Wechselkursunsicherheit belegt werden, in anderen dagegen nicht. Das gilt auch für die hier durchgeführten Analysen, denen die (aggregierten) bilateralen Importe zwischen fünf großen Industrieländern zugrunde liegen.

(iv) Auf der Ebene sektoral disaggregierter bilateraler Handelsströme wird erwartungsgemäß am ehesten eine handelsbeeinflussende Wirkung der Unsicherheit in bezug auf die reale

Wechselkursentwicklung sichtbar. Ein eindeutig negativer Einfluß kann aber auch hier nicht belegt werden. Vielmehr scheint die Wechselkursunsicherheit in unsystematischer Weise die Struktur sektoral disaggregierter Handelsströme zu beeinflussen. Dort wo ein handelshemmender Einfluß nachweisbar ist, erreicht er jedoch eine ökonomisch durchaus bedeutende Größenordnung. Dies zeigen die Berechnungen mit einem (geringeren) hypothetischen Wechselkursunsicherheitsniveau.

Eines der Hauptargumente gegen ein System flexibler Wechselkurse muß damit als empirisch widerlegt angesehen werden. Dieses Gesamtergebnis überrascht um so mehr, wenn man die folgenden stilisierten Fakten über die Periode flexibler Wechselkurse berücksichtigt: (1) Die Variabilität der Wechselkursveränderungen hat sich, im Gegensatz zu den anfänglichen Erwartungen, im Zeitablauf keineswegs verringert. (2) Nominale Wechselkursveränderungen sind gleichzusetzen mit realen Kursveränderungen. Die Kaufkraftparitätentheorie erweist sich demnach als ein höchst unzulänglicher Erklärungsansatz der Wechselkursentwicklung. (3) Wechselkursveränderungen sind nicht antizipierbar. Weder der Terminkurs beziehungsweise der Swapsatz noch Informationen über zurückliegende oder zeitlich gleichlaufende makroökonomische Variablen wie Zinssätze, Geldmengenveränderungen, Handelsbilanzsalden oder andere erlauben auch nur eine annähernd befriedigende Vorhersage des zukünftigen Wechselkurses. Mithin sieht es so aus, daß "exchange rates seem to be exogenously determined by news, and are not correlated (positively or negatively) with other current variables" (McKinnon 1986, S. 114).

Aus diesen empirischen Regelmäßigkeiten folgt, daß flexible Wechselkurse ein zusätzliches Unsicherheitsmoment in den Wirtschaftsablauf hineingetragen haben und nicht, wie deren Befürworter behaupten, daß Wechselkursveränderungen in einem System marktbestimmter Währungsrelationen nichts anderes als Reaktionen auf Veränderungen der Fundamentalfaktoren und wirtschaftspolitischen Maßnahmen darstellen und deshalb keine zusätzlichen

Risiken generieren. Aber selbst die Kritiker flexibler Wechselkurse räumen inzwischen ein, daß dieses zusätzliche Wechselkursrisiko vermutlich quantitativ zu gering ist, um den Welthandel insgesamt zu beeinträchtigen. Krugman (1989a, S. 68) schätzt beispielsweise, daß die mit dem Übergang zu flexiblen Wechselkursen verbundene erhöhte Wechselkursunsicherheit lediglich eine Größenordnung erreicht, die mit einem Anstieg der bei Außenhandelstransaktionen anfallenden Transportkosten um einen Prozentpunkt vergleichbar ist. Der Hauptnachteil eines Systems flexibler Wechselkurse liegt - Krugman zufolge - demgegenüber vielmehr in dem wohlfahrtsmindernden Aufbau und der Unterhaltung von Überkapazitäten, die es außenhandelsorientierten Unternehmen ermöglichen, in Form einer Verlagerung des Produktionsstandortes umgehend auf reale Wechselkursveränderungen zu reagieren. Doch handelt es sich dabei nur um eine vage Vermutung, denn eine systematische empirische Untersuchung dazu steht bislang noch aus.

Anhang A: Schätzergebnisse für die disaggregierten Importe

Tabelle A1

ISIC-Dreisteller, Gütergruppe 311

Gütergruppe:	321	321	321	321	321	321
Jahr:	1981	1982	1983	1984	1986	1987
Aktivitätsvariable	1,01 (4,34)	0,94 (3,95)	1,04 (6,50)	0,73 (4,02)	1,05 (6,57)	0,85 (4,55)
Angebotsvariable	-	-	-	-	-	-
Realer Wechselkurs	W -0,33 (1,86)	W -0,96 (2,49)	W -0,60 (2,46)	W_{-1} -1,02 (3,80)	W -0,11 (0,79)	W_{-1} -0,19 (2,52)
Unsicherheitsvariable	A1 -0,58 (0,58)	A1 -0,31 (0,39)	A1 -0,24 (0,40)	A1 1,19 (1,06)	A1 0,44 (0,34)	A1 -1,77 (2,12)
Dummyvariable	-	-	-	-	-7,17 (3,21)	-
$\bar{R}^2$	0,44	0,25	0,38	0,38	0,53	0,25
F(k-1;n-k)-Statistik	(2;39) 17,05	(2;39) 7,85	(2;83) 27,53	(2;85) 27,48	(3;38) 16,16	(2;85) 15,62
LM-Test	9,16*	1,31	4,65	7,69	7,83	5,97
Ausschlußkriterium	7 Länder	7 Länder	50%	80%	7 Länder	40%

Vgl. die Anmerkungen zu Tabelle 15, S.153.

Tabelle A1 (Fortsetzung)

ISIC-Dreisteller, Gütergruppen 313 und 314

Güter-gruppe:	313	313	313	313	313	314	314
Jahr:	1981	1982	1983	1985	1987	1984	1985
Aktivitäts-variable	0,65 (1,54)	0,49 (1,78)	1,66 (3,28)	1,15 (6,16)	0,79 (4,01)	0,51 (5,23)	0,39 (2,03)
Angebots-variable	3,40 (2,03)	2,81 (2,15)	-	-	2,93 (4,30)	4,14 (1,93)	-
Realer Wechsel-kurs	W 0,58 (2,96)	W -0,02 (0,05)	W_{-1} -0,68 (3,15)	W 0,88 (1,61)	W_{-1} -0,47 (3,71)	W -1,19 (1,96)	W -3,03 (2,00)
Unsicher-heits-variable	A1 3,26 (2,83)	A1 4,12 (2,33)	A1 2,57 (2,24)	B1 -1,42 (1,46)	A1 -0,07 (0,05)	A1 10,80 (4,04)	A1 5,56 (1,99)
Dummy-variable	-	-10,22 (2,52)	-7,56 (1,59)	-	-7,14 (2,19)	-	-
$\bar{R}^2$	0,26	0,20	0,19	0,33	0,51	0,37	0,17
F(k-1;n-k)-Statistik	(3;38) 5,79	(4;37) 3,56	(3;79) 7,29	(2;39) 10,15	(4;37) 11,68	(3;22) 5,86	(2;23) 3,17
LM-Test	4,84	6,37	1,78	1,05	4,12	1,06	0,69
Ausschluß-kriterium	7 Länder	7 Länder	-	7 Länder	7 Länder	7 Länder	7 Länder

Tabelle A1 (Fortsetzung)

ISIC-Dreisteller, Gütergruppe 321

Gütergruppe:	321	321	321	321	321	321
Jahr:	1981	1982	1983	1984	1986	1987
Aktivitätsvariable	1,01 (4,34)	0,94 (3,95)	1,04 (6,50)	0,73 (4,02)	1,05 (6,57)	0,85 (4,55)
Angebotsvariable	-	-	-	-	-	-
Realer Wechselkurs	W -0,33 (1,86)	W -0,96 (2,49)	W -0,60 (2,46)	W_{-1} -1,02 (3,80)	W -0,11 (0,79)	W_{-1} -0,19 (2,52)
Unsicherheitsvariable	A1 -0,58 (0,58)	A1 -0,31 (0,39)	A1 -0,24 (0,40)	A1 1,19 (1,06)	A1 0,44 (0,34)	A1 -1,77 (2,12)
Dummyvariable	-	-	-	-	-7,17 (3,21)	-
$\bar{R}^2$	0,44	0,25	0,38	0,38	0,53	0,25
F(k-1;n-k)-Statistik	(2;39) 17,05	(2;39) 7,85	(2;83) 27,53	(2;85) 27,48	(3;38) 16,16	(2;85) 15,62
LM-Test	9,16*	1,31	4,65	7,69	7,83	5,97
Ausschlußkriterium	7 Länder	7 Länder	50%	80%	7 Länder	40%

Tabelle A1 (Fortsetzung)

ISIC-Dreisteller, Gütergruppe 322

Güter-gruppe:	322	322	322	322	322	322	322
Jahr:	1981	1982	1983	1984	1985	1986	1987
Aktivitäts-variable	0,79 (2,60)	1,49 (3,36)	0,64 (1,47)	1,57 (7,12)	1,08 (1,89)	1,56 (3,91)	0,87 (5,27)
Angebots-variable	-	-	-	-	-	-	1,37 (3,12)
Realer Wechsel-kurs	W -0,19 (0,94)	W_{-1} -1,21 (5,80)	W_{-1} -1,68 (2,74)	W_{-1} -1,29 (4,48)	W_{-1} -1,24 (2,10)	W 0,12 (0,90)	W -1,53 (3,71)
Unsicher-heits-variable	A1 -0,75 (0,74)	A1 -5,25 (4,58)	A1 -0,83 (0,66)	A1 -2,74 (1,73)	A1 -0,92 (0,49)	A1 -3,48 (1,41)	A1 0,54 (0,37)
Dummy-variable	-	17,00 (2,63)	-	-	-	-	-
$\bar{R}^2$	0,17	0,56	0,41	0,44	0,25	0,21	0,55
F(k-1;n-k)-Statistik	(2;39) 5,07	(3;38) 18,57	(2;39) 15,51	(2;86) 35,86	(2;39) 7,96	(2;39) 6,33	(3;38) 17,64
LM-Test	1,07	4,53	2,05	8,92*	4,32	12,85*	11,83*
Ausschluß-kriterium	7 Länder	7 Länder	7 Länder	100%	7 Länder	7 Länder	7 Länder

Tabelle A1 (Fortsetzung)

ISIC-Dreisteller, Gütergruppe 323

Gütergruppe:	323	323	323	323	323	323
Jahr:	1981	1982	1983	1984	1986	1987
Aktivitäts-variable	0,43 (1,69)	0,64 (1,93)	1,31 (4,71)	0,99 (2,17)	0,24 (0,74)	0,98 (4,38)
Angebots-variable	-	1,08 (2,49)	-	-	-	0,76 (2,40)
Realer Wechselkurs	W -1,12 (4,33)	W 0,27 (0,59)	W -0,64 (1,45)	W_{-1} -0,55 (1,44)	W -1,20 (5,23)	W 0,16 (0,33)
Unsicherheits-variable	A1 0,73 (1,05)	A1 1,09 (0,64)	A1 -3,50 (2,38)	A1 1,87 (0,70)	A1 5,05 (3,10)	A1 -1,21 (1,18)
Dummy-variable	-	-	-	-	-12,26 (1,93)	-
$\bar{R}^2$	0,45	0,17	0,38	0,16	0,48	0,21
F(k-1;n-k)-Statistik	(2;70) 29,88	(3;38) 3,80	(2;39) 13,64	(2;39) 4,81	(3;38) 13,64	(3;69) 7,52
LM-Test	7,40	6,95	3,30	5,58	4,33	5,02
Ausschluß-kriterium	70%	7 Länder	7 Länder	7 Länder	7 Länder	40%

Tabelle A1 (Fortsetzung)

ISIC-Dreisteller, Gütergruppe 324

Gütergruppe:	324	324	324
Jahr:	1982	1983	1985
Aktivitätsvariable	0,75 (4,21)	0,13 (0,48)	0,64 (1,47)
Angebotsvariable	-	-	-
Realer Wechselkurs	W_{-1} -0,52 (2,37)	W -1,12 (2,79)	W_{-1} -2,03 (2,97)
Unsicherheitsvariable	A1 -3,28 (2,52)	A1 -1,43 (1,15)	A3 -2,47 (1,44)
Dummyvariable	-	7,44 (1,74)	-
$\bar{R}^2$	0,29	0,18	0,27
F(k-1;n-k)-Statistik	(2;77) 17,04	(3;38) 4,03	(2;39) 8,63
LM-Test	7,13	6,95	12,18*
Ausschlußkriterium	90%	7 Länder	7 Länder

Tabelle A1 (Fortsetzung)

ISIC-Dreisteller, Gütergruppe 331

Gütergruppe:	331	331	331	331	331
Jahr:	1981	1982	1983	1984	1987
Aktivitäts-variable	0,75 (3,61)	0,77 (4,03)	0,81 (4,35)	1,27 (3,88)	0,43 (2,01)
Angebots-variable	-	-	-	-	-
Realer Wechselkurs	W_{-1} -0,28 (1,30)	W_{-1} -0,86 (2,76)	W -0,16 (0,46)	W_{-1} -0,96 (4,57)	W_{-1} -0,58 (5,02)
Unsicherheits-variable	A1 -0,35 (0,30)	A1 -0,21 (0,20)	A1 -0,47 (0,36)	A1 1,50 (1,64)	A1 -0,80 (0,57)
Dummy-variable	-	-	-	7,14 (1,74)	6,23 (2,03)
$\bar{R}^2$	0,22	0,28	0,42	0,55	0,48
F(k-1;n-k)-Statistik	(2;39) 6,73	(2;39) 9,16	(2;39) 15,99	(3;38) 17,68	(3;38) 13,44
LM-Test	2,77	5,48	9,78*	3,37	4,06
Ausschluß-kriterium	7 Länder	7 Länder	7 Länder	7 Länder	7 Länder

Tabelle A1 (Fortsetzung)

ISIC-Dreisteller, Gütergruppe 332

Gütergruppe:	332	332	332	332	332
Jahr:	1981	1982	1983	1984	1987
Aktivitäts-variable	2,02 (3,15)	0,78 (4,74)	1,06 (6,72)	0,76 (4,37)	1,37 (4,72)
Angebots-variable	-	-	-	-	-
Realer Wechselkurs	W 0,88 (1,50)	W_{-1} -0,47 (1,89)	W -0,71 (3,14)	W_{-1} -0,33 (1,60)	W_{-1} -0,22 (1,39)
Unsicherheits-variable	A1 -1,87 (0,71)	A1 -0,60 (0,59)	A3 -1,58 (1,86)	A1 3,76 (2,98)	A1 -3,47 (1,94)
Dummy-variable	-	-	-	-	-
$\bar{R}^2$	0,21	0,39	0,68	0,36	0,24
F(k-1;n-k)-Statistik	(2;38) 6,33	(2;38) 13,80	(2;38) 43,05	(2;76) 22,66	(2;80) 13,38
LM-Test	8,80*	1,83	2,71	6,08	15,48*
Ausschluß-kriterium	7 Länder	7 Länder	7 Länder	60%	65%

Tabelle A1 (Fortsetzung)

ISIC-Dreisteller, Gütergruppe 341

Gütergruppe:	341	341	341	341
Jahr:	1981	1983	1984	1985
Aktivitäts-variable	1,72 (4,35)	5,00 (3,65)	1,67 (2,17)	0,40 (0,60)
Angebots-variable	-	-	4,50 (1,83)	-
Realer Wechselkurs	W 0,15 (0,65)	W -1,27 (3,30)	W_{-1} -1,50 (3,05)	W_{-1} -0,89 (3,27)
Unsicherheits-variable	A1 -0,50 (0,58)	A2 -8,98 (2,63)	A3 -7,38 (1,51)	A1 -0,86 (1,29)
Dummy-variable	-	-	-17,26 (2,16)	9,74 (2,48)
$\bar{R}^2$	0,23	0,50	0,34	0,29
F(k-1;n-k)-Statistik	(2;78) 13,05	(2;39) 20,81	(4;85) 12,57	(3;38) 6,58
LM-Test	11,96*	17,07*	19,15*	7,01
Ausschluß-kriterium	-	7 Länder	-	7 Länder

Tabelle A1 (Fortsetzung)

ISIC-Dreisteller, Gütergruppe 342

Gütergruppe:	342	342	342	342	342	342
Jahr:	1981	1982	1983	1984	1986	1987
Aktivitäts-variable	0,65 (1,82)	1,21 (4,40)	0,81 (2,52)	0,28 (1,49)	1,06 (2,90)	1,20 (4,14)
Angebots-variable	-	-	-	-	-	4,15 (4,95)
Realer Wechselkurs	W 0,32 (2,59)	W -0,04 (0,29)	W_{-1} -0,39 (1,39)	W -0,51 (2,70)	W 0,51 (2,88)	W 0,81 (2,34)
Unsicherheits-variable	A1 1,43 (1,97)	A3 -1,39 (1,90)	A1 0,70 (0,68)	A1 4,79 (4,30)	A1 -1,44 (0,88)	A3 -13,09 (5,69)
Dummy-variable	-6,68 (2,67)	-	-	-4,63 (2,26)	-	-
$\bar{R}^2$	0,19	0,29	0,38	0,20	0,26	0,48
F(k-1;n-k)-Statistik	(3;70) 6,80	(2;39) 9,40	(2;39) 13,30	(3;81) 7,81	(2;39) 8,12	(3;38) 13,73
LM-Test	3,13	0,79	9,13*	7,02	2,34	8,71
Ausschluß-kriterium	35%	7 Länder	7 Länder	55%	7 Länder	7 Länder

Tabelle A1 (Fortsetzung)

ISIC-Dreisteller, Gütergruppen 351 und 352

Gütergruppe:	351	351	351	352	352	352
Jahr:	1982	1983	1987	1983	1984	1987
Aktivitäts-variable	1,24 (3,10)	1,04 (3,34)	1,42 (3,50)	1,54 (5,09)	0,85 (4,62)	1,00 (5,53)
Angebots-variable	-	-	-	-	-	-
Realer Wechselkurs	W_{-1} -0,31 (1,84)	W -1,08 (3,11)	W -0,10 (0,35)	W 0,32 (1,14)	W -0,09 (0,35)	W 0,25 (2,46)
Unsicherheits-variable	A2 -0,68 (0,75)	A1 -0,98 (0,71)	A1 -0,91 (0,78)	A1 -0,75 (0,51)	A2 2,01 (2,26)	A1 -0,28 (0,51)
Dummy-variable	-	-	-	-	-	-
$\bar{R}^2$	0,16	0,23	0,19	0,34	0,31	0,23
F(k-1;n-k)-Statistik	(2;39) 4,81	(2;87) 14,44	(2;39) 5,93	(2;39) 11,55	(2;85) 19,94	(2;78) 12,88
LM-Test	7,22	1,67	1,32	3,03	2,69	1,99
Ausschluß-kriterium	7 Länder	-	7 Länder	7 Länder	100%	30%

Tabelle A1 (Fortsetzung)

ISIC-Dreisteller, Gütergruppen 353 und 354

Gütergruppe:	353	353	353	353	354	354
Jahr:	1981	1983	1984	1986	1981	1985
Aktivitäts-variable	-1,88 (1,43)	2,47 (3,84)	0,71 (4,24)	1,08 (4,41)	1,17 (5,22)	0,59 (5,00)
Angebots-variable	6,30 (2,57)	-	-	-	-	-
Realer Wechselkurs	W -3,63 (3,39)	W_{-1} -1,27 (1,32)	W -1,26 (1,25)	W 0,12 (0,34)	W_{-1} -0,69 (2,19)	W -0,49 (1,66)
Unsicherheits-variable	A1 14,01 (2,86)	A1 -11,10 (3,00)	A1 0,12 (0,08)	A2 3,92 (1,72)	A2 1,46 (1,10)	A1 0,15 (0,18)
Dummy-variable	-	32,01 (1,77)	-	-	-	-
$\bar{R}^2$	0,19	0,33	0,19	0,33	0,27	0,20
F(k-1;n-k)-Statistik	(3;38) 4,23	(3;38) 7,59	(2;76) 9,88	(2;39) 10,96	(2;61) 12,92	(2;54) 7,90
LM-Test	9,38	4,94	4,51	2,45	4,05	4,44
Ausschluß-kriterium	7 Länder	7 Länder	100%	7 Länder	100%	40%

Tabelle A1 (Fortsetzung)

ISIC-Dreisteller, Gütergruppe 355

Gütergruppe:	355	355	355	355
Jahr:	1981	1982	1984	1986
Aktivitäts-variable	1,25 (3,36)	0,09 (0,69)	0,94 (6,71)	1,28 (5,93)
Angebots-variable	-	-	-	-
Realer Wechselkurs	W 0,02 (0,10)	W 1,66 (2,50)	W_{-1} -0,25 (0,97)	W 0,03 (0,23)
Unsicherheits-variable	A2 -1,83 (2,08)	A1 -1,30 (0,96)	B1 0,67 (0,75)	A1 -2,55 (2,38)
Dummy-variable	7,32 (1,86)	-	-	6,80 (2,42)
$\bar{R}^2$	0,28	0,21	0,41	0,41
F(k-1;n-k)-Statistik	(3;38) 6,35	(2;39) 6,38	(2;82) 30,13	(3;86) 21,79
LM-Test	5,19	4,44	2,76	8,13
Ausschluß-kriterium	7 Länder	7 Länder	60%	-

Tabelle A1 (Fortsetzung)

ISIC-Dreisteller, Gütergruppe 356

Gütergruppe:	356	356	356	356	356
Jahr:	1981	1982	1983	1984	1987
Aktivitäts-variable	1,15 (3,83)	0,97 (3,90)	0,14 (0,33)	1,00 (5,23)	0,91 (5,14)
Angebots-variable	-	-	-	-	-
Realer Wechselkurs	W 0,29 (1,88)	W_{-1} -0,34 (2,17)	W_{-1} -1,45 (3,04)	W 0,06 (0,22)	W_{-1} -0,30 (3,88)
Unsicherheits-variable	A1 2,52 (2,60)	A1 -1,89 (2,00)	A1 2,13 (1,29)	A3 1,97 (1,72)	A1 -0,55 (0,62)
Dummy-variable	-10,61 (2,38)	7,73 (1,62)	-	-5,53 (2,83)	-
$\bar{R}^2$	0,34	0,34	0,25	0,23	0,29
F(k-1;n-k)-Statistik	(3;38) 7,95	(3;38) 8,08	(2;39) 7,53	(3;79) 9,13	(2;81) 17,60
LM-Test	3,39	6,20	0,63	12,49*	3,03
Ausschluß-kriterium	7 Länder	7 Länder	7 Länder	45%	50%

Tabelle A1 (Fortsetzung)

ISIC-Dreisteller, Gütergruppen 361 und 362

Gütergruppe:	361	361	361	361	362	362	362
Jahr:	1981	1983	1984	1985	1981	1983	1984
Aktivitätsvariable	-0,15 (0,44)	0,62 (3,82)	1,10 (7,84)	1,00 (2,51)	1,38 (4,43)	1,97 (4,20)	1,73 (4,36)
Angebotsvariable	-	-	-	2,74 (2,99)	-	-	-
Realer Wechselkurs	W_{-1} -1,09 (3,97)	W_{-1} -0,42 (1,93)	W 0,07 (0,29)	W 0,21 (0,27)	W -0,60 (1,64)	W -0,90 (2,24)	W 1,09 (1,55)
Unsicherheitsvariable	A1 2,29 (2,10)	A1 -1,19 (1,71)	A1 -1,72 (1,77)	A1 0,17 (0,12)	A2 -2,29 (1,29)	A2 -5,23 (2,40)	B1 -4,68 (1,46)
Dummyvariable	-10,41 (2,01)	-	-	-	8,59 (1,59)	-	-
$\bar{R}^2$	0,21	0,26	0,40	0,26	0,28	0,30	0,24
F(k-1;n-k)-Statistik	(3;73) 7,74	(2;75) 13,99	(2;63) 22,30	(3;35) 5,48	(3;77) 11,55	(2;39) 9,84	(2;39) 7,60
LM-Test	8,19	3,42	10,27*	6,91	8,51	5,36	6,01
Ausschlußkriterium	-	50%	30%	7 Länder	-	7 Länder	7 Länder

Tabelle A1 (Fortsetzung)

ISIC-Dreisteller, Gütergruppe 369

Gütergruppe:	369	369	369	369	369
Jahr:	1981	1982	1983	1984	1985
Aktivitäts-variable	0,79 (2,39)	1,08 (7,13)	0,80 (2,77)	1,04 (3,42)	0,89 (1,80)
Angebots-variable	-	-	-	-	-
Realer Wechselkurs	W -0,25 (0,85)	W 0,02 (0,05)	W_{-1} -0,53 (1,59)	W_{-1} -1,03 (2,31)	W_{-1} -1,07 (1,91)
Unsicherheits-variable	A1 -0,43 (0,39)	A1 -0,48 (0,39)	A1 0,07 (0,06)	A1 -1,55 (0,55)	A1 0,68 (0,34)
Dummy-variable	-	-	-	-	-
$\bar{R}^2$	0,24	0,42	0,31	0,36	0,18
F(k-1;n-k)-Statistik	(2;39) 7,57	(2;39) 15,86	(2;39) 10,35	(2;39) 12,64	(2;87) 10,65
LM-Test	1,40	10,01*	6,68	1,71	3,79
Ausschluß-kriterium	7 Länder	7 Länder	7 Länder	7 Länder	-

Tabelle A1 (Fortsetzung)

ISIC-Dreisteller, Gütergruppe 371

Gütergruppe:	371	371	371	371	371	371
Jahr:	1981	1982	1983	1984	1985	1986
Aktivitätsvariable	0,83 (3,86)	0,93 (8,60)	1,08 (5,35)	0,51 (1,86)	1,05 (4,33)	0,42 (2,75)
Angebotsvariable	3,26 (2,67)	-	-	-	-	-
Realer Wechselkurs	W -2,59 (7,41)	W 0,07 (0,25)	W_{-1} -0,67 (1,28)	W_{-1} -1,15 (2,87)	W -1,74 (1,59)	W -0,10 (1,10)
Unsicherheitsvariable	A1 2,28 (1,09)	A1 0,70 (0,78)	A1 -2,50 (1,55)	A1 5,85 (2,01)	A1 1,86 (1,54)	A2 -0,80 (1,35)
Dummyvariable	-	-7,75 (1,70)	-	-	-	-
$\bar{R}^2$	0,72	0,39	0,40	0,29	0,33	0,18
F(k-1;n-k)-Statistik	(3;38) 35,38	(3;79) 18,29	(2;39) 14,83	(2;39) 9,08	(2;39) 11,08	(2;68) 8,37
LM-Test	2,95	2,65	0,16	0,93	7,27	2,06
Ausschlußkriterium	7 Länder	100%	7 Länder	7 Länder	7 Länder	30%

Tabelle A1 (Fortsetzung)

ISIC-Dreisteller, Gütergruppe 372

Gütergruppe:	372	372	372	372
Jahr:	1981	1983	1984	1987
Aktivitäts-variable	1,31 (2,99)	0,53 (3,44)	0,57 (2,40)	0,25 (2,20)
Angebots-variable	-	-	-	-
Realer Wechselkurs	W -2,10 (3,48)	W_{-1} -1,43 (4,03)	W -1,20 (2,11)	W -2,32 (4,08)
Unsicherheits-variable	A3 10,73 (3,53)	A1 1,63 (1,73)	A1 5,09 (3,68)	A2 2,92 (2,87)
Dummy-variable	-19,42 (1,78)	-	-	-
$\bar{R}^2$	0,51	0,31	0,18	0,40
F(k-1;n-k)-Statistik	(3;38) 15,42	(2;75) 18,14	(2;75) 9,34	(2;39) 14,71
LM-Test	5,38	1,58	3,16	5,21
Ausschluß-kriterium	7 Länder	60%	60%	7 Länder

Tabelle A1 (Fortsetzung)

ISIC-Dreisteller, Gütergruppe 381

Gütergruppe:	381	381	381	381	381	381
Jahr:	1981	1982	1984	1985	1986	1987
Aktivitäts-variable	0,77 (2,59)	0,61 (6,06)	0,99 (5,31)	0,87 (2,03)	1,90 (3,96)	1,92 (3,78)
Angebots-variable	-	-	-	-	-	-
Realer Wechselkurs	W -0,34 (1,95)	W_{-1} -0,17 (1,98)	W -0,08 (0,33)	W_{-1} -0,74 (2,56)	W_{-1} -2,06 (2,33)	W 0,17 (1,03)
Unsicherheits-variable	A1 0,83 (0,85)	A1 1,03 (2,29)	A1 2,53 (2,32)	A1 1,09 (0,95)	A2 -2,85 (2,15)	A2 -5,32 (3,13)
Dummy-variable	-11,18 (2,00)	-	-	-	-	-
$\bar{R}^2$	0,43	0,35	0,31	0,16	0,26	0,22
F(k-1;n-k)-Statistik	(3;38) 11,49	(2;81) 23,70	(2;85) 20,44	(2;39) 4,92	(2;39) 8,09	(2;39) 6,61
LM-Test	3,73	4,45	4,75	2,98	0,49	1,29
Ausschluß-kriterium	7 Länder	40%	55%	7 Länder	7 Länder	7 Länder

Tabelle A1 (Fortsetzung)

ISIC-Dreisteller, Gütergruppe 382

Gütergruppe:	382	382	382	382	382	382
Jahr:	1981	1982	1983	1984	1985	1987
Aktivitätsvariable	1,21 (4,29)	0,74 (4,59)	0,76 (2,40)	1,01 (6,06)	0,91 (3,90)	1,19 (6,01)
Angebotsvariable	-	-	1,90 (2,33)	-	-	-
Realer Wechselkurs	W_{-1} -0,87 (4,60)	W -0,07 (0,38)	W 0,82 (2,51)	W 0,16 (0,49)	W_{-1} -0,66 (2,50)	W_{-1} -0,21 (3,06)
Unsicherheitsvariable	A1 1,92 (2,08)	A1 -0,04 (0,06)	A1 1,32 (1,42)	A1 1,84 (0,99)	A1 0,49 (0,50)	A3 -2,78 (3,45)
Dummyvariable	-7,48 (2,35)	-	-	-8,65 (2,30)	-	-
$\bar{R}^2$	0,43	0,32	0,35	0,57	0,23	0,33
F(k-1;n-k)-Statistik	(3;38) 11,51	(2;39) 10,79	(3;38) 8,45	(3;38) 18,84	(2;39) 6,67	(2;77) 19,99
LM-Test	1,89	2,03	2,30	2,26	6,18	3,62
Ausschlußkriterium	7 Länder	7 Länder	7 Länder	7 Länder	7 Länder	35%

Tabelle A1 (Fortsetzung)

ISIC-Dreisteller, Gütergruppen 383 und 384

Güter-gruppe:	383	383	383	383	383	384	384
Jahr:	1981	1982	1984	1986	1987	1984	1986
Aktivitäts-variable	0,71 (4,30)	0,75 (5,31)	0,91 (4,59)	-0,32 (0,70)	2,05 (7,60)	1,46 (3,37)	2,39 (3,44)
Angebots-variable	-	-	-	3,81 (4,01)	-	-	-
Realer Wechsel-kurs	W_{-1} -0,62 (3,32)	W_{-1} -0,12 (1,25)	W 0,38 (1,17)	W -0,19 (1,75)	W 0,32 (2,12)	W 1,06 (1,36)	W_{-1} -2,13 (1,42)
Unsicher-heits-variable	A1 0,90 (1,00)	A1 -0,90 (1,93)	A1 2,65 (1,22)	A1 -0,74 (0,51)	A2 -4,61 (4,35)	A1 0,90 (0,29)	A1 -4,73 (2,75)
Dummy-variable	-8,99 (2,23)	-	-	-	-	-	-
$\bar{R}^2$	0,50	0,25	0,34	0,25	0,55	0,22	0,35
F(k-1;n-k)-Statistik	(3;38) 14,86	(2;81) 15,11	(2;87) 21,77	(3;38) 5,45	(2;39) 25,71	(2;87) 13,43	(2;39) 12,17
LM-Test	3,59	3,81	4,29	4,19	4,66	10,67*	10,61*
Ausschluß-kriterium	7 Länder	45%	-	7 Länder	7 Länder	-	7 Länder

Tabelle A1 (Fortsetzung)

ISIC-Dreisteller, Gütergruppe 385

Güter-gruppe:	385	385	385	385	385	385	385
Jahr:	1981	1982	1983	1984	1985	1986	1987
Aktivitäts-variable	1,74 (6,83)	0,15 (0,40)	0,58 (2,12)	0,62 (3,04)	1,38 (3,61)	0,36 (0,97)	1,46 (6,85)
Angebots-variable	-	-	-	-	-	2,48 (4,23)	-
Realer Wechsel-kurs	W 0,66 (4,57)	W 0,60 (2,23)	W_{-1} -0,60 (2,71)	W -0,18 (0,89)	W_{-1} -0,59 (2,88)	W_{-1} -1,09 (1,53)	W 0,09 (0,32)
Unsicher-heits-variable	A2 -1,26 (1,57)	A1 1,22 (1,75)	A1 0,95 (1,21)	A1 5,25 (2,90)	A1 0,82 (0,86)	A3 -1,70 (1,75)	A1 -1,66 (1,50)
Dummy-variable	-	-	-	-5,15 (2,06)	-	-	-
$\bar{R}^2$	0,38	0,18	0,30	0,52	0,36	0,27	0,56
F(k-1;n-k)-Statistik	(2;78) 25,85	(2;39) 5,52	(2;39) 9,69	(3;38) 15,76	(2;39) 12,66	(3;38) 6,08	(2;39) 27,00
LM-Test	0,90	6,22	3,50	4,88	0,85	9,14	2,33
Ausschluß-kriterium	-	7 Länder	7 Länder	7 Länder	7 Länder	7 Länder	7 Länder

Tabelle A1 (Fortsetzung)

ISIC-Dreisteller, Gütergruppe 390

Gütergruppe:	390	390	390	390	390	390
Jahr:	1981	1982	1983	1984	1986	1987
Aktivitäts-variable	0,48 (2,33)	1,09 (6,57)	0,75 (6,73)	0,53 (3,51)	0,60 (4,28)	0,86 (7,33)
Angebots-variable	-	-	-	1,48 (3,05)	-	-
Realer Wechselkurs	W -1,13 (2,92)	W_{-1} -0,41 (2,02)	W -0,58 (2,51)	W_{-1} -0,51 (2,00)	W_{-1} -1,25 (2,56)	W -0,29 (1,29)
Unsicherheits-variable	A1 -2,89 (1,49)	A1 -0,89 (0,75)	A1 0,76 (1,16)	A1 0,64 (0,49)	A1 -1,76 (1,72)	A1 0,57 (0,69)
Dummy-variable	-	18,44 (3,93)	-	-	-	-
$\bar{R}^2$	0,40	0,46	0,43	0,25	0,26	0,42
F(k-1;n-k)-Statistik	(2;39) 14,55	(3;38) 12,78	(2;80) 31,28	(3;80) 9,91	(2;79) 15,31	(2;84) 31,70
LM-Test	19,41*	4,66	6,93	6,23	1,99	3,28
Ausschluß-kriterium	7 Länder	7 Länder	45%	50%	40%	70%

Tabelle A2

ISIC-Zweisteller, Gütergruppe 31

Gütergruppe:	31	31	31	31
Jahr:	1981	1982	1985	1987
Aktivitätsvariable	0,46 (1,86)	0,61 (2,37)	0,58 (3,05)	1,43 (7,18)
Angebotsvariable	-	-	-	2,09 (1,78)
Realer Wechselkurs	W_{-1} -0,71 (3,60)	W_{-1} -0,49 (4,00)	W_{-1} -0,83 (5,35)	W -0,52 (2,00)
Unsicherheitsvariable	A1 0,16 (0,27)	A1 2,31 (3,60)	A1 -1,32 (2,40)	A1 -4,01 (2,11)
Dummyvariable	-	-	6,27 (3,29)	-
$\bar{R}^2$	0,18	0,19	0,34	0,40
F(k-1;n-k)-Statistik	(2;39) 5,53	(2;87) 11,58	(3;76) 14,53	(3;38) 10,04
LM-Test	1,83	12,19*	13,47*	8,94
Ausschlußkriterium	7 Länder	-	30%	7 Länder

Vgl. die Anmerkungen zu Tabelle 15, S. 153.

Tabelle A2 (Fortsetzung)

ISIC-Zweisteller, Gütergruppe 32

Güter-gruppe:	32	32	32	32	32	32
Jahr:	1981	1982	1983	1984	1986	1987
Aktivitäts-variable	0,65 (2,47)	0,58 (2,30)	0,98 (3,27)	1,13 (5,09)	1,08 (6,54)	0,79 (4,05)
Angebots-variable	2,42 (1,98)	1,26 (2,39)	-	-	-	1,41 (2,28)
Realer Wechsel-kurs	W -0,52 (2,26)	W_{-1} -0,39 (2,42)	W_{-1} -0,77 (2,08)	W_{-1} -0,95 (3,89)	W_{-1} -1,46 (2,11)	W_{-1} -0,29 (2,49)
Unsicher-heits-variable	A1 0,62 (0,59)	A1 0,44 (0,40)	A1 -2,94 (3,08)	A1 -1,38 (0,98)	A1 0,64 (0,66)	A1 -3,52 (2,43)
Dummy-variable	-	-	7,28 (2,21)	-	-6,14 (1,85)	-
$\bar{R}^2$	0,37	0,37	0,46	0,56	0,51	0,52
F(k-1;n-k)-Statistik	(3;38) 9,07	(3;38) 8,87	(3;38) 12,63	(2;39) 26,37	(3;38) 14,68	(3;38) 15,64
LM-Test	6,89	4,55	2,09	1,40	6,44	5,57
Ausschluß-kriterium	7 Länder	7 Länder	7 Länder	7 Länder	7 Länder	7 Länder

Tabelle A2 (Fortsetzung)

ISIC-Zweisteller, Gütergruppe 33

Gütergruppe:	33	33	33	33	33
Jahr:	1981	1982	1983	1984	1987
Aktivitäts-variable	0,60 (3,07)	0,84 (6,56)	0,92 (10,23)	0,93 (5,52)	0,80 (4,07)
Angebots-variable	3,03 (2,71)	-	-	-	2,68 (2,86)
Realer Wechselkurs	W -0,69 (2,43)	W_{-1} -0,92 (4,25)	W -0,35 (2,19)	W_{-1} -1,00 (6,97)	W -0,67 (3,79)
Unsicherheits-variable	A1 1,04 (1,02)	A1 0,24 (0,33)	A1 -0,04 (0,06)	A1 3,16 (4,31)	A1 -3,08 (2,07)
Dummy-variable	11,05 (2,32)	-	-	-	-
$\bar{R}^2$	0,30	0,53	0,65	0,51	0,60
F(k-1;n-k)-Statistik	(4;37) 5,40	(2;39) 23,89	(2;84) 79,52	(2;80) 44,52	(3;38) 21,27
LM-Test	9,52	1,70	5,02	4,13	5,98
Ausschluß-kriterium	7 Länder	7 Länder	55%	60%	7 Länder

Tabelle A2 (Fortsetzung)

ISIC-Zweisteller, Gütergruppe 34

Gütergruppe:	34	34	34	34	34	34	34
Jahr:	1981	1982	1983	1984	1985	1986	1987
Aktivitäts-variable	1,27 (6,25)	0,53 (1,32)	1,37 (7,23)	0,65 (1,71)	1,00 (2,18)	1,22 (4,54)	1,16 (5,84)
Angebots-variable	1,29 (1,92)	-	-	-	-	-	-
Realer Wechselkurs	W 0,02 (0,23)	W_{-1} -0,28 (2,86)	W -0,35 (2,06)	W_{-1} -1,61 (4,80)	W_{-1} -0,69 (3,38)	W 0,11 (0,97)	W_{-1} -0,17 (2,18)
Unsicherheits-variable	A1 0,20 (0,33)	A1 -0,67 (1,02)	A1 0,03 (0,05)	A1 4,46 (2,06)	A2 -1,35 (2,04)	B3 -0,56 (0,56)	A1 -0,97 (0,95)
Dummy-variable	-	6,98 (3,04)	-	-	7,44 (2,40)	-	-
$\bar{R}^2$	0,34	0,29	0,43	0,45	0,34	0,22	0,30
F(k-1;n-k)-Statistik	(3;77) 14,87	(3;38) 6,71	(2;84) 33,62	(2;87) 36,81	(3;38) 8,10	(2;86) 13,03	(2;87) 20,29
LM-Test	9,44	5,17	6,40	20,99*	3,16	10,48*	3,05
Ausschluß-kriterium	-	7 Länder	60%	-	7 Länder	50%	-

Tabelle A2 (Fortsetzung)

ISIC-Zweisteller, Gütergruppe 35

Gütergruppe:	35	35	35
Jahr:	1983	1984	1987
Aktivitäts-variable	0,65 (2,05)	1,49 (6,23)	1,18 (5,64)
Angebots-variable	-	-	-
Realer Wechselkurs	W -1,71 (3,86)	W_{-1} -0,16 (0,65)	W -0,07 (0,26)
Unsicherheits-variable	A1 -0,08 (0,06)	A1 -0,41 (0,34)	A1 1,00 (1,00)
Dummy-variable	-	-	-4,97 (1,86)
$\bar{R}^2$	0,32	0,45	0,29
F(k-1;n-k)-Statistik	(2;87) 21,70	(2;82) 34,31	(3;86) 13,10
LM-Test	6,21	1,93	7,31
Ausschluß-kriterium	-	60%	-

Tabelle A2 (Fortsetzung)

ISIC-Zweisteller, Gütergruppe 36

Gütergruppe:	36	36	36	36	36	36
Jahr:	1981	1982	1983	1984	1985	1987
Aktivitäts-variable	0,59 (2,68)	0,88 (5,08)	0,67 (4,13)	1,10 (6,91)	0,84 (2,51)	0,67 (2,02)
Angebots-variable	3,01 (3,29)	-	-	-	-	-
Realer Wechselkurs	W -0,58 (3,04)	W_{-1} -0,25 (1,53)	W_{-1} -0,42 (2,62)	W 0,18 (0,81)	W_{-1} -1,05 (3,39)	W -0,28 (1,87)
Unsicherheits-variable	A1 0,41 (0,55)	A1 0,10 (0,12)	A1 -0,37 (0,56)	A1 -2,33 (2,03)	A1 -0,08 (0,07)	A1 -2,30 (2,68)
Dummy-variable	-	-	-	-	-	7,18 (3,01)
$\bar{R}^2$	0,48	0,39	0,54	0,42	0,26	0,20
F(k-1;n-k)-Statistik	(3;38) 13,57	(2;39) 14,29	(2;39) 24,59	(2;80) 29,76	(2;87) 16,77	(3;84) 8,41
LM-Test	3,71	1,28	0,71	0,37	4,51	13,52*
Ausschluß-kriterium	7 Länder	7 Länder	7 Länder	40%	-	40%

Tabelle A2 (Fortsetzung)

ISIC-Zweisteller, Gütergruppe 37

Gütergruppe:	37	37	37	37
Jahr:	1981	1982	1984	1987
Aktivitäts-variable	1,45 (4,34)	1,24 (3,97)	0,83 (4,38)	0,35 (2,19)
Angebots-variable	-	-	-	-
Realer Wechselkurs	W -2,13 (5,13)	W -0,96 (1,83)	W_{-1} -0,62 (2,96)	W_{-1} -0,31 (2,51)
Unsicherheits-variable	A1 6,08 (3,11)	A1 -0,93 (1,37)	A1 2,07 (1,14)	A2 1,46 (1,87)
Dummy-variable	-	-	-	-
$\bar{R}^2$	0,73	0,40	0,33	0,32
F(k-1;n-k)-Statistik	(2;39) 55,65	(2;87) 30,41	(2,77) 20,31	(2;39) 10,53
LM-Test	4,60	11,54*	3,16	5,49
Ausschluß-kriterium	7 Länder	-	50%	7 Länder

Tabelle A2 (Fortsetzung)

ISIC-Zweisteller, Gütergruppe 38

Gütergruppe:	38	38	38	38	38
Jahr:	1981	1982	1984	1985	1987
Aktivitätsvariable	1,13 (2,43)	0,73 (6,08)	1,09 (5,19)	0,72 (3,06)	0,76 (4,30)
Angebotsvariable	-	-	-	-	-
Realer Wechselkurs	W_{-1} -0,49 (1,99)	W_{-1} -0,19 (2,57)	W 0,25 (0,82)	W_{-1} -0,54 (3,19)	W_{-1} -0,26 (2,85)
Unsicherheitsvariable	A1 0,03 (0,03)	A1 0,72 (2,00)	A1 1,97 (1,10)	A1 0,87 (1,18)	A1 0,73 (1,03)
Dummyvariable	-	-	-5,51 (2,05)	-	-
$\bar{R}^2$	0,15	0,30	0,40	0,40	0,34
F(k-1;n-k)-Statistik	(2;39) 4,53	(2;80) 18,61	(3;86) 19,82	(2;39) 14,50	(2;87) 24,04
LM-Test	3,36	3,47	8,27	2,11	6,41
Ausschlußkriterium	7 Länder	25%	-	7 Länder	-

Anhang B: Quellenhinweise zu den verwendeten Daten

1. Wechselkurse

Die bilateralen nominalen Wechselkurse (Monatsdurchschnitts- und Monatsenddaten) der D-Mark gegenüber den Währungen der neun Industrieländer sind mit Ausnahme des D-Mark/Yen-Kurses den Statistischen Beiheften zu den Monatsberichten der Deutschen Bundesbank (Reihe 5: Die Währungen der Welt) entnommen. Da der japanische Yen am 1.12.1969 erstmals offiziell an der Frankfurter Devisenbörse notiert wurde und für einige Berechnungen Monatsdaten ab Januar 1960 benötigt wurden, ist der D-Mark/Yen-Kurs als Kreuzkurs aus dem Wechselkurs des US-Dollar gegenüber der D-Mark und dem Yen berechnet worden. Die dafür benötigten Angaben sind den "Main Economic Indicators" der OECD entnommen. Die übrigen bilateralen Wechselkurse wurden ebenfalls als Kreuzkurse aus den jeweiligen D-Mark-Wechselkursen berechnet.

2. Vierteljährliche Außenhandels- und Sozialproduktsdaten

M_{ij} : Importe des Landes i aus Land j (i = 1,...,5; j = 1,...,5) zu laufenden (US-Dollar) Preisen. Mit Ausnahme der Importe der Bundesrepublik Deutschland wurden alle Importwerte mit dem jeweiligen US-$-Wechselkurs in die Währung des Importlandes umgerechnet. Sämtliche Importwerte sind in Mio. Einheiten der Währung des Einfuhrlandes ausgedrückt. Zur Deflationierung wurde der globale Importpreisindex (Basis 1980 = 100) verwendet. Im Falle Frankreichs und Großbritanniens liegen diese in Form von "unit values" vor.

YR : Länderspezifisches reales Sozialprodukt in Preisen von 1980.

Quellen:

- IMF, Direction of Trade Statistics: M_{ij} (ausgenommen die Importe der Bundesrepublik Deutschland).
- Deutsche Bundesbank, Statistische Beihefte zu den Monatsberichten, Reihe 3, Zahlungsbilanzststatistik: M_{ij} (Importe der Bundesrepublik Deutschland).
- OECD, Main Economic Indicators: YR.

3. Vierteljährliche Preisindizes

Sämtliche Preisindizes sind auf der Basis 1980 = 100 ausgedrückt. Sofern die Umrechnung in eine andere Währung erforderlich war, wurde hierzu der entsprechende Durchschnittswechselkurs des Jahres 1980 herangezogen.

PM : Länderspezifischer Importpreisindex. Für Frankreich und Großbritannien in Form von "unit value indexes".

PX : Länderspezifischer Exportpreisindex. Für Frankreich und Großbritannien in Form von "unit value indexes".

PC : Länderspezifischer Konsumgüterpreisindex.

PG : Länderspezifischer Großhandelsverkaufspreisindex. Für die Vereinigten Staaten in Form von "Producer Prices".

PY : Länderspezifischer Deflator des Sozialprodukts.

PXW : Weltexportpreisindex (unit value index).

PXI : Exportpreisindex (unit value index) einer 22 Industrieländer umfassenden Staatengruppe.

Quellen:

- IMF, International Financial Statistics: PM, PX, PXW, PXI.
- OECD, Main Economic Indicators: PC, PG, PY.

4. Jährliche nominale Importwerte

Die sektoral disaggregierten bilateralen Importwerte zwischen den zehn Industrieländern zu laufenden (US-Dollar) Preisen stellen einen Auszug aus der Welthandelsmatrix des HWWA-Instituts für Wirtschaftsforschung dar (vgl. Langer 1986).

5. Jährliche sektorale Import- und Exportpreisindizes

Die zur Deflationierung der nominalen Importwerte verwendeten Preisindizes - in einigen Fällen in Form von Durchschnittswerten der Ein- und Ausfuhr ("unit values") - sind den nachfolgend aufgeführten Quellen entnommen.

- OECD, Industrial Structure Statistics, Paris.

  Das gleichnamige Magnetband enthält implizite Import- und Exportpreisindizes in der ISIC-Abgrenzung für die Bundesrepublik Deutschland, Frankreich (nur bis einschließlich 1985) und Schweden.

- Eurostat, CRONOS Datenbank SEC2 der EG-Kommission, Brüssel. Bezugsquelle: Data Servive & Information GMBH, Rheinberg.

  Import- und Exportpreisindizes in der NACE-CLIO-Abgrenzung für Belgien und Großbritannien.

- Japan Tariff Association (Hrsg.): The Summary Report on Trade of Japan, verschiedene Ausgaben.

  Import- und Exportpreisindizes in Form von "unit values" für Japan.

- Institut National de la Statistique et des Études Économiques (Hrsg.): ETC 87. Extraits et tableaux des Comptes nationaux 1987, Paris 1991.

  Ergänzende Import- und Exportpreisindizes für Frankreich (nur für die Jahre 1986 und 1987).

Von den folgenden Institutionen wurden uns freundlicherweise disaggregierte Import- und Exportpreisindizes direkt zur Verfügung gestellt:

- Central Bureau voor de Statistiek, Heerlen, Niederlande.
- Istituto Nazionale di Statistica, Rom, Italien.
- U.S. Department of Labor, Bureau of Labor Statistics, Washington, D.C., USA.

Literaturverzeichnis

Abrams, R.K. (1980): International Trade Flows under Flexible Exchange Rates, in: Federal Reserve Bank of Kansas City, Economic Review, Vol. 65, S. 3-10.

Abuaf, N., Jorion, P. (1990): Purchasing Power Parity in the Long Run, in: The Journal of Finance, Vol. 45, S. 157-174.

Adler, M., Lehmann, B. (1983): Deviations from Purchasing Power Parity in the Long Run, in: The Journal of Finance, Vol. 38, S. 1471-1487.

Akhtar, M.A., Hilton, R.S. (1984): Effects of Exchange Rate Uncertainty on German and U.S. Trade, in: Federal Reserve Bank of New York, Quarterly Review, Vol. 9, S. 7-16.

Aliber, R.Z. (1977): The Firm under Pegged and Floating Exchange Rates, in: Henri, J., Lindbeck, A., Myhrman, J. (Hrsg.): Flexible Exchange Rates and Stabilization Policy, Houndmills/Basingstoke/London, S. 177-190.

Aliber, R.Z. (1987): Gold in the International Monetary System: A Catalog of the Options, in: Aliber, R.Z. (Hrsg.): The Reconstruction of International Monetary Arrangements, Houndmills/Basingstoke/London, S. 168-182.

Almon, S. (1965): The Distributed Lag Between Capital Appropriations and Expenditures, in: Econometrica, Vol. 33, S. 178-196.

Anderson, J.E. (1979): A Theoretical Foundation for the Gravity Equation, in: American Economic Review, Vol. 69, S. 106-116.

Arize, A. (1987): The supply and demand for imports and exports in a simultaneous model, in: Applied Economics, Vol. 19, S. 1233-1247.

Armington, P.S. (1969): A Theory of Demand for Products Distinguished by Place of Production, in: IMF Staff Papers, Vol. 16, S. 159-178.

Arrow, K.J. (1970): The Theory of Risk Aversion, in: Arrow, K.J.: Essays in the Theory of Risk-Bearing, Amsterdam/New York/Oxford, S. 90-120.

Aschheim, J., Bailey, M.J., Tavlas, G.S. (1987): Dollar Variability, the New Protectionism, Trade and Financial Performance, in: Salvatore, D. (Hrsg.): The New Protectionist Threat to World Welfare, Amsterdam/London/ New York, S. 424-449.

Backus, D. (1984): Empirical Models of the Exchange Rate: Seperating the Wheat from the Chaff, in: Canadian Journal of Economics, Vol. 17, S. 824-846.

Bailey, M.J., Tavlas, G.S., Ulan, M. (1986): Exchange-Rate Variability and Trade Performance: Evidence for the Big Seven Industrial Countries, in: Weltwirtschaftliches Archiv, Bd. 122, S. 466-477.

Bailey, M.J., Tavlas, G.S., Ulan, M. (1987): The Impact of Exchange-Rate Volatility on Export Growth: Some Theoretical Considerations and Empirical Results, in: Journal of Policy Modeling, Vol. 9, S. 225-243.

Baillie, R.T., McMahon, P.C. (1989): The Foreign Exchange Market: Theory and Econometric Evidence, New York/Melbourne/Sydney.

Baldwin, R. (1988): Hysteresis in Import Prices: The Beachhead Effects, in: American Economic Review, Vol. 78, S. 773-785.

Baldwin, R. (1990): Hysteresis in Trade, in: Franz, W. (Hrsg.): Hysteresis Effects in Economic Models, Heidelberg, S. 19-34.

Baldwin, R., Krugman, P. (1989): Persistent Trade Effects of Large Exchange Rate Shocks, in: Quarterly Journal of Economics, Vol. 104, S. 635-654.

Bamberg, G., Coenenberg, A.G. (1989): Betriebswirtschaftliche Entscheidungslehre, 5. Aufl., München.

Baron, D.P. (1976): Flexible Exchange Rates, Forward Markets, and the Level of Trade, in: American Economic Review, Vol. 66, S. 253-266.

Barten, A.P. (1971): An import allocation model for the Common Market, in: Cahiers Economiques des Bruxelles, No. 50, S. 153-164.

Baumol, W.J. (1957): Speculation, Profitability, and Stability, in: The Review of Economics and Statistics, Vol. 39, S. 263-271.

Baumol, W.J., Willig, R.D. (1981): Fixed Costs, Sunk Costs, Entry Barriers, and Sustainability of Monopoly, in: Quarterly Journal of Economics, Vol. 96, S. 405-431.

Bean, C.R. (1988): Sterling Misalignment and British Trade Performance, in: Marston, R.C. (Hrsg.): Misalignments of Exchange Rates: Effects on Trade and Industry, Chicago/London, S. 39-69.

Bergsten, C.F., Cline, W.R. (1983): Trade Policy in the 1989s: An Overview, in: Cline, W.R. (Hrsg.): Trade Policy in the 1980s, Washington, S. 59-98.

Bergsten, C.F., Williamson, J. (1983): Exchange Rates and Trade Policy, in: Cline, W.R. (Hrsg.): Trade Policy in the 1980s, Washington, S. 99-120.

Bergstrand, J.H. (1985): The Gravity Equation in International Trade: Some Microeconomic Foundations and Empirical Evidence, in: The Review of Economics and Statistics, Vol. 67, S. 474-481.

Berthet-Bondet, C., Blades, D., Pin, A. (1988): The OECD Compatible Trade and Production Data Base, 1970 - 1985, OECD Working Paper, No. 60, Paris.

Bikker, J.A. (1987): An International Trade Flow Model with Substitution: An Extension of the Gravity Model, in: Kyklos, Vol. 40, S. 315-337.

Blackhurst, R., Tumlir, J. (1980): Trade Relations under Flexible Exchange Rates. Gatt Studies in International Trade, No. 8, Geneva.

Blin, J.M., Greenbaum, S.I., Jacobs, D.P. (1981): Flexible Exchange Rates and International Business, Washington.

Boothe, P., Glassman, D. (1987): The Statistical Distribution of Exchange Rates: Empirical Evidence and Economic Implications, in: Journal of International Economics, Vol. 22, S. 297-319.

Boothe, P., Longworth, D. (1986): Foreign Exchange Market Efficiency Tests: Implications of Recent Empirical Findings, in: Journal of International Money and Finance, Vol. 5, S. 135-152.

Boughton, J.M. (1987): Tests of the Performance of Reduced-Form Exchange Rate Models, in: Journal of International Economics, Vol. 23, S. 41-56.

Bowman, K.O., Shenton, L.R. (1986): Moment ($\sqrt{b_1}, b_2$) Techniques, in: D'Agostino, R.B., Stephens, M.A. (Hrsg.): Goodness-Of-Fit Technique, New York, S. 279-329.

Boylan, T.A., Cuddy, M.P., O'Muircheartaigh, I.G. (1980): The Functional Form of the Aggregate Import Demand Equation, in: Journal of International Economics, Vol. 10, S. 561-566.

Boylan, T.A., Cuddy, M.P., O'Muircheartaigh, I.G. (1982): Import Demand Equations: An Application of a Generalized Box-Cox Methodology, in: International Statistical Review, Vol. 50, S. 103-112.

Brada, J.C., Méndez, J.A. (1988): Exchange Rate Risk, Exchange Rate Regime and the Volume of International Trade, in: Kyklos, Vol. 41, S. 263-280.

Brodsky, D.A. (1984): Fixed Versus Flexible Exchange Rates and the Measurement of Exchange Rate Instability, in: Journal of International Economics, Vol. 16, S. 295-306.

Büschgen, H.E. (1986): Internationales Finanzmanagement, Frankfurt am Main.

Casal, C. (1989): Die Problematik mittelfristiger Wechselkursschwankungen für international tätige Unternehmen, Grüsch.

Clark, P.B. (1973): Uncertainty, Exchange Risk, and the Level of International Trade, in: Western Economic Journal, Vol. 11, S. 302-313.

Clifton, E.V. (1985): Real Exchange Rates, Import Penetration, and Protectionism in Industrial Countries, in: IMF Staff Papers, Vol. 32, S. 513-536.

Cline, W.R. (1984): Exports of Manufactures from Developing Countries: Performance and Prospects for Market Access, Washington.

Cochrane, J.H. (1988): How Big is the Random-Walk in GNP?, in: Journal of Political Economy, Vol. 96, S. 893-920.

Coes, D.V. (1979): The Impact of Price Uncertainty: A Study of Brazilian Exchange Rate Policy, London/New York.

Coes, D.V. (1981): The Crawling Peg and Exchange Rate Uncertainty, in: Williamson, J. (Hrsg.): Exchange Rate Rules: The Theory, Performance and Prospects of the Crawling Peg, London/Basingstoke, S. 113-137.

Cooper, R.N. (1985): The Gold Standard: Historical Facts and Future Prospects, in: Eichengreen, B. (Hrsg.): The Gold Standard in Theory and History, London/New York, S. 251-271.

Cryer, J.D. (1986): Time Series Analysis, Boston.

Cumby, R.E., Obstfeld, M. (1984): International Interest Rate and Price Level Linkages under Flexible Exchange Rates: A Review of Recent Evidence, in: Bilson, J.F.O., Marston, R.C. (Hrsg.): Exchange Rate Theory and Practice, Chicago/London, S. 121-151.

Cushman, D.O. (1983): The Effects of Real Exchange Rate Risk on International Trade, in: Journal of International Economics, Vol. 15, S. 45-63.

Cushman, D.O. (1986): Has Exchange Risk Depressed International Trade? The Impact of Third-Country Exchange Risk, in: Journal of International Money and Finance, Vol. 5, S. 361-379.

Cushman , D.O. (1988): U.S. Bilateral Trade Flows and Exchange Risk during the Floating Period, in: Journal of International Economics, Vol. 24, S. 317-330.

D'Agostino, R.B. (1986): Tests for the Normal Distribution, in: D'Agostino, R.B., Stephens, M.A. (Hrsg.): Goodness-Of-Fit Technique, New York, S. 367-420.

Darby, M.R. (1983): Movements in Purchasing Power Parity: The Short and Long Runs, in: Darby, M.R., Lothian, J.R. (Hrsg.): The International Transmission of Inflation, Chicago/London, S. 462-477.

De Grauwe, P. (1987): International Trade and Economic Growth in the European Monetary System, in: European Economic Review, Vol. 31, S. 389-398.

De Grauwe, P. (1988): Exchange Rate Variability and the Slowdown in Growth of International Trade, in: IMF Staff Papers, Vol. 35, S. 63-84.

De Grauwe, P., de Bellefroid, B. (1987): Long-Run Exchange Rate Variability and International Trade, in: Arndt, S.W., Richardson, J.D. (Hrsg.): Financial Linkages among Open Economies, Cambridge/London, S. 193-212.

De Grauwe, P., Verfaille, G. (1988): Exchange Rate Variability, Misalignment, and the European Monetary System, in: Marston, R.C. (Hrsg.): Misalignment of Exchange Rates: Effects on Trade and Industry, Chicago/London, S. 77-100.

De Grauwe, P., Janssens, M., Leliaert, H. (1985): Real-Exchange-Rate Variability from 1920 to 1926 and 1973 to 1982, Princeton Studies in International Finance, No. 56, International Finance Section, Princeton University, Princeton.

Deardorff, A.V. (1984): Testing Trade Theories and Predicting Trade Flows, in: Jones, R.W., Kenen, P.B. (Hrsg.): Handbook of International Economics, Vol. I, Amsterdam/New York/Oxford, S. 467-517.

Dickey, D.A., Bell, W.R., Miller, R.B. (1986): Unit Roots in Time Series: Tests and Implications in: American Statistician, Vol. 40, S. 12-26.

Dickey, D.A., Fuller, W.A. (1979): Distribution of the Estimators for Autoregressive Time Series With a Unit Root, in: Journal of the American Statistical Association, Vol. 74, S. 427-431.

Dickey, D.A., Fuller, W.A. (1981): Likelihood Ratio Statistics for Autoregressive Time Series With a Unit Root, in: Econometrica, Vol. 49, S. 1057-1072.

Diebold, F.X. (1988): Empirical Modeling of Exchange Rate Dynamics, Berlin/Heidelberg.

Dixit, A. (1989a): Entry and Exit Decisions under Uncertainty, in: Journal of Political Economy, Vol. 97, S. 620-638.

Dixit, A. (1989b): Hysteresis, Import Penetration, and Exchange Rate Pass-Through, in: Quarterly Journal of Economics, Vol. 104, S. 205-228.

Dominguez, K.M. (1986): Are Foreign Exchange Forecats Rational? New Evidence from Survey Data, in: Economics Letters, Vol. 21, S. 277-281.

Dornbusch, R. (1987): Exchange Rate Economics: 1986, in : The Economic Journal, Vol. 97, S. 1-18.

Dornbusch, R. (1989): Real Exchange Rates and Macroeconomics: A Selective Survey, in: Scandinavian Journal of Economics, Vol. 91, S. 401-432.

Dornbusch, R., Frankel, J.A. (1988): The Flexible Exchange Rate System: Experience and Alternatives, in: Borner, S. (Hrsg.): International Financeand Trade in a Polycentric World, Houndmills/Basingstoke/London, S. 151-197.

Edison, H.J. (1987): Purchasing Power Parity in the Long Run: A Test of the Dollar/Pound Exchange Rate (1890-1978), in: Journal of Money, Credit, and Banking, Vol. 19, S. 376-387.

Edison, H.J., Fisher, E.O. (1991): A Long-Run View of the European Monetary System, in: Journal of International Money and Finance, Vol. 10, S. 53-70.

Edwards, S. (1989): Implications of Alternative International Exchange Rate Arrangements for the Developing Countries, in: Vosgerau, H.-J. (Hrsg.): New Institutional Arrangements for the World Economy, Berlin/ Heidelberg/New York/London/Paris/Tokyo, S. 34-83.

Eichengreen, B. (1988): Real Excahnge Rate Behavior under Alternative International Monetary Regimes, in: European Economic Review, Vol. 32, S. 363-371.

Engle, R.F. (1982): Autoregressive Conditional Heteroscedasticity with Estimates of the Variance of United Kingdom Inflation, in: Econometrica, Vol. 50, S. 987-1007.

Engle, R.F. (1984): Wald, Likelihood Ratio, and Lagrange Multiplier Tests in Eco nometrics, in: Grilliches, Z., Intriligator, M.D. (Hrsg.): Handbook of Econometrics, Vol. II, Amsterdam/New York/Oxford, S. 776-826.

Engle, R.F., Granger, C.W.J. (1987): Co-Integration and Error Correction: Representation, Estimation, and Testing, in: Econometrica, Vol. 55, S. 251-276.

Ethier, W. (1973): International Trade and the Forward Exchange Market, in: American Economic Review, Vol. 63, S. 494-503.

Fair, R.C. (1970): The Estimation of Simultaneous Equation Models with Lagged Endogenous Variables and First Order Serially Correlated Errors, in: Econometrica, Vol. 38, S. 507-516.

Farber, A., Roll, R. (1977): An Empirical Study of Risk under Fixed and Flexible Exchange, in: Brunner, K., Meltzer, A.H. (Hrsg.): Stabilization of the Domestic and International Economy, Carnegie-Rochester Conference Series on Public Policy, Vol. 5, Amsterdam/New York/Oxford, S. 235-265.

Farrell, V.S., DeRosa, D.A., McCown, T.A. (1983): Effects of Exchange Rate Variability on International Trade and other Economic Variables: A Review of the Literature, Board of Governors of the Federal Reserve System, Staff Studies No. 130, Washington.

Frankel, J.A. (1986): International Capital Mobility and Crowding-out in the U.S. Economy: Imperfect Integration of Financial Markets or of Goods Markets?, in: Hafer, R.W. (Hrsg.): How Open is the U.S. Economy?, Lexington/Toronto, S. 33-67.

Frankel, J.A. (1991): Quantifying International Capital Mobility in the 1980s, in: Bernheim, B.D., Shoven, J.B. (Hrsg.): National Saving and Economic Performance, Chicago/London, S. 227-260.

Frankel, J.A., Froot, K.A. (1986): Understanding the US Dollar in the Eighties: The Expectations of Chartists and Fundamentalists, in: Economic Record, Supplement, Vol. 62, S. 24-38.

Frankel, J.A., Froot, K.A. (1987): Using Survey Data to Test Standard Propositions Regarding Exchange Rate Expectations, in: American Economic Review, Vol. 77, S. 133-153.

Franz, W. (1990): Hysteresis in Economic Relationships: An Overview, in: Franz, W. (Hrsg.): Hysteresis Effects in Economic Models, Heidelberg, S. 1-17.

Frenkel, J.A., Mussa, M. (1980): The Efficiency of Foreign Exchange Markets and Measures of Turbulence, in: American Economic Review, Vol. 70, S. 374-381.

Frey, B.S. (1985): Internationale Politische Ökonomie, München.

Friedman, M. (1953): The Case for Flexible Exchange Rates, in: Friedman, M.: Essays in Positive Economics, Chicago/London, S. 157-203.

Fröhlich, H.-P. (1988): Der neue Protektionismus, in: WiSt-Wirtschaftswissenschaftliches Studium, 17.Jg. S. 381-387.

Froot, K.A., Frankel, J.A. (1989): Forward Discount Bias: Is it an Exchange Risk Premium?, in: Quarterly Journal of Economics, Vol. 104, S. 139-161.

Fuller, W.A. (1976): Introduction to Statistical Time Series, New York/Chichester/Brisbane/Toronto.

Gaab, W. (1982): Der Beitrag alternativer Finanzmarktansätze zur Erklärung des DM/$-Wechselkurses von 1974(10) - 1981(5), in: Zeitschrift für Wirtschafts- und Sozialwissenschaften, 102. Jg., S. 601-643.

Gaab, W. (1983): Devisenmärkte und Wechselkurse: Eine theoretische und empirische Analyse, Berlin/Heidelberg/New York/Tokyo.

Gaab, W. (1990): Möglichkeiten und Grenzen des Erkennens spekulativer Bubbles an den Devisenmärkten, in: Filc, W., Köhler, C. (Hrsg.): Kooperation, Autonomie und Devisenmarkt, Berlin, S. 67-97.

Gaab, W., Granziol, M.J., Horner, M. (1986): On Some International Parity Conditions, in: European Economic Review, Vol. 30, S. 683-713.

Gandolfo, G. (1986): International Economics, Berlin/Heidelberg/New York/London/Paris/Tokyo.

Gärtner, M. (1987): Normative und Politische Ökonomie flexibler Wechselkurse, in: Außenwirtschaft, 42. Jg., S. 471-489.

Gärtner, M., Ursprung, H.W. (1989): Politische und ökonomische Gesetze für flexible Wechselkurse, in: Jahrbuch für Neue Politische Ökonomie, Bd. 8, S. 109-125.

Gehrmann, D., Scharrer, H.-E., Wetter, W. (1977): Währungsrisiko und Währungsverhalten deutscher Unternehmen, in: Wirtschaftsdienst, 57. Jg., S. 582-588.

Geraci, V.J., Prewo, W. (1982): An Empirical Demand and Supply Model of Multilateral Trade, in: The Review of Economics and Statistics, Vol. 64, S. 432-441.

Goldstein, M., Khan, M.S. (1978): The Supply and Demand for Exports: A Simultaneous Approach, in: The Review of Economics and Statistics, Vol. 60, S. 275-286.

Goldstein, M., Khan, M.S. (1985): Income and Price Effects in Foreign Trade, in: Jones, R.W., Kenen, P.B. (Hrsg.): Handbook of International Economics, Vol. II, Amsterdam/New York/Oxford, S. 1041-1105.

Goodhart, C.A.E., Figliuoli, L. (1991): Every Minute Counts in Financial Markets, in: Journal of International Money and Finance, Vol. 10, S. 23-52.

Gosling, S. (1986): Effects of Exchange Rate Volatility on UK Exports, National Economic Development Office, Working Paper No. 24, London.

Gotur, P. (1985): Effects of Exchange Rate Volatility on Trade: Some Further Evidence, in: IMF Staff Papers, Vol. 32, S. 475-512.

Granziol, M.J., Schelbert, H. (1983): Ex ante Real-Zinssätze am Euromarkt, in: Zeitschrift für Wirtschafts- und Sozialwissenschaften, 103. Jg., S. 437-460.

Grassman, S. (1973a): Exchange Reserves and the Financial Structure of Foreign Trade, Westmead/Lexington.

Grassman, S. (1973b): A Fundamental Symmetry in International Payment Patterns, in: Journal of International Economics, Vol. 3, S. 105-116.

Group of Thirty (1980): The Foreign Exchange Markets under Floating Rates, New York.

Hakkio, C.S. (1986): Does the Exchange Rate Follow a Random Walk? A Monte Carlo Study of Four Tests for a Random Walk, in: Journal of International Money and Finance, Vol. 5, S. 221-229.

Hardy, D.C., Herrmann, A. (1988): Effects of Exchange Rate Fluctuations on International Trade, Diskussionsbeiträge der Fakultät für Wirtschaftswissenschaften und Statistik der Universität Konstanz, Serie II, Nr. 58, Konstanz.

Haynes, S.E., Stone, J.A. (1983a): Secular and Cyclical Responses of U.S. Trade to Income: An Evaluation of Traditional Models, in: The Review of Economics and Statistics, Vol. 65, S. 87-95.

Haynes, S.E., Stone, J.A. (1983b): Specification of Supply Behavior in International Trade, in: The Review of Economics and Statistics, Vol. 65, S. 626-632.

Heri, E.W. (1986): Irrationales rational gesehen: Eine Übersicht über die Theorie der "Bubbles", in: Schweizerische Zeitschrift für Volkswirtschaft und Statistik, 122. Jg., S. 163-185.

Heri, E.W., Theurillat, M.J. (1990): Purchasing Power Parity for the DM: A Cointegration Exercise, in: Kredit und Kapital, 23. Jg., S. 333-349.

Herrmann, A. (1988): Wechselkursrisiko und Unternehmensverhalten: Ergebnisse einer Befragung, Diskussionsbeiträge der Fakultät für Wirtschaftswissenschaften und Statistik der Universität Konstanz, Serie II, Nr. 64, Konstanz.

Herrmann, A. (1990): Wechselkursrisiko und Außenhandel, in: Filc, W., Köhler, C. (Hrsg.): Kooperation, Autonomie und Devisenmarkt, Berlin, S. 145-168.

Hickman, B.G., Lau, L.J. (1973): Elasticities of Substitution and Export Demand in a World Trade Model, in: European Economic Review, Vol. 4, S. 347-380.

Hodrick, R.J. (1987): The Empirical Evidence on the Efficiency of Forward and Futures Foreign Exchange Markets, Chur/London/Paris/New York/Melbourne.

Honohan, P. (1983): Measures of Exchange Rate Variability for One Hundred Countries, in: Applied Economics, Vol. 15, S. 583-602.

Hooper, P., Kohlhagen, S.W. (1978): The Effect of Exchange Rate Uncertainty on the Prices and Volume of International Trade, in: Journal of International Economics, Vol. 8, S. 483-511.

Hsieh, D.A. (1988): The Statistical Properties of Daily Foreign Exchange Rates: 1974 - 1983, in: Journal of International Economics, Vol. 24, S. 129-145.

International Monetary Fund (1984a): Exchange Rate Volatility and World Trade, Occasional Paper No. 28, Washington.

International Monetary Fund (1984b): The Exchange Rate System: Lessons of the Past and Options for the Future, Occasional Paper No. 30, Washington.

Isard, P. (1987): Lessons from Empirical Models of Exchange Rates, in: IMF Staff Papers, Vol. 34, S. 1-28.

Jarchow, H.-J., Rühmann, P. (1984): Monetäre Außenwirtschaft. II. Internationale Währungspolitik, Göttingen.

Johnson, H.G. (1969): The Case for Flexible Exchange Rates, in: Review, Federal Reserve Bank of St. Louis, Vol. 51, No. 6, S. 12-24.

Judge, G.G., Griffiths, W.E., Hill, R.C., Lütkepohl, H., Lee, T.-C. (1985): The Theory and Practice of Econometrics, 2. Aufl., New York/Chicester/Brisbane/Toronto/Singapore.

Junge, G. (1985): Trends and Random Walks of Real Exchange Rates, in: Weltwirtschaftliches Archiv, Bd. 121, S. 427-437.

Junz, H.B., Rhomberg, R.R. (1973): Price Competitiveness in Export Trade Among Industrial Countries, in: American Economic Review, Papers and Proceedings, Vol. 63, S. 412-418.

Kaehler, J. (1988): Statistische Modelle für den DM-Dollar-Wechselkurs, in: Kräger, H. (Hrsg.): Empirische Wirtschaftsforschung. Heinz König zum 60. Geburtstag, Frankfurt am Main/New York, S. 131-173.

Kawai, M., Zilcha, I. (1986): International Trade with Forward-Futures Markets under Exchange Rate and Price Uncertainty, in: Journal of International Economics, Vol. 20, S. 83-89.

Kelly, M., Kirmani, N., Xafa, M., Boonekamp, C., Winglee, P. (1988): Issues and Developments in International Trade Policy, International Monetary Fund, Occasional Paper No. 63, Washington.

Kenen, P.B. (1979): Exchange-Rate Variability: Measurement and Implications, Research Memorandum, International Finance Section, Department of Economics, Princeton University, Princeton.

Kenen, P.B., Rodrik, D. (1986): Measuring and Analyzing the Effects of Short-Term Volatility in Real Exchange Rates, in: The Review of Economics and Statistics, Vol. 68, S. 311-315.

Kersch, A. (1987): Wechselkursrisiken, internationaler Handel und Direktinvestitionen, Hamburg.

Khan, M.S., Ross, K.Z. (1977): The Functional Form of the Aggregate Import Demand Equation, in: Journal of International Economics, Vol. 7, S. 149-160.

Kindleberger, C.P. (1969): The Case for Fixed Exchange Rates, 1969, in: Federal Reserve Bank of Boston (Hrsg.): The International Adjustment Mechanism, Boston, S. 93-108.

Kindleberger, C.P. (1970): Power and Money. The Economics of International Politics and the Politics of International Economics, London/New York.

Kirchgässner, G. (1988): Validity or Collapse of Purchasing Power Parity Theory? - Additional Empirical Results for the Seventies and Eighties, Beiträge des Fachbereichs Wirtschaftswissenschaften der Universität Osnabrück, Nr. 8802, Osnabrück.

Kirchgässner, G., Wolters, J. (1990): Sind die Realzinsen stationär? Theoretische Überlegungen und empirische Ergebnisse, in: Kredit und Kapital, 23. Jg., S. 468-495.

Knight, F. (1921): Risk, Uncertainty and Profit, Reprint, Chicago/London 1971.

Kohli, U. (1985): U.S. Imports by Origin: A System Approach, in: Weltwirtschaftliches Archiv, Bd. 121, S. 741-755.

Koray, F., Lastrapes, W.D. (1989): Real Exchange Rate Volatility and U.S. Bilateral Trade: A VAR Approach, in: The Review of Economics and Statistics, Vol. 71, S. 708-712.

Koutsoyiannis, A. (1977): Theory of Econometrics, 2. Aufl., Basingstoke/London.

Koyck, L.M. (1954): Distributed Lags and Investment Analysis, Amsterdam.

Krugman, P. (1989a): The Case for Stabilizing Exchange Rates, in: Oxford Review of Economic Policy, Vol. 5, No. 3, S. 61-72.

Krugman, P. (1989b): Exchange Rate Instability, Cambridge/London.

Krugman, P., Baldwin, R. (1987): The Persistence of the U.S. Trade Deficit, in: Brookings Papers on Economic Activity, No. 1, S. 1-43.

Laffer, A. (1982): Reinstatement of the Dollar: The Blueprint, in: Camaiti, R. (Hrsg.): Experiences and Problems of the International Monetary System, Siena, S. 158-176.

Langer, C. (1986): World Trade and Production, Hamburg.

Lanyi, A. (1969): The Case for Flexible Exchange Rates Reconsidered, Essays in International Finance No. 72, International Finance Section, Princeton University, Princeton.

Lanyi, A., Suss, E.C. (1982): Exchange Rate Variability: Alternative Measures and Interpretation, in: IMF Staff Papers, Vol. 29, S. 527-560.

League of Nations (1944): International Currency Experience. Lessons of the Inter-War Period, Genf, Reprint, o.O. 1947.

Leamer, E.E., Stern, R.M. (1976): Quantitative International Economics, 2. Aufl., Chicago.

Lefeldt, M. (1978): Analysekonzepte für den Außenhandel, Hamburg.

LeRoy, S.F. (1989): Efficient Capital Markets and Martingales, in: Journal of Economic Literature, Vol. 27, S. 1583-1621.

Levich, R.M. (1985): Empirical Studies of Exchange Rates: Price Behavior, Rate Determination and Market Efficiency, in: Jones, R.W., Kenen, P.B. (Hrsg.): Handbook of International Economics, Vol. II, Amsterdam/New York/ Oxford, S. 979-1040.

Levich, R.M. (1989): Is the Foreign Exchange Market Efficient?, in: Oxford Review of Economic Policy, Vol. 5, S. 40-60.

Linnemann, H. (1966): An Econometric Study of International Trade Flows, Amsterdam.

Makin, J.H. (1976): Eurocurrencies and the Evolution of the International Monetary System, in: Stern, C.H., Makin, J.H., Logue, D.E. (Hrsg.): Eurocurrencies and the International Monetary System, Washington, S. 17-51.

Makin, J.H. (1978): Portfolio Theory and the Problem of Foreign Exchange Risk, in: The Journal of Finance, Vol. 33, S. 517-534.

Mandelbrot, B. (1963): The Variation of Certain Speculative Prices, in: Journal of Business, Vol. 36, S. 394-419.

Mandelbrot, B. (1967): The Variation of Some Other Speculative Prices, in: Journal of Business, Vol. 40, S. 393-413.

Mark, N.C. (1985): Some Evidence on the International Inequality of Real Interest Rates, in: Journal of International Money and Finance, Vol. 4, S. 189-208.

Mark, N.C. (1990): Real and Nominal Exchange Rates in the Long Run: An Empirical Investigation, in: Journal of International Economics, Vol. 28, S. 115-136.

Markowitz, H.M. (1959): Portfolio Selection, New Haven/London.

Marston, R.C. (1989): Real and Nominal Exchange Rate Variability, in: Empirica, Vol. 16, S. 147-160.

Maskus, K.E. (1986a): Exchange Rate Risk and U.S. Trade: A Sectoral Analysis, in: Federal Reserve Bank of Kansas City, Economic Review, Vol. 71, S. 16-28.

Maskus, K.E. (1986b): Exchange Risk and U.S. Trade, in: Economic Impact, No. 4, S. 30-35.

McCallum, B.T. (1986): On "Real" and "Sticky-Price" Theories of the Business Cycle, in: Journal of Money, Credit, and Banking, Vol. 18, S. 397-414.

McKinnon, R.I. (1984): An International Standard for Monetary Stabilization, Washington.

McKinnon, R.I. (1986): Comments on Willet, in: Journal of International Money and Finance, Vol. 5, S. 113-115.

Meese, R.A., Rogoff, K. (1983): Empirical Exchange Rate Models of the Seventies. Do they fit out of Sample?, in: Journal of International Economics, Vol. 14, S. 3-24.

Mishkin, F.S. (1984): Are Real Interest Rates Equal across Countries? An Empirical Investigation of International Parity Conditions, in: The Journal of Finance, Vol. 39, S. 1345-1357.

Mussa, M. (1976): The Exchange Rate, the Balance of Payments and Monetary and Fiscal Policy under a Regime of Controlled Floating, in: Scandinavian Journal of Economics, Vol. 78, S. 229-248.

Mussa, M. (1977): Our Recent Experience with Fixed and Flexible Exchange Rates: A Comment, in: Brunner, K., Meltzer, A.H. (Hrsg): Institutional Arrangements and the Inflation Problem, Carnegie-Rochester Conference Series on Public Policy, Vol. 3, 2. Aufl., Amsterdam/New York/Oxford, S. 123-141.

Mussa, M. (1979): Empirical Regularities in the Behavior of Exchange Rates and Theories of Foreign Exchange Market, in: Brunner, K., Meltzer, A.H. (Hrsg.): Policies for Employment, Prices and Exchange Rates, Carnegie-Rochester Conference Series on Public Policy, Vol. 11, Amsterdam/New York/Oxford, S. 9-57.

Mussa, M. (1981): Comment, in: Williamson, J. (Hrsg.): Exchange Rate Rules: The Theory, Performance and Prospects of the Crawling Peg, London/Basingstoke, S. 137-139.

Mussa, M. (1986): Nominal Exchange Rate Regimes and the Behavior of Real Exchange Rates: Evidence and Implications, in: Brunner, K., Meltzer, A.H. (Hrsg.): Real Business Cycles, Real Exchange Rates and Actual Policies, Carnegie-Rochester Conference Series on Public Policy, Vol. 25, Amsterdam/New York/Oxford, S. 117-214.

Muth, J.F. (1961): Rational Expectations and the Theory of Price Movements, in: Econometrica, Vol. 29, S. 315-335.

Neldner, M. (1990): Flexible Wechselkurse - Eine Alternative zur West-Europäischen Währungsunion?, in: Hasse, R., Schäfer, W. (Hrsg.): Europäische Zentralbank: Europas Währungspolitik im Wandel, Göttingen, S. 3-28.

Nelson, C.R., Plosser, C.L. (1982): Trends and Random Walks in Macroeconomic Time Series: Some Evidence and Implications, in: Journal of Monetary Economics, Vol. 10, S. 139-162.

Nerlove, M. (1958): Distributed Lags and Demand Analysis, Washington.

Newbery, D.M.G., Stiglitz, J.E. (1981): The Theory of Commodity Price Stabilization, Oxford.

o.V. (1989): Wechselkursentwicklung im Europäischen Währungssystem: Erfahrungen nach 10 Jahren, in: Monatsberichte der Deutschen Bundesbank, 41. Jg., Nr. 11, S. 30-38.

o.V. (1991): Zur Bedeutung der D-Mark als Fakturierungswährung im Außenhandel, in: Monatsberichte der Deutschen Bundesbank, 43. Jg., Nr. 11, S. 40-44.

Okino, K. (1985): Empirical Tests of "Bubbles" in the Foreign Exchange Market, in: Bank of Japan, Monetary and Economic Studies, Vol. 3, S. 1-46.

Orcutt, G.H. (1950): Measurement of Price Elasticities in International Trade, in: The Review of Economics and Statistics, Vol. 32, S. 117-132.

Page, S.A.B. (1977): Currency of Invoicing in Merchandise Trade, in: National Institute Economic Review, No. 81, S. 77-81.

Page, S.A.B. (1981): The Choice of Invoicing Currency in Merchandise Trade, in: National Institute Economic Review, No. 98, S. 60-72.

Perée, E., Steinherr, A. (1989): Exchange Rate Uncertainty and Foreign Trade, in: European Economic Review, Vol. 33, S. 1241-1264.

Pindyck, R.S., Rubinfeld, D.L. (1981): Econometric Models and Economic Forecats, New York u.a.O.

Pöyhönen, P. (1963a): A Tentative Model for the Value of Trade Between Countries, in: Weltwirtschaftliches Archiv, Bd. 90, S. 93-100.

Pöyhönen, P. (1963b): Toward a General Theory of International Trade, in: Ekonomiska Samfundets Tidskrift, Vol. 16, S. 69-77.

Pratt, J.W. (1964): Risk Aversion in the Small and in the Large, in: Econometrica, Vol. 32, S. 122-136.

Price, J.E., Thornblade, J.B. (1972): U.S. Import Demand Functions Disaggregated by Country and Commodity, in: Southern Economic Journal, Vol. 39, S. 46-57.

Rana, P.B. (1981): Exchange Rate Risk under Generalized Floating: Eight Asian Countries, in: Journal of International Economics, Vol. 11, S. 459-466.

Reynolds, A. (1983): Why Gold?, in: Cato Journal, Vol. 3, S. 211-232.

Rhomberg, R.R. (1970): Possible Approaches to a Model of World Trade and Payments, in: IMF Staff Papers, Vol. 17, S. 1-28.

Rockwell, L.H. (1985) (Hrsg.): The Gold Standard, Lexington/Toronto.

Röhling, W. (1984): Ein ökonometrisches Import/Export-Modell für die Industriesektoren der Bundesrepublik Deutschland, Tübingen.

Rohweder, H.C. (1989): Wechselkursvariabilität und internationler Handel: Eine empirische Analyse im Rahmen eines Tobit-Regressionsansatzes, München.

Rose, K. (1986): Theorie der Außenwirtschaft, 9. Aufl., München.

Rottländer, H.-J. (1990): Reale Wechselkursänderungen bei flexiblen Wechselkursen: Erfahrungen und Bestimmungsgründe unter besonderer Berücksichtigung neuerer Ansätze der Wechselkurstheorie, Frankfurt am Main.

Sandmo, A. (1971): On the Theory of the Competitive Firm under Price Uncertainty, in: American Economic Review, Vol. 61, S. 65-73.

Schäfer, H. (1987): Schaden flexible Wechselkurse der Weltwirtschaft? Ein Überblick zum aktuellen theoretischen und empirischen Forschungsstand, in: Konjunkturpolitik, 33. Jg. S. 219-241.

Scharrer, H.-E., Gehrmann, D., Wetter, W. (1978): Währungsrisiko und Währungsverhalten deutscher Unternehmen im Außenhandel, Hamburg.

Scheiper, U. (1984): Die sektoralen Importe und Exporte der Bundesrepublik Deutschland, Frankfurt am Main.

Schlittgen, R. (1990): Einführung in die Statistik. Analyse und Modellierung von Daten, 2. Aufl., München/Wien.

Schlittgen, R., Hammann, D., Lepinat, K. (1982): Zur Verteilung von Wechselkursveränderungen, in: Allgemeines Statistisches Archiv, 66. Bd, S. 162-173.

Schlittgen, R., Streitberg, B.H.J. (1987): Zeitreihenanalyse, 2. Aufl., München/Wien.

Schneeweiß, H. (1967): Entscheidungskriterien bei Unsicherheit, Berlin/Heidelberg/New York.

Schultz, S. (1985): Neuer Protektionismus: Formen und Folgen im industriellen Bereich, in: Konjunkturpolitik, 31. Jg., S. 188-207.

Schwert, G.W. (1987): Effects of Model Specification on Tests for Unit Roots in Macroeconomic Data, in: Journal of Monetary Economics, Vol. 20, S. 73-103.

Shafer, J.R., Loopesko, B.E. (1983): Floating Exchange Rates after Ten Years, in: Brookings Papers on Economic Activity, No. 1, S. 1-70.

Smith, C.W. (1976): Option Pricing: A Review, in: Journal of Financial Economics, Vol. 3, S. 3-51.

Stiglitz, J.E. (1969): The Effects of Income, Wealth, and Capital Gains Taxation on Risk-Taking, in: Quarterly Journal of Economics, Vol. 83, S. 263-283.

Stockman, A.C. (1987): The Equilibrium Approach to Exchange Rates, in: Federal Reserve Bank of Richmond, Economic Review, Vol. 73, No. 2, S. 12-30.

Stockman, A.C. (1988): Real Exchange-Rate Variability under Pegged and Floating Nominal Exchange-Rate Systems: An Equilibrium Theory, in: Brunner, K., Meltzer, A.H. (Hrsg.): Money, Cycles, and Exchange Rates: Essays in Honor of Allan H. Meltzer, Carnegie-Rochester Conference Series on Public Policy, Vol. 29, Amsterdam/New York/ Oxford, S. 259-294.

Takagi, S. (1988): On the Statistical Properties of Floating Exchange Rates: A Reassesment of Recent Experience and Literature, in: Bank of Japan, Monetary and Economic Studies, Vol. 6, S. 61-91.

Taplin, G.B. (1967): Models of World Trade, in: IMF Staff Papers, Vol. 14, S. 433-453.

Taylor, M.P. (1987): Covered Interest Parity: A High-frequency, High-quality Data Study, in: Economica, Vol. 54, S. 429-438.

Thursby, J.G., Thursby, M.C. (1984): How Reliable are Simple Single Equation Specifications of Import Demand, in: The Review of Economics and Statistics, Vol. 66, S. 120-128.

Thursby, M.C., Thursby, J.G. (1985): The Uncertainty Effects of Floating Exchange Rates: Empirical Evidence on International Trade Flows, in: Arndt, S.W., Sweeney, R.J., Willet, T.D. (Hrsg.): Exchange Rates, Trade, and the U.S. Economy, Cambridge, S. 153-165.

Thursby, J.G., Thursby, M.C. (1987): Bilateral Trade Flows, the Linder Hypothesis, and Exchange Risk, in: The Review of Economics and Statistics, Vol 69, S. 488-495.

Tinbergen, J. (1962): Shaping the World Economy: Suggestions for an International Economic Policy, New York.

Tobin, J. (1978): A Proposal for International Monetary Reform, in: Eastern Economic Journal, Vol. 4, S. 153-159.

Tukey, J.W. (1977): Exploratory Data Analysis, Amsterdam/London.

Ungerer, H. (1990): The EMS, 1979-1990: Policies - Evolution - Outlook, in: Konjunkturpolitik, 36. Jg., S. 329-362.

Viner, J. (1950): The Customs Union Issue, London/New York.

Vonalt, J.W. (1985): Risiken bei flexiblen Wechselkursen, Idstein.

Wallner, J. (1989): Wechselkursunsicherheit: Ursachen, Messung und Auswirkungen, Frankfurt am Main.

Walter, R. (1983): Zur Neuberechnung der Außenhandelspreisindizes auf Basis 1980, in: Wirtschaft und Statistik, Heft 9, S. 687-694.

Westerfield, J.M. (1977): An Examination of Foreign Exchange Risk under Floating Rate Regimes, in: Journal of International Economics, Vol. 7, S. 181-200.

Westphal, U. (1983): Warenimporte, in: Hansen, G., Westphal, U. (Hrsg.): SYSIFO. Ein ökonometrisches Konjunkturmodell für die Bundesrepublik Deutschland, Frankfurt am Main, S. 218-234.

White, H. (1980): A Heteroskedasticity-Consistent Covariance Matrix Estimator and a Direct Test for Heteroskedasticity, in: Econometrica, Vol. 48, S. 817-838

Willet, T.D. (1986): Exchange-Rate Volatility, International Trade, and Resource Allocation: A Perspective on Recent Research, in: Journal of International Money and Finance, Vol. 5, S. 101-112.

Williamson, J. (1985): The Exchange Rate System, 2.Aufl., Washington.

Yang, Y.Y. (1991): Structural Change in the U.S. Import Prices of Manufactures, in: Weltwirtschaftliches Archiv, Bd. 127, S. 323-342.

FSC
www.fsc.org
MIX
Papier | Fördert gute Waldnutzung
FSC® C083411

Kolibri 360 GmbH
Ferdinand-Jühlke-Straße 7
99095 Erfurt, Deutschland
produktsicherheit@kolibri360.de

Druck:
CPI Druckdienstleistungen GmbH
im Auftrag der
Kolibri 360 GmbH
Ferdinand-Jühlke-Str. 7
99095 Erfurt